农民实用知识读本

农民理财指南

胡冬鸣　王淑华　田春丽　编著

中国财政经济出版社

图书在版编目（CIP）数据

农民理财指南／胡冬鸣，王淑华，田春丽编著．—北京：中国财政经济出版社，2013.6

（农民实用知识读本）

ISBN 978-7-5095-4587-4

Ⅰ.①农…　Ⅱ.①胡…　②王…　③田…　Ⅲ.①私人投资-基本知识　Ⅳ.①F830.59

中国版本图书馆 CIP 数据核字（2013）第133022号

责任编辑：李　冰　　　　责任校对：李　丽

封面设计：汪俊宇　　　　版式设计：文　通

中国财政经济出版社出版

URL：http：//www.cfeph.cn

E-mail：cfeph@cfeph.cn

社址：北京市海淀区阜成路甲28号　邮政编码：100142

营销中心电话：88190406　北京财经书店电话：64033436　84041336

北京财经印刷厂印刷　各地新华书店经销

880×1230毫米　32开　8.625印张　218 000字

2013年8月第1版　2014年10月北京第2次印刷

印数：3 001—6 000　　定价：26.00元

ISBN 978-7-5095-4587-4/F·3718

（图书出现印装问题，本社负责调换）

本社质量投诉电话：010-88190744

反盗版举报热线：010-88190492、010-88190446

前　言

近年来，随着党和国家惠农政策的不断落实以及城乡一体化建设的不断推进，农村经济快速发展、农民增收途径进一步拓宽，农民个人收入逐年增加。数据显示，2011 年，农民人均纯收入 6977 元，比 2002 年增长 1.8 倍，年均实际增长 8.1%。其中 2010 年、2011 年连续两年收入实际增速超过城镇。城镇化的发展使部分地区的农民由于拆迁得到大笔补偿款，家底迅速厚实起来，农民在银行里的积蓄也逐渐增加。但从总体来看，农民朋友的投资渠道和理财方式却没有同步变化。相对于目前城市居民投资理财方式的多样化，农民的理财方式仍然单一。农民手中的“闲钱”，基本上还是多年不变的三个“老出口”：一个是存银行，赚点利息；另一个是民间借贷，通过亲戚朋友放贷给周边需要钱的人；第三个选择就是盖房。不少富裕的农户将积蓄反复用在新盖、翻修房屋上。投资是金，理财是银。提高农民的投资理财意识和能力是关系到农民增加财产性收入、财产保值增值以及养老保障的一个重要问题，也是进行新农村建设和缩小城乡差距的一个重要内容。虽然目前大多数农民理财意识还比较薄弱，但他们渴望财富增值的愿望一点不比城里人低。农民手中的财富在增加，他们渴望财富增值的愿望也日益强烈。而提供一本能够较全面地介绍投资理财知识且又非常实用的理财书籍为农民朋友服务是我们多年的愿望。

本书对国内理财产品市场规则、主要投资产品进行了比较全面的介绍，对所需要的相关理财知识进行通俗易懂地阐述，对相关法规条款有清晰地解释，意在为广大农民朋友投资理财提供充足而及时的知识支援。当然，亲身参加理财活动并不断积累实战经验才是日后“发财致富”的关键。就目前看，只要适合于城里人投资的都适合农村家庭投资。农民朋友的投资领域不仅限于国债、基金、股票、商业保险、银行理财产品、银行储蓄，外汇、股票、期货和期权都可伸手一试。即使农民朋友自己拿不准，还可以委托懂理财的亲戚朋友和专业人员代买或者代为理财。投资理财的方法是多种多样的，每人应根据自己的环境条件、人力、物力、财力、智力，因地制宜、因人制宜选择投资品种与理财方法。但要避免盲目性并减少风险，农民朋友还需要多学习，多掌握一些技术分析手段和财富打理方法，而最重要的还是要及时掌握市场信息。财富永远属于勤劳、善于动脑筋、善于投资理财的人们。

本书由胡冬鸣、王淑华和田春丽三位同志共同编著，胡冬鸣总纂定稿。本书在编写过程中得到了中国财政经济出版社同志的大力支持，在此表示衷心的感谢。由于编写时间仓促，本书难免存在一些问题和疏漏，敬请广大读者批评指正。

编著者

2012 年 9 月 23 日

目　　录

第一章　农民个人投资理财基础

个人理财业务最早在美国兴起，进入20世纪90年代后在美国的发展日趋成熟。我国商业银行个人理财业务起步较晚，发展历程较短，但发展势头非常猛。20世纪80年代到90年代期间是我国商业银行个人理财业务的萌芽阶段。当时的商业银行开始向客户提供专业化的投资顾问和个人外汇理财服务，但大多数的居民还没有具体的理财意识。从2001年到2005年间是我国商业银行个人理财业务的形成时期，这一时期内的理财产品、理财环境、理财观念和理财意识以及理财专业人员队伍的建设都取得了显著的进步。其理财产品的销售规模每年都以10%～20%的速度在高速增长，2005年已经达到2000亿元的规模。而随着商业银行个人理财业务规模的不断扩大，理财产品不断创新。为了促进商业银行个人理财业务规范和健康有序发展，中国银监会于2005年9月发布了《商业银行个人理财业务管理暂行办法》，界定了商业银行个人理财业务范畴，规范了商业银行个人理财业务管理，同时还下发了《商业银行个人理财业务风险管理指引》，对商业银行个人理财业务风险管理提出了指导性的意见。

2005年后，个人理财业务在我国进入迅速扩张时期，客户对理财的需求日益增长。2005年至2008年仅四年间个人理财产品销售规模就增加了17.5倍。国内各大商业银行不断推出的理财产品形成了诸如股票、基金、期货、外汇、黄金及其衍生品等较为丰富的产品体系。但在商业银行理财业务迅速发展的过程中，中国银监会也发现了少数商业银行在个人理财业务方面存在着产品设计管理机制不健全、客户评估流于形式、风险揭示不到位、信息披露不充分、经营人员误导销售和投诉处理机制不完善的问题。为了进一步规范个人理财业务的市场秩序，中国银监会办公厅于 2008 年 4 月下发了《关于进一步规范商业银行个人理财业务有关问题的通知》。

2008 年下半年国际金融危机爆发后，部分国内商业银行的理财产品出现了零收益甚至负收益的现象并引起了社会的广泛关注。中国银监会于 2009 年 7 月下发了《关于进一步规范商业银行个人理财业务投资管理有关问题的通知》，对商业银行个人理财业务的投资管理活动进行规范。而为了应对国际金融危机，部分商业银行开始将部分信贷资产用于个人理财产品的开发，银行与信托的关系日益紧密。而为了规范商业银行与信托公司的合作关系，中国银监会于 2009 年 12 月下发了《关于进一步规范银信合作有关事项的通知》，从市场健康发展和维护当事人合法权益的角度对商业银行与信托公司的合作行为进行规范。2011 年 8 月 28 日，中国银监会发布了《商业银行理财产品销售管理办法》，对商业银行理财产品的销售活动进行了法律约束。

个人理财业务的巨大市场潜力，使之成为众多大中型商业银行零售业务发展的重点战略之一。而随着党和国家惠农政策的不断落实，农民朋友的收入在不断增长。国家统计局 2011 年 2 月发布的 2010 全年宏观经济运行数据表明，农村居民人均纯收入 5919 元，较上年度增长 14.9%，扣除价格因素，实际增长 10.9%。其中，工资性收入增长 17.9%，家庭经营纯收入增长 12.1%，财产性收入增长 21.0%，转移性收入增长 13.8%。农民工资性收入增长不仅高于国内生产总值的增长幅度，而且比城市居民工资性收入增长 10.7% 高出 7.2 个百分点。国家统计局于 2012 年 2 月发布的 2011 全年宏观经济运行数据表明，农村居民人均纯收入 6977 元，较上年度增长 17.9%，扣除价格因素，实际增长 11.4%。其中，工资性收入增长21.44%。农民朋友收入的不断增长，必然带动农村地区理财产品的旺盛需求与销售规模快速扩张。

一、个人理财及其过程的基本描述

农民个人理财是指农民朋友根据自身生涯规划、财务状况和风险属性，确定理财目标，制定理财规划，执行理财规划，实现理财目标的过程。个人理财业务的主体会涉及农民朋友个人、商业银行、非银行金融机构以及监管机构多个方面。其中，广大农民朋友是个人理财业务的需求方。商业银行是个人理财业务的供给方，是个人理财服务的提供商之一；商业银行制定具体的业务标准、业务流程及其业务管理办法，同时利用自身的渠道向个人客户提供个人理财服务。除了商业银行外，证券公司、基金、信托投资公司等其他金融机构也会为个人客户提供理财服务。当然，非银行金融机构除了自身渠道外，还会利用商业银行渠道向客户提供理财服务。而监管机构负责制定理财业务的行业规范，对业务主体以及业务活动进行监管。个人理财业务的监管机构有中国银行业监督管理委员会（简称银监会）、中国证券监督管理委员会（简称证监会）、中国保险监督管理委员会（简称保监会）和国家外汇管理局。个人理财过程大致按照以下步骤进行：

1. 评估理财环境和自身条件。个人理财首先要对目前所处的环境和个人自身条件进行客观合理的评估，从而制定出切实可行的理财目标。理财环境的信息范围较为广泛，主要是经济与社会发展状况、自身所处的社会位置；个人条件主要是个人可支配财产，如住房、汽车、收藏、股票、债券、存款价值的评估；需要偿还的债务，如信用卡还款、银行贷款、抵押品评估；近期及其预期收入的评估。只有在对理财环境和个人自身条件进行客观合理评估的基础上，才能确定出合理的理财目标。

2. 确定个人理财目标。在对理财环境和个人自身条件进行客观合理评估的基础上，确定出合理的理财目标是农民朋友理财的关键，同时也是农民朋友个人理财的动力。个人理财目标具有多重性的特征，即对于一个投资个体来讲可以同时有好几个理财目标，包括短期目标和长期目标、重点目标和次要目标。目标的可行性与清晰性有助于农民朋友个人制订出详细的理财规划，从而有利于理财目标的最终实现。

3. 制订个人理财规划。个人理财规划是指采用何种方式来实现个人理财目标。当然，理财规划自然要涉及到理财手段的选择问题。制订个人理财规划实际上就是采取有效的方法来实现个人理财目标。

4. 执行个人理财规划。农民朋友个人理财规划制订出来之后，必须遵守一定的纪律以保证个人理财规划的执行。个人理财规划的执行需要一定的专业知识，因而在执行过程中，需要接受专业人员如理财规划师、投资顾问或者律师的建议和具体帮助。

5. 监控执行进度和再评估。农民朋友的个人理财规划在执行过程中会遇到外部环境变化和个人条件的改变，使得原个人理财规划在执行中出现了有利或者不利的因素，从而会影响个人理财规划的执行进程，因而个人理财规划在执行中有必要进行监控，以便进行调整和再评估。

二、个人投资理财活动的影响因素

（一）宏观影响因素

宏观影响因素对个人理财活动的影响会涉及政治、经济、法律、政策、社会及其技术等多个方面。

1. 政治、法律与政策环境影响。稳定的政治环境是理财产品提供商商业银行良好运行的基础与保证。而政局不稳定会导致社会动荡、经济秩序混乱，对理财业务的经营及其理财产品投资造成重大危害。而一个国家的政局不稳还会导致其在国际政治舞台上面的地位下降，本币大幅度贬值，商业银行会面临更大的市场风险与经营风险，理财产品受益空间会被严重挤压。特别是对开放经济体系下商业银行的运行，其金融业务必然要涉及国际金融市场、金融产品与金融工具，其传导效应会更加明显。个人理财产品的投资者需要关注国际政治环境的变化。当然，个人理财业务的开展要受到相关的法律法规的约束。在我国，与开展个人理财相关的法律主要有《中华人民共和国证券法》、《中华人民共和国保险法》、《中华人民共和国证券投资基金法》、《中华人民共和国信托法》、《中华人民共和国个人所得税法》、《中华人民共和国印花税暂行条例》、《期货交易管理办法》、《个人外汇交易办法》。个人投资者需要熟悉理财产品投资的相关法律法规。

宏观经济政策对理财产品投资会产生实质性的影响。政府会根据当前经济形势调整的需要，采取税收、国债、预算、财政补贴及转移支付等手段调整财政收入与支出的规模与结构，从而对整个经济运行产生积极的作用。而积极的财政政策的推行可以有效刺激投资需求的增长，从而提高理财资产的价值。而与此相适应，中央银行运用法定存款准备金率、再贴现率、公开市场业务操作等货币政策工具调控市场货币供应量及其信贷规模，进而影响整个经济运行。而宽松的货币政策有助于刺激投资需求的快速增长，支持理财产品价值的上升。有所不同的是，国家收入分配政策的调整，既会影响城乡居民总体收入水平，还会影响并带动收入分配结构的改变。但总的来说，偏松的收入政策则会刺激投资需求的快速增长，支持理财产品价值的上升。而由于税收政策直接关系到投资成本及其收益获取的多寡，因而对理财产品投资者会产生直接的影响。有的时候，税收政策不仅影响个人收入中可用于投资的多少数额，而且通过改变投资交易成本可以改变投资收益率。人们常会看到在股市低迷的时候，政府通过减征或者免征印花税而减少交易成本，会刺激股市平均交易指数反弹或者稳定股市平均交易指数。

2. 经济环境的影响。首先，处在不同发展阶段的经济体，其金融产业的发展水平及其人们对金融服务的需求结构有着显著的差异。经济发展包括传统经济社会、经济起飞前的准备、经济起飞、迈向经济成熟和大量消费五个阶段。属于前三个阶段的国家称为发展中国家，而处于后两个发展阶段的国家则称为发达国家。其次是个人平均收入水平。个人理财产品的投资是以消费者的收入水平为基础的，但消费者不可能将其全部收入均用于购买理财产品。因而个人的平均收入水平特别是个人的收入扣除税款后的可支配收入显得特别关键。但从实际来看，个人可支配收入扣除基本消费后用于理财产品投资的比例具有很大的弹性。而宏观经济状况对个人理财活动的影响表现在投资活动的各个方面，具体如下：

在经济扩张阶段，GDP快速增长，工业产值提高，就业率上升，个人可支配收入增加。由于企业普遍盈利，因而股票价值增加，证券投资收益率提升较快，特别是成长性和高投机性的股票在经济扩张阶段表现良好，而低风险的股票和收入型的股票的表现则会次之。个人和家庭理财应考虑增持成长性好的股票以及房产资产，特别是买入周期波动比较敏感行业的资产，同时降低防御性低收益的储蓄类理财产品，以分享经济增长的成就。反之，在经济发展速度放缓、处于收缩阶段的时候，个人和家庭理财应更多考虑防御性资产特征的储蓄及固定收益类产品，同时降低股票及房产投资的配置，规避由于经济波动所带来的损失。

在通货膨胀环境下，所有固定利率的资产都会大幅度贬值，并造成个人和家庭购买力的持续下降。为了应付通货膨胀的风险，个人和家庭理财应回避固定利率债券和其他固定收益类产品，持有一定的浮动利率资产、黄金、股票或者外汇，以对自己的资产进行保值。当然，在持续严重的通货膨胀下，股票资产同样会面临贬值问题，而改为持有一定数量的黄金、外汇和其他国外资产可能是比较理想的保值策略选择。

在社会上失业人数不断增加的情况下，预期家庭的收入及其增长将会带来很大的不确定性，个人理财策略应偏向于保守，更多配置储蓄产品等防御性资产的理财产品，避免由于投资失败使得本来已经不佳的家庭经济状况再雪上加霜。

如果一个国家出现了持续的国际收支顺差或者逆差，将会导致本国货币的升值或者贬值问题出现。个人理财就需要考虑本币理财产品和外币理财产品相互之间的搭配问题，而外币理财产品的选择

（一）货币时间价值

有人曾作过比喻，一位投资者在 1956 年初交给股神沃伦·巴菲特 1 万美元，并保证其所有盈利用于再投资，按巴菲特投资平均盈利率 24.7% 计算，那么到 57 年后的 2012 年末，他将拥有价值超过 29.13 亿美元的股票。沃伦·巴菲特这位 1993 年“福布斯美国 400 大富豪”榜上的首富，在哥伦比亚大学读书时，就利用手头只有的 9800 美元资本的 3/4，投资政府公务员保险的股份上。随着时间的推移，沃伦·巴菲特的这笔财富以平均每年 24% ~35% 的速度迅速递增。到 1993 年时，他拥有 BH 公司 42% 的股权，市值 83 亿美元，是纽约证券交易中最昂贵的一种。而该公司拥有政府公务员保险公司 48% 股权，CapitalCities/ABC 公司 18% 股权，吉列刀片 11% 股权、富国银行 12% 股权、可口可乐公司 7% 股权、《华盛顿邮报》15% 股权、通用动力公司 14% 股权等等。

货币的时间价值，是指货币随着时间的推移而产生的价值增值。从量的规定性来看，货币的时间价值是没有风险和没有通货膨胀条件下的社会平均资金收益率。由于竞争，市场经济中各行业部门参与投资的收益率会趋于平均化。投资者在投资某一项目时，至少要取得社会平均收益率，否则不如投资于另外的项目。货币时间价值是评价投资方案的基本标准。例如投资一种股票，目前立即投资可获利 100 万元，若 5 年后投资，由于价格上涨可获利 160 万元。若不考虑货币时间价值因素，根据 160 万元大于 100 万元，可以认为 5 年后投资更有利。如果考虑货币的时间价值，现在获得 100 万元，可用于其他投资机会，若每年平均获利水平 15%，则 5 年后将有资产 200 万元（100×1.15^5），据此可以认为目前投资更有利。应该说，后一种思考问题的方法更符合现实的经济生活。农民朋友们是否至少明白了一点：由于货币随着时间的延续而增值，现在的 1 元钱与将来的 1 元钱在经济上是不等效的，即现在的 1 元钱和将来的 1 元钱经济价值不相等。所以，不同时间的货币收入不宜直接进行比较，需要把它们换算到相同的时间基础上，然后才能进行大小的比较和比率的计算。由于资金随着时间的增长过程与利息的增值过程在数学上相似，因此，在换算时广泛使用计算利息的各种方法。

1. 复利计算方法。按照这种方法，每经过一个计算期，要将所生利息加入本金再计利息，逐期滚算，俗称“利滚利”，这里的计息期是指相邻两次计算利息的时间间隔，如年、月、日等。除非特别指明，计息期通常为1年。复利终值计算过程中需要弄清楚的要素含义解释如下：

本金，又称为现值，通常用“p”表示；

利率，指每年利息与本金之比，通常用“i”表示；

本利和，指本金与利息之和，又称作终值，通常用“s”表示；

期数，通常以年为单位，用“n”表示。

例如某个人投资者将100000元投资购买一种理财产品，年报酬率为6%，经过1年时间获得的总收入或称作终值计算如下：

$s = p \cdot (1 + i) = 100000 \times (1 + 6\%) = 106000$（元）

若该个人投资者并不提走全部收入，而是将106000元继续投资于该项目，则第二年获得的全部收入或称作终值计算如下：

$s = p \cdot (1 + i)^2 = 100000 \times (1 + 6\%)^2 = 112360$（元）

据此推算，第n年获得的总收入或称作终值应该是：

$s = p \cdot (1 + i)^n$

复利现值是复利终值的对称概念，是指未来一定时间的特定资金按复利计算的现在价值，或者说是为了取得将来一定本利和现在需要投入的本金。复利现值计算公式如下：

$p = s \cdot (1 + i)^{-n}$

例如某个人投资者拟在5年后获得本利和1000万元的回报，若投资报酬率为10%，现在应投入理财产品的资金是：

$p = 1000 \times (1 + 10\%)^{-5} = 621$（万元）

2. 年金计算方法。年金是指定期等额的系列收支，例如分期等额付款赊购、分期等额偿还贷款、分期等额支付工程款以及每年相同的销售收入等都属于年金表现形式。按照收付的次数和支付的时间来划分，年金有以下几类：

（1）普通年金。普通年金又称后付年金，是指各期期末收付的年金。其中，普通年金终值是指其最后一次收入或支付时的本利和。它是每次收入或支付金额的复利终值之和。

设：每年的收入或支付金额为 A，利率为 i，期数为 n，则按复利计算的年金终值 sA 为：

$$sA = A \cdot \frac{(1+i)^n - 1}{i}$$

若某农民朋友 5 年中每年底获得股票分红款 10 万元，若将其投入银行保值，存款利率为 3%，则第 5 年末的本利和是：

$$s = 10 \times \frac{(1+3\%)^5 - 1}{3\%} = 53.09（万元）$$

普通年金现值是指为在每期期末取得相等金额的款项，现在需要投入的金额。普通年金现值 pA 的计算公式是：

$$pA = A \cdot \frac{1-(1+i)^{-n}}{i}$$

若某位农民老板欲由银行代付三年房租，每年租金 10 万元，若银行存款利率为 4%，问现应在银行存入多少钱？

$$pA = 10 \times \frac{1-(1+4\%)^{-3}}{4\%} = 27.75（万元）$$

（2）预付年金。是指在每期期初收入或支付的年金，又称为即付年金或先付年金。其中，预付年金终值 sA_0 计算公式是：

$$sA_0 = A \cdot \left[\frac{(1+i)^{n+1} - 1}{1} - 1\right]$$

若某农民个人每年初存入银行 100 万元，若银行存款利率为 8%，则第 10 年末的本利和应是：

$$sA_0 = 100 \cdot \left[\frac{(1+8\%)^{10+1} - 1}{1} - 1\right] = 1564.5（万元）$$

预付年金现值 pA_0 计算公式是：

$$pA_0 = A \cdot \left[\frac{1-(1+i)^{-(n-1)}}{i} + 1\right]$$

若某个体工商户 6 年分期付款购置设备，每年初付 200 万元，若现在想从银行取得利率为5%的一次性贷款，其金额是：

$$pA_0 = 200 \times \left[\frac{1-(1+5\%)^{-(6-1)}}{5\%} + 1 \right] = 1066(\text{万元})$$

（3）递延年金。递延年金是指第一次收入或支付发生在第二期或第二期以后的年金。递延年金终值的大小与递延期无关，其计算方法和普通年金终值相同；递延年金的现值计算有以下两种方法：一是把递延年金视为n期的普通年金，求出递延期末的现值，然后再将此现值调整到第一期期初。二是假设递延期中也发生收付，先求出（m+n）期的年金现值，然后扣除实际为收入或支付的递延期m的年金现值，就可得出最终结果。

（二）投资风险价值

中国有句俗话："富贵险中求"。马来西亚曾经筹建一条高速公路，对外公开招标，尽管政策优惠但却无人问津。因为这段路不长，车流量也不大，似乎无利可图。靠在北京前门摆摊起家的中国富豪李晓华考察时得到一个消息：离公路不远处发现了一个大油田，储量十分丰富，但确认工作尚未完成，因此没有在新闻媒介上正式公布。李晓华认为如果油田正式开采，公路的车流量可想而知，这块地皮的价值也呈现上升趋势。李晓华决定冒一次险。他拿出全部资金，又以房产抵押从银行取得贷款凑齐了3000万美元，一举拿下了这个项目。由于贷款期限只有半年，若公路半年内出不了手，李晓华只得跳楼自杀了事。更由于是倾囊而出，李晓华在马来西亚期间只能是节衣缩食，经常吃盒饭与方便面，办事坐飞机的经济舱，更不敢轻易"打的"而尽量坐只合人民币六角钱的"叮铛车"。更可怕的是来自于精神上的压力与折磨，每天都在焦急地看报纸盼望着那条油田消息的出现。可五个月过去了，仍然是没有任何动静。李晓华的精神近乎崩溃了，甚至开始认真思考起后事的处理问题。16天后，那条油田的消息终于正式披露，李晓华静静地躺在沙发里一天，那天他的投资项目价值翻了一番。显然，李晓华进入了一个高度不稳定的市场。而从经济学角度去观察这个事例，肯定的一元钱收入与不肯定的一元钱收入是不一样的，这是因为不肯定的收入要承担可能收不回来的后果。企业的任何一项投资，通常都要经过一定时期才能逐渐收回，而在这段时间内往往会发生许多不确定的因素，这就是企业所冒的风险问题。投资风险越大，投资者为了补偿可能出现的风险，对投资报酬率的要求自然也就越高。

风险是指一定条件下和一定时期内可能发生的各种结果的变动程度，具有客观性。首先，风险是在一定条件下的风险。你在什么时间、买哪一种或哪几种股票，每种股票买多少，风险都是不一样的。其次，风险的大小随时间的延续而变化，是一定时期内的风险。对一个项目投资成本的预计在项目开始前比较困难，不可能十分准确，但越临近项目完工时则越容易，预计也越准确。随着时间的延续，事件的不确定性在逐渐减小，而项目完成后，其结果自然而然也就完全肯定了。因此，风险总是一定时期内的风险。

风险可能给投资人带来超出预期的收益，也可能给投资人带来超出预期的损失。一般来说，投资人对意外损失的关切比对意外收益要强烈得多，因而投资者研究风险时侧重减少损失，且主要从不利方面来考察风险，经常把风险看成是不利事件发生的可能性。从理财的角度来观察，风险主要是指无法达到预期报酬的可能性。

从投资主体的角度看，风险可以分为市场风险和企业特有风险两类。其中，市场风险是指某些因素对市场上所有投资造成经济损失的可能性，像战争、经济衰退及通货膨胀。这类风险涉及所有的投资对象，不能通过投资组合分散掉，因此又称为不可分散风险或系统风险。企业特有风险是指某些因素对个别投资造成经济损失的可能性，如所发行股票企业基本建设延误工期、新产品开发失败、没有争取到重要合同及诉讼失败等等。这类事件只是影响个别投资，因而可以通过投资组合将其分散，即发生于一个投资项目的不利事件可以被其他投资项目的有利事件所抵消。这类风险又称作可分散风险或非系统风险。

在通常情况下，投资者都力求回避风险，但为什么还要有那么多投资者乐于进行风险投资呢？这是因为风险投资可以获得额外报酬，这种额外报酬就是投资风险价值。投资风险价值也有两种表现形式：风险报酬额和风险报酬率。风险报酬额是指投资者因冒风险进行投资而获得的超过资金时间价值的那部分额外报酬；风险报酬率是指投资者因冒风险进行投资而获得的超过资金时间价值率的那部分额外报酬率。

投资风险价值计算实际上是风险报酬计算问题。例如某位农民个人有两个投资股票机会，投资额均为200万元，A股票由一个带有高科技含量的企业发行，该领域竞争比较激烈，若经济发展状况较好，取得较大市场占有率，收益会很大，否则收益很小，甚至亏本。B股票是由一个原有产品改进企业发行，销售状况比较平稳。两只股票投资报酬计算过程及分析如下：

第一步，确定概率分布。概率就是指一个事件可能发生的机会，用Pi表示，譬如一只股票的收益有60%的机会增加，有40%的机会减少。如果把所有可能的事件或结果都列示出来，且每一个事件都给予一定概率，便构成了概率分布。概率分布必须符合以下两个基本条件：

（1）所有的概率Pi都在0和1之间，即$0 \leqslant Pi \leqslant 1$；

（2）所有结果的概率之和应该等于1，即$\sum_{i=1}^{n} Pi = 1$，这里n为可能出现结果的个数。

设发行股票企业未来经济情况有繁荣、正常、衰退三种，有关概率分布及相应报酬率如表1－1所示。

表1－1　　投资股票报酬率和概率分布预测

经济情况	发生概率	A股票报酬率（%）	B股票报酬率（%）
繁荣	0.3	90	20
正常	0.4	15	15
衰退	0.3	－50	10

第二步，计算期望报酬率。期望报酬率是各种可能报酬率按其概率进行加权平均得到的报酬率。期望报酬率可按下列公式计算：

$$\overline{X} = \sum_{i=1}^{n} XiPi$$

式中：$\overline{X}$——期望报酬率

Xi——第 i 经济情况的报酬率

Pi——第 i 经济情况的概率

n——经济情况的个数

根据期望报酬率计算公式，计算两只股票投资方案各自期望报酬率如下：

A 股票期望报酬率：$\overline{X} = 0.3 \times 90\% + 0.4 \times 15\% + 0.3 \times 15\% = 18\%$

B 股票期望报酬率：$\overline{X} = 0.3 \times 20\% + 0.4 \times 15\% + 0.3 \times 10\% = 15\%$

第三步，计算标准离差。标准离差是各种可能的报酬率偏离期望报酬率的综合差异。标准离差是反映离散程度的一个量度。若用 δ 表示标准离差，则其计算公式如下：

$$\delta = \sqrt{\sum_{i=1}^{n} (Xi - \overline{X})^2 \cdot Pi}$$

标准离差越大，说明偏离程度越大，风险越大；标准离差越小，说明偏离程度越小，风险越小。依据上述公式计算两只股票投资标准离差如下：

A 股票标准离差 =

$$\sqrt{(90\% - 18\%)^2 \times 0.3 + (15\% - 18\%)^2 \times 0.4 + (-50\% - 18\%)^2 \times 0.3}$$

$= 54.28\%$

B 股票标准离差 =

$$\sqrt{(20\% - 15\%)^2 \times 0.3 + (15\% - 15\%)^2 \times 0.4 + (10\% - 15\%)^2 \times 0.3}$$

$= 3.87\%$

第四步，计算标准离差率。标准离差只能用来比较期望报酬率相同的各项投资的风险程度，而不能用来比较期望报酬率不同的各项投资的风险程度。要对比分析期望报酬率不同的各项投资的风险程度，应该用标准离差同期望报酬率的比值，即标准离差率。若以

V 代表标准离差率，其计算公式如下：

$$V = \frac{\delta}{\overline{X}} \times 100\%$$

标准离差率越大，风险越大；标准离差率越小，风险越小。根据上述公式计算两只股票投资标准离差率如下：

A 股票标准离差率：$V = \frac{54.28\%}{18\%} \times 100\% = 301.56\%$

B 股票标准离差率：$V = \frac{3.87\%}{15\%} \times 100\% = 25.8\%$

第五步，计算风险报酬率。标准离差率虽然能够正确地评价投资风险程度的大小，但这毕竟还不是风险报酬率。计算风险报酬率还需要借助于一个系数，也就是风险报酬系数。风险报酬率、风险报酬系数以及标准离差率之间的数学关系公式表述如下：

$$R = V \cdot b$$

式中：R——风险报酬率

b——风险报酬系数

风险报酬系数是将标准离差率转化为风险报酬率的系数，若 A、B 两只股票风险报酬系数分别为 8% 和 3%。其风险报酬率计算如下：

A 股票风险报酬率：$R = 301.56\% \times 8\% = 24.12\%$

B 股票风险报酬率：$R = 25.8\% \times 3\% = 0.77\%$

第六步，计算风险报酬额。风险报酬额计算公式如下：

$$Rr = C \cdot R$$

式中：Rr——风险报酬额

C——投资金额

根据上述公式计算 A、B 两只股票投资风险报酬额如下：

A 股票风险报酬额：$Rr = 200 \times 24.12\% = 48.24$（万元）

B 股票风险报酬额：$Rr = 200 \times 0.77\% = 1.54$（万元）

在 A、B 两只股票投资比较中，A 股票投资报酬额要比 B 项目多出 46.7 万元，两只股票的经济效益差距是非常突出的。应该选择 A 股票进行投资。

四、个人资产配置

理财投资的手段和渠道具有多样性，不同的投资工具和投资策略选择会给投资者带来不同的收益，同时也使投资者面临不同的风险。从理财的角度来观察，进行个人资产配置是达到增强理财报酬并控制风险的重要手段。资产配置是指依据农民朋友个人所要达到的理财目标，按照资产的风险最低与报酬最佳的原则，将资金有效分配在不同类型的资产上面，构建达到增强投资组合报酬与控制风险的资产投资组合。

资产配置之所以能够对投资组合的风险与报酬产生一定的积极作用，在于其可以利用不同资产类别间的报酬率及其风险特性的差异，特别是彼此价格波动的相关性，来降低投资组合的整体风险水平及其产生的几率。同时，通过资产配置，更可以稳健的增强投资组合的报酬率。

维持最佳资产投资组合，需要个人投资者完成缜密的资产配置流程。其内容主要是投资目标规划、资产类别的选择、资产配置策略与比例配置、定期检查与动态分析调整。

任何一个人及其家庭都不可能把全部资产用于投资理财产品而不顾基本的生活需要，因而在进行投资前，每位投资者及其家庭要预留一部分钱款用于生活保障，建立生活现金储备，为投资设立第一道防火墙。家庭投资理财产品前的现金储备应包括以下几个方面：一是家庭基本生活开支现金储备，通常按照 6 ~ 12 个月的家庭生活费开支掌握；二是用于应付意外开支的现金储备，通常按照家庭净资产额的 5% ~ 10% 掌握；三是家庭短期债务偿付现金储备（主要是信用卡透支款偿还、个人短期贷款偿还）；四是家庭短期必需支出款项，如房屋购置款、家庭用车购置款、装修款、住院医疗款、旅游款、婴儿哺育开支。用于家庭基本生活开支的部分可以选择银行活期储蓄、七天通知存款或半年内的定期存款方式，或者购买货币基金等流动性和安全性较好的理财产品，不可用于股票或者股票型基金的理财产品投资，因为一旦被套或者投资亏损，将直接影响到正常的生活开支需要及其安排。

建立了基本生活保障现金储备之后，仍不能将余钱全部用于购置理财产品，而应当购置齐全的社会保险，包括养老保险、医疗保险、失业保险、工伤保险和生育保险，以及缴纳规定数额的住房公积金。当然，为家庭成员额外购买重大疾病保险、意外保险和养老保险等商业性保险可以弥补基本社会保障的不足。与此同时，根据家庭需要购买车险及其家庭财产保险也是必要的开支。这是个人投资理财须建立的第二道防火墙。

在建立了短期现金储备和中长期的保险储备之后，农民朋友的个人及其家庭的剩余资产就是可投资资产，可以用这部分闲置资金购买理财产品。闲置资金并非只是个人在银行的多年储蓄积累，还包括未来可以预期的年度或者月度的现款结余都属于闲置资金的范围。通常可以通过定期定额投资基金的方式为自己或者家庭建立长期投资组合，如养老投资基金、父母赡养投资基金、子女教育投资基金等等。只要坚持投入数千元的资产，20 年或者 30 年后就变成了数百万元的巨额财富，实现积小钱成大钱的理财目标。

通常，人们将权证、期权、期货、对冲基金、垃圾股票和债券划入极高风险和极高收益资产；将股票、股票型基金、外汇投资组合划入高风险和高收益资产；将金银、集合信托、银行理财产品、债券基金、房产划入中风险和中收益资产；将债券、货币基金、投资分红划入较低风险和较低收益资产；将储蓄存款、国债、货币基金、房产划入低风险和低收益的资产。需要说明的是，期货与期权在所有的理财产品中风险与收益是最高的；国债是最安全的投资品种，其收益回报略高于同期储蓄存款，但其流动性往往表现不佳；股票是典型的高风险、高收益、高流动性理财产品；基金是投资收益介于股票与储蓄存款之间一种理财产品，需要一周的赎回期，其流动性要比储蓄存款和股票低；房产投资受政府政策的左右较大，收益的不确定性非常大，其流动性表现有时非常差；同样，金银的流动性表现也是比较差的。常见的资产配置组合模型主要有以下几种：

（1）金字塔形。采用金字塔形资产结构的个人理财产品投资者，其储蓄存款、债券、货币基金等低风险、低收益资产占到一半左右；基金、银行理财产品、房产等中风险、中收益资产占到三成左右；而高风险的股票、外汇以及权证等资产比例最低但收益水平最高。根据资产风险程度由高到低、所占比例越来越大的金字塔形结构，其安全性和稳定性无疑是最佳的。

（2）哑铃形。采用哑铃形资产结构的个人理财产品投资者，其低风险、低收益的储蓄债券资产与高风险、高收益的股票基金资产比例适当并占据主导位置；而中风险、中收益的资产占有比例则最低。采用两端大而中间弱的比较均衡的资产结构配置，可以享受黄金投资周期的收益。

（3）纺锤形。采用纺锤形资产结构的个人理财产品投资者，其中风险、中收益的资产所占有比例则最高并占据主导位置；低风险、低收益的储蓄债券资产与高风险、高收益的股票基金资产比例适当但所占比例则较低。采用两端小而中间强的资产结构配置，主要是出于投资安全性的考虑，在比较成熟市场中可以采用这种结构以获得长期稳定的投资收益。

（4）梭镖形。采用梭镖形资产结构的个人理财产品投资者，其全部资产几乎都会投向高风险、高收益的股票、股票型基金、外汇投资组合产品，属于赌徒型的资产配置；而对中低风险和中低收益的理财产品基本没有安排或者只有少量的投资。采用这种资产结构的理财产品投资组合，其稳定性非常差且风险程度非常高，但是投资力度非常大，若遇到黄金投资机遇，其短期内可以博取很高的投资回报。

五、理财投资准入

目前，我国法律和监管部门关于对理财产品投资客户的限制除了财产准入门槛之外，并没有设立其他限制性条款。商业银行及非银行金融机构在实际推出的各种理财产品销售业务中，也并未设置单独的限制性条款。凡是投资者个人用本人实名并能够提供合法有效的身份证明，都可以成为商业银行及非银行金融机构个人理财业务的客户。商业银行通常会将理财客户划分为有投资经验的客户和无投资经验的客户两类，并在理财产品销售文件中标明所适合的客户类别。按照相关规定，仅适合有投资经验的客户的理财产品的金额起点不得低于10万元人民币（或等值外币）且不得向无投资经验的客户进行销售。

贷款金额达到规定额度以上并且在银行内部有关信息系统及中国人民银行征信系统中无任何不良记录的客户，或者年消费积分达到一定分数且信用良好的银行信用卡持卡人会纳入商业银行理财客户重点范围。

进行投资理财的投资者必须确保其提供的身份证件真实、合法，不得使用伪造、变造的身份证明。进行投资理财的投资者必须确保其资金来源合法、不得利用理财业务洗钱，即不得将毒品犯罪、走私犯罪、恐怖活动犯罪、黑社会性质的组织犯罪、贪污贿赂犯罪、破坏金融秩序犯罪、金融诈骗犯罪以及其他犯罪所得及其收益用来购买理财产品。

六、理财产品选择的影响因素

选择理财产品的具体品种及其组合策略会受到投资者个人的理财价值观、对风险的承受度、年龄段、理财知识了解与掌握、财富规模诸多因素的影响与左右。

（一）理财价值观

个人理财价值观的体现主要有后享受型、先享受型、购房型和以子女为中心型四种比较典型的理财价值观。主要体现在义务性支出与选择性支出所持的不同态度。其中，义务性支出是指个人收入中必须优先满足的开支，又称作强制性支出。主要有三项：日常生活基本开销；已有负债的本息偿还开支；已有保险的续期保费支出。个人的全部收入减除义务性支出之后就是选择性支出，或称作任意性支出。而不同价值观的投资者对不同理财目标实现后带来的效应有着不同的主观评价，其对选择性支出的理财产品投资顺序也会有所不同。

1. 后享受型是指个人投资者将大部分选择性支出投向储蓄产品并维持较高的储蓄存款比例，或者选择国债进行投资，其目标是积累财富、期待未来生活品质能够有所提升或者至少不至于下降。老一辈的人、或者思维比较保守的人常常采用这种理财方式。

2. 先享受型是指投资者个人将大部分选择性支出用于现在的消费上面，目标是提高目前的生活水准，注重目前的享受，对目前的消费效应的要求远远大于对未来更佳生活水准的期望。先享受型的投资者在工作期间的储蓄率较低，赚多少就花多少。投资回报高的股票和股票型基金以及投资回报较高的黄金投资对这类人群还是有一定的吸引力的。

3. 购房型是指个人及其家庭将购房作为其首要的理财目标，实践中具体包括将房产作为其投资增值的主要方向、解决或者改善现有住房条件两种情况。而属于后者情况的，由于购房后打乱了自身的生活计划，“结婚”、“育子”等很多想办的大事都得“暂缓”，其义务性支出以偿还月供作为首先需要考虑的因素，理财产品投资的需求相对较小。而出于安全性的考虑，属于前者情况的投资者，会对投资回报高的股票和股票型基金以及投资回报较高的黄金投资与房产投资相配置。

4. 以子女为中心型是指现在的理财产品消费主要投在子女的教育上面的比重偏高，或者储蓄的动机是以获得子女未来接受高等教育的现金储备为首要目标。由于太多的资金投资于子女教育开支，其在理财产品的选择方面自然要对花费较大的子女教育项目做好长期的准备，应该投资于中长期且收益比较稳定的理财产品。

（二）年龄因素

普遍的情况是，随着个人年龄的增加，其所能承受的风险越低。在我国，国债的购买群体主要是中老年人或者公务员在某种程度上面印证了这一点。究其缘由，年轻人的事业刚刚起步，会面临无数的机会，因而偏好较高风险；而到了退休年龄，其心态自然老成持重，理财产品选择偏好于保守。而从另一方面来观察，刚刚步入社会的年轻人，虽然储蓄较少但未来的预期收入较多，因而可以承受较高的风险。

（三）知识掌握

学习与工作是知识和经验的主要来源。掌握知识的多少特别是掌握理财知识的多少，对个人理财产品的选择及其理财产品组合策略的选择会产生重要甚至是决定性的作用。风险承受能力和应对风险的办法会随着投资者知识水平的增加而得到提升。掌握知识越多，对风险的认识更清晰、更系统，对风险的掌控能力就越强，往往会进行高风险的理财产品的投资。而那些对理财产品相关知识了解较少的投资者，其高风险投资失败的可能性就比较大，承受风险的能力相对来说比较弱。

（四）财富规模

个人及其家庭的收入水平决定消费和积累，决定着财富的多少。个人理财产品的主要目标市场是个人及其家庭收入较高、财富积累具有一定水平的目标客户群。通常情况下，财富积累越多，对风险损失的承受能力会越强。在工薪家庭中，夫妻双方的风险承受能力一般都会高于未婚者，因为双方都有相当的经济独立能力，双份收入可以增加风险的承受水平并做出更多的理财产品及其组合投资的选择。

（五）风险偏好和投资风格

根据对理财风险态度的不同，可以将客户分为风险厌恶型、风险偏好型和风险中庸型三种，其投资风格有进取型、成长型、平衡型、稳健型和保守型五种。

1. 从个人对投资风险所持的态度来看，风险厌恶型投资者厌恶风险，对风险所持态度消极，不愿意为增加收益而承担风险，非常注重自身投资的安全，会极力回避风险。投资者多是缺少时间和专业知识去打理投资事务的人，即过多考虑安全但又不愿意烦心，即使有远远高于平均盈利水平的投资机会，也不愿意轻易涉足，在理财产品选择上面会更多选择储蓄存款、保险和国债理财品种。而有所不同的是，风险偏好型投资者对待风险的态度比较积极，愿意为获取高收益而承担高风险，重视风险分析与回避，不因风险的存在而放弃投资机会，偶遇投资失败也会认为通过其他的投资机会赚回来。这些投资者通常有着比较乐观的心态和比较熟练的投资技巧，有着无忧无虑的家庭，适合投资风险大但收益同时非常高的股票、期货。风险中庸型的投资者首先要求投资收回金额要高于本金，而购买储蓄和国债主要满足这一目标；其次是要保持本金价值的不变，但遇到通货膨胀而使投资本息值低于原本金值时又是可以接受的，但是遇到股票或者期货较好的投资机遇时，会不失时机地投入赚钱。如何优化调整现有理财产品的投资结构是风险中庸型投资者需要考虑的问题。

2. 从个人理财的风格来看，进取型投资者相对比较年轻、有专业知识技能、敢于冒险、而社会负担较轻，对于股票、期权、期货、外汇、股票及其艺术品等高风险、高收益的理财产品感兴趣，追求高收益高风险资产的快速增值，操作手段大胆，承受风险的能力最强。成长型投资者有一定的资产基础、一定的知识水平、一定的风险承受能力，追求较高的投资收益而又不像进取型投资者那样过度投资高度风险的理财产品。主要投资取向是开放式股票基金、大型蓝筹股票。所称平衡型投资者对投资理财产品比较谨慎，往往仔细分析投资市场与投资产品，从中寻找风险适中、收益适中的理财产品。往往会选择房产、黄金和基金类投资产品。稳健型投资者总体偏向保守，对于风险的关注多于对收益的关注，更愿意选择风险较低而不是收益较高的理财产品，喜欢选择既保本又有较高收益机会的结构性理财产品，往往以中老年投资人群为主。保守型投资者通常是步入退休年龄的中老年人、低收入家庭、或者社会负担较重的人群，其风险承受能力很低，对理财产品的选择首先是保本，然后是追求投资收益。往往会选择国债、储蓄以及银行保本型理财产品、货币基金、债券基金等低收益的投资。

第二章　银行理财产品投资

我国商业银行理财产品的发行数量和发行规模呈几何级数增长，投资方向不断丰富，结构类型日益精细化，合作模式不断拓展，流动性安排灵活多样，产品的风险控制措施不断优化。2009年，共有94家商业银行发行理财产品7741款。2010年共有102家商业银行发行10591款理财产品，发行规模7.05万亿元人民币，相比2009年发行总数增长幅度超40%，发行规模增长幅度超过30%。进入2011年，银行理财产品的发行有明显提速迹象。发行数量为22441款，较2010年增长幅度超过100.58%；发行规模16.99万亿元人民币，较2010年增长幅度超过140.99%。

一、理财产品基础及其投资主要品种

银行理财产品是指商业银行在法律法规核准的经营范围内，运用商业银行在金融市场上的专业投资能力，按照既定的投资策略代理投资者进行投资而推出的理财产品，或称作理财计划。

个人投资者需要商业银行代理投资的主要原因是两个方面：一是个人投资者可以投资的范围是很有限的。作为投资者可以直接投资的理财产品有股票、交易所债券、基金、凭证式国债、储蓄式国债、记账式国债等。而银行间市场的投资工具如央行票据、金融债、短期融资券、企业债等，境外市场的投资工具如境外股票、基金、外汇衍生产品等只有银行、基金公司、券商等机构可以进行投资，而个人投资者是不能直接参与的。二是个人投资者需要更为专业的投资机构代为打理资产并实现资产的保值增值。社会分工愈来愈细，金融行业的细分度也就越来越高。如基金公司擅长资本市场投资、信托公司擅长中小企业融资、证券公司擅长企业上市改组。而个人投资者特别是非专业的投资者，可能无法非常专业的分析与评价诸多的理财产品投资品种，并做出合理的选择。目前，商业银行与证券公司、基金公司、信托公司之间的往来与合作非常紧密，可以代理个人投资者在细分的金融市场内进行专业化的投资，努力为投资者带来更好的回报。

（1）现有理财产品按照风险属性划分，分为保证收益类理财产品和非保证收益类理财产品两类。其中，保证收益类理财产品是指商业银行按照约定条件向客户承诺支付固定收益，由银行承担全部投资风险，或者商业银行按照约定条件向理财产品投资者承诺支付最低收益并承担相关风险，而其他投资收益由销售银行和个人投资者按照合同约定分配，并共同承担相关投资风险的理财产品。非保证收益类产品细分为保本浮动收益理财产品和非保本浮动收益理财产品两类。其中，保本浮动收益理财产品是指商业银行按照约定条件向个人投资者保证本金支付，本金以外的投资风险由投资者个人承担，并同时依据投资收益情况确定投资者个人实际收益的理财产品；而非保本浮动收益理财产品是指商业银行根据约定条件和实际投资收益情况向投资者个人支付收益并不保证投资者个人本金安全的理财产品。

（2）现有理财产品按照投资方向进行划分，分为固定收益类理财产品、现金管理类理财产品、国内资本市场类理财产品、代客境外理财类理财产品和结构性理财产品。其中，固定收益类理财产品主要投资于银行间市场、交易所或者其他金融市场的固定收益投资品种，主要的理财品种有央行票据、金融债、企业债、短期融资券、贷款类信托、商业票据。而按照具体的投资对象又分为债券型产品、信托贷款型产品、票据型产品。产品有固定的投资期限，并能够根据投资收益和费率准确计算出投资者个人预期收益。若产品到期能够正常变现，投资者个人即可获得约定的预期收益。现金管理类理财产品近似于货币市场基金，其最大的特点是具有较高的流动性，大部分产品的流动性甚至好于货币市场基金。主要投资于央行票据、金融债、高信用等级企业债等银行间市场信用级别较高、流动性较好的金融工具。特点是期限短、变现快、申购与赎回都非常便利，多用于配置闲置资金。国内资本市场类理财产品主要投资于上海、深圳证券交易所上市交易的投资品种，主要有股票、开放式基金、封闭式基金以及交易所债券。产品多采用基金方式，投资收益以产品净值反映，其存续期内一般可以申购与赎回操作。代客境外理财类产品主要投资于中国银监会签署合作谅解备忘录的国家与地区的金融市场产品，主要有股票、基金、结构性票据、债券以及其他投资品种。而为了规避投资风险，中国银监会明确要求，商业银行代投资者个人处理理财产品不得投资于商品类衍生产品、对冲基金以及国际公认评级机构评级在 BBB 级以下的债券。结构性理财产品其本金在境内市场投资，通过掉期、期权等金融衍生产品挂钩利率、汇率、股票、基金、商品以及相关指数等国际金融市场标的，从而使客户有机会间接参与国际金融市场投资，间接分享境外投资收益。

(3) 按照产品的存续形态划分，可以分为开放式产品和封闭式产品两类。其中，开放式产品是指理财产品总体规模可变，投资者个人可以在产品的存续期间随时或者定期进行申购或者赎回的理财产品。封闭式产品是指理财产品规模、期限确定，并且产品存续期间一般不可以进行申购或者赎回的理财产品，或者只能赎回不能申购的理财产品。封闭式产品的赎回一般都有特定的条款，该条款规定投资者个人或者销售银行在触发条款规定时具有赎回的权利。

(4) 按照发行的方式划分，可以分为期次发行产品和滚动发行产品。其中，期次发行产品有确定的发行期，产品只在特定的时间销售，如发行期限 3 天或者一周的产品，到期后利随本清，产品结束。滚动发行产品采取滚动循环方式滚动定期发行，如每月滚动或者每周滚动发行。投资者个人可以进行连续投资，拥有更多的投资机会。在滚动发行的理财产品中，为了方便投资者个人投资，会有通过一次性签约方式自动实现产品的滚动投资。

二、购买理财产品必须了解的信息

投资者在购买银行理财产品之前，必须首先了解自己对于用来投资的资金希望多长的投资期限？该项投资占整个投资的比重是多少？希望每年有多少投资回报？可以接受最大的涨跌幅度是多少？只有弄清楚这些问题，才能够明确自己所能承受的风险和投资目标是什么？同时，增强自己对相关产品的理解能力，判断所推介的理财产品是否符合自己。当然，投资者个人还必须弄清楚所投资的理财产品并不是储蓄存款，它是一种投资产品，而投资银行理财产品是要承担风险的。偏执的认为投资银行理财产品肯定会比银行储蓄获取更高收益的观点显然是错误的。

投资者在选择理财产品过程中，应该详细了解理财产品的发行银行、产品类别、购买币种、收益类型、交易类型、预期收益、银行终止权、客户赎回权、产品期限、起息日期、到期日期、到账日期、起售金额、发行区域等主要信息。

三、固定收益类理财产品

固定收益类理财产品主要有债券型理财产品、信托贷款型理财产品和票据型理财产品三个类别。

（一）债券型理财产品

债券型理财产品以国债、金融债、高信用级企业债以及短期融资券为主要投资对象，产品的结构和期限都比较固定，投资风险相对较低，收益稳定。与债券型基金相比，债券型理财产品有明确的预期年收益率并在产品说明中明示，且期限相对固定。目前市场上面的债券型理财产品多以 6 个月以内的短期产品为主。

目前国内商业银行推出的债券型理财产品，其投资对象主要是国债、金融债和央行票据等信用等级高、风险小的投资工具。因而投资风险较低，其收益水平也会低于信托贷款等其他类型的固定收益产品。适合风险承受能力较小、追求稳定收益回报的投资者。

债券型理财产品的安全性较好，其收益水平略高于同期居民储蓄存款利率水平，但由于期限较短，债券型理财产品在存续期间一般不可以提前赎回，投资者购买该类产品需要持有到期。

（二）信托贷款型理财产品

信托是指投资者基于对信托投资公司的信任，将自己拥有的资金委托给信托投资公司，由信托投资公司按投资者的意愿以自己的名义为受益人的利益或者特定目的管理、运用和处分的业务行为。信托是以信任为基础的财产管理制度，其财产权利主体与利益主体相分离，信托方式灵活、适应性强，信托财产具有独立性，信托管理具有连续性，受托人不承担无过失的损失风险，利益分配及其损益的计算遵循实绩原则，同时，信托还具有资金融通的功能。

在信托贷款型理财产品操作中，商业银行与信托公司是一种信托关系。商业银行作为信托计划的委托人，首先发行理财产品募集投资者的资金，而后将所募集的资金投资于信托投资公司的信托计划；而信托公司作为信托计划的受托人，按照委托人的要求负责信托的管理与运作；信托计划到期后，由信托投资公司按照信托计划的约定向商业银行支付本金和收益，商业银行再向购买理财产品的投资者个人支付本金和收益。

信托贷款是指信托公司接受商业银行的委托，将委托人的资金按指定的对象、用途、期限、利率与金额发放贷款，并负责到期收回贷款本息的一项金融业务。商业银行在发放贷款的对象、用途等方面有充分的自主权。而信托贷款型理财产品以信托贷款为投资对象，由商业银行发行理财产品，将募集的投资者资金投资于指定的信托公司发起设立的信托贷款计划，产品到期后商业银行按照约定向客户支付本金及其收益。商业银行的信托贷款型理财产品大都投资于高信用等级企业的信托贷款。

产品运作的基本流程是：（1）信托公司按照预先确定的要求设立信托计划；（2）商业银行与信托投资公司签订资金信托合同，约定信托计划的投向、期限、利率具体要素；（3）商业银行向客户发行理财产品募集资金；(4) 商业银行将所募集的资金交付信托投资公司；(5) 信托投资公司与借款企业签订信托贷款合同并按照规定发放贷款；(6) 借款人按照信托贷款合同约定的时间、利率向信托投资公司归还贷款本金及其利息；(7) 信托投资公司扣除信托报酬后向商业银行支付信托计划的本金和收益；(8) 商业银行扣除其销售和管理费用之后，按照理财产品说明书的约定向理财产品投资者按照实际的投资状况支付本金及其收益。

信托贷款型理财产品的期限固定，能够准确测算出投资者个人预期年收益率，投资者有望获得较高的收益但需要承担一定的投资风险。主要的风险有：(1) 借款企业到期不能足额偿付贷款本息，理财产品投资者将面临收益甚至是本金的损失，又称作信用风险；(2) 该产品是按期一次性兑付的期限结构设计，变相能力较差，产品存续期内投资者个人不能赎回，又称作流动性风险；(3) 信托贷款型理财产品多是固定收益，存续期间若出现中央银行提高相应存款利率水平，投资者会遭遇机会成本问题，又称作市场风险。

进行信托贷款型理财产品投资应注意以下几个方面的问题：一是借款企业的经营和财务状况，借款企业的信用状况，是否能够如期归还；二是借款企业的增级措施，如抵押、质押、保证、第三方回购等，这些都是有效降低信用风险的重要手段，投资者要仔细阅读理财产品说明有无相关的条款；三是由于信托贷款型理财产品存续期内投资者不能提前赎回，一旦投资就需要持有到期，因而投资者个人需要合理安排资金计划，以免出现流动性问题后，个人的投资及其生活受到不该有的不利影响。

（三）票据型理财产品

票据型理财产品是以已贴现或者转贴现的银行承兑汇票作为投资对象，由商业银行发行理财产品，将所募集的资金投资于商业银行已贴现或者转贴现的银行承兑汇票，产品到期后，按照商业银行约定向投资者个人支付本金和收益。票据型理财产品期限固定、收益稳定、风险较低。由于所投资的银行承兑汇票期限均在6个月以内，因而票据型理财产品多以“天”来计算期限。

由于所投资的银行承兑汇票其承兑人商业银行有无条件支付款项的责任，因而票据型理财产品的安全性较好。银行承兑汇票的贴现利率会低于同期信托贷款型理财产品的利率水平，因而票据型理财产品的收益水平低于信托贷款型理财产品。同样，因已贴现的银行承兑汇票需要持有到期后才能得到资金，所以票据型理财产品均采用到期一次兑付的期限结构设计，流动性较差，产品存续期间投资者个人不可以提前赎回。

（四）组合投资类理财产品

组合投资类理财产品通常投资于多种资产组合的产品，包括债券、票据、债券回购、货币市场存拆放交易、新股申购等多品种投资，其发行主体往往采用动态的投资组合管理办法和资产负债管理方法对资产组合进行管理。与传统的理财产品相比较，组合投资类理财产品实现了两大突破：一是改变了传统产品狭隘单一的投资渠道，进行综合产品投资、多市场投资；二是打破了以往商业银行理财产品间歇性销售的劣势，达到滚动发行和连续性销售。

组合投资类理财产品期限覆盖面广，可以全面满足不同类型投资者对投资期限的个性化需求，销售非常灵活，甚至可以满足投资者特殊的定制要求，给许多对流动性要求比较高的投资者个人提供了极大便利。其次，组合产品的投资模式在分散投资风险的同时，突破了单一投向理财产品负债期限和资产期限必须严格对应的缺陷，扩大了商业银行资金运用范围和投资者个人的收益空间。同时，组合投资类理财产品赋予发行主体充分主动管理能力，最大限度发挥了商业银行在资产管理及其风险控制方面的优势，资产管理团队可以根据市场的状况，及时调整资产组合的结构及其具体产品。

组合投资类理财产品的不足非常明显：一是存在着信息不对称的问题，投资者很难了解其详细的资产配置情况；二是产品的表现更加依赖于发行主体的管理水准，组合投资类理财产品赋予了发行主体的管理能力，同时对其资产和风险的管控能力提出了更高的要求，投资者需要谨慎发行主体的“偏执”行为产生。而负债期限和资产期限的错配以及复杂衍生结构的嵌入增加了产品的复杂性，导致了增加产品收益因素的增多并复杂化，投资风险随之扩大。

四、现金管理类理财产品

现金管理类理财产品是指能够提供现金管理服务的理财产品，特指那些期限短、交易灵活、能够作为现金管理工具的理财产品。现金管理类理财产品主要投资于商业银行间市场信用级别较高、流动性较好的金融工具。现金管理类理财产品大多可以随时变现，其流动程度大致相似活期储蓄存款，申购与赎回交易都非常方便。现金管理类理财产品主要投资于国债、金融债、央行票据、债券回购以及信用级别较高的企业债、短期融资券等安全性高、又可随时变现的投资工具。

现金管理类理财产品的主要特征是投资期限短、交易灵活、收益较活期存款高，在理财产品投资中通常可以作为活期储蓄存款的替代品，用来管理短期闲置资金优势明显。

五、国内资本市场类理财产品

国内资本市场类理财产品主要包括增强型新股申购类理财产品、证券投资类理财产品、混合投资类理财产品、股权投资类理财产品。

（一）增强型新股申购类理财产品

增强型新股申购类理财产品是商业银行将集合起来的投资者资金申购新股，但在新股发行空档期投资于债券或者打新债（即申购可转换债券、可分离债券投资对象），以获取较高的收益。

增强型新股申购类理财产品的主要风险因素是市场风险。由于目前国内新股发行价与上市价之间存在着“无风险套利”，因而新股申购类理财产品的投资风险相对较低。但是，资本市场的波动、市场资金的供给、新股发行的速度都会对新股申购产品的收益产生影响。但从目前来看，新股的中签率和上市首日交易价格对理财产品的收益会产生重要影响。新股中签率取决于发行股本大小、申购新股规模。新股中签率与股本大小（单只股票或者多种股票的发行股本）成正比，与整个市场的申购资金规模成反比，与申购投资者的申购资金规模成正比。由于大多数新股申购类理财产品中签的新股都会在上市首日卖出，因而新股上市首日的交易价格涨幅成为影响理财产品收益水平的关键因素。而这又与发行市盈率高低、股本大小及其大盘走势相关联。上市首日的涨幅与发行市盈率的高低和股本的大小成反比，与大盘的走势成正比。当然，这种表现并非绝对。

进行新股申购类理财产品，投资者应认真阅读相关资料。一般而言，大盘股、业绩优良的企业公开上市都是良好的选择。市场波动对新股交易价格有直接影响，股票市场大盘走势好，相关产品收益会随之上升。但对于网下配售的新股由于在3个月锁定期后方可上市交易，在市场下行的情况下，投资者需要谨慎与分析。

（二）证券投资类理财产品

证券投资类理财产品将所募集的投资者资金通过信托计划投资于二级市场的股票、基金，并配以交易所债券，投资者可以在约定日期按照产品净值进行申购或赎回。而由于理财产品是部分或者全部投资于股票或股权理财产品，风险相对较大。目前，对于证券投资类理财产品，商业银行会聘请优秀的基金公司或证券公司担任投资顾问，并利用其专业的投资能力帮助客户获取收益。国内相关法律规定了对于一般性客户的理财资金不得投资于境内二级市场公开交易的股票或与之相关的证券投资基金，理财资金不得投资于未上市企业股权和上市公司非公开发行或者交易的股份。但是，对于具有相关投资经验，风险承受能力较强的高资产净值客户，商业银行可以通过私人银行服务满足其投资需求，不受上述条款的限制。

证券投资类理财产品的投资对象与配置型基金基本相同，投资者可以理解为商业银行管理的基金型理财产品。与开放式基金相比，证券投资类理财产品的主要特征有：一是投资对象比较宽泛，既可以投资开放式和封闭式基金，其对股票的投资也没有具体的比例限制。二是证券投资类理财产品大都设置业绩比较基准，当产品净值超越业绩比较基准后，管理人可以收取业绩报酬。由于证券投资类理财产品的申购与赎回费用及其管理费均较低，且与私募基金较为接近，管理人的收益主要来源于业绩报酬。三是证券投资类理财产品的流动性比开放式基金要弱，在固定的时间段开放一次，如一周或者一个月开放一次，投资者不能随时进行申购和赎回。

证券投资类理财产品属于较高风险的理财产品，其中市场风险是最主要的风险。市场的波动会带来市值的下跌，而证券投资类理财产品均为非保本类理财产品，市场下跌时将有可能导致投资者本金遭受损失。因为如此，证券投资类理财产品适合风险承受能力较高、追求较高收益的投资者。

投资者投资证券投资类理财产品应该注意以下几个方面的问题：证券投资类理财产品直接投资于二级市场的投资工具，市场波动对其净值有直接影响。市场指数上升或者低迷，相关产品的收益会随之上升和下滑。投资者可捕捉时机，采取与开放式基金相同的投资策略，低点买进高点卖出。同时，投资者需要详细了解投资顾问的背景和过往业绩，并选择规模较大、业绩优良的基金公司或者证券公司担任投资顾问的产品。由于证券投资类理财产品的流动性比开放式基金差，投资者需要注意产品开放申赎的日期、交易时段、理财产品的净值、投资期限的长短诸多重要信息，及时了解产品的运作情况。

（三）股权投资类理财产品

股权投资类理财产品是指商业银行通过发行理财产品计划募集投资者的资金，并以信托计划的方式受让借款人持有的上市公司股票的受益权，理财期限结束后由借款人溢价回购股票受益权，商业银行向投资者支付本金及其收益。实际上就是一种以股权为质押物的信托贷款型产品。借款人的“溢价”回购，就相当于信托贷款型产品中借款人所支付的利息，商业银行将“溢价”扣除固定费用后作为投资者理财收益返还给投资者个人。若产品到期后借款人没有按照约定溢价回购受益权，则商业银行可以通过信托公司直接在二级市场抛售股票或向法院申请拍卖的方式收回资金。

股票的受益权包括：享有标的股票在任何情况下的卖出收入，包括但不限于在二级市场卖出收入的权利；享有标的股票产生的股息、红利的权利；享有标的股票上市公司解散清算后标的股票所对应的财产的权利；因标的股票的上市公司违反法律法规、进行虚假陈述并导致股东利益受损，转让方通过诉讼、仲裁、协商等各种手段所获得的赔偿或形成的相应权利；转让方根据法律和行政法规的规定、司法机关的裁决或者受让方书面同意，依法对外转让或者采用其他方式处置标的股票，其所享有的处置标的股票所获得的全部收益的权利。

股权投资类理财产品属于非保本浮动收益理财产品，而为了防范风险，商业银行一般会要求借款人将标的股票按照市价的一定折扣进行质押。在信托公司与借款人签订的信托合同中，通常都会设立补款警戒线，即若质押股票的股价跌至预设的警戒线以下，借款人必须交付保证金以降低产品风险。商业银行还会要求借款人和信托公司在证券交易所办理股票质押合同强制执行公证，若借款人发生违约行为，商业银行可以通过信托公司向法院申请直接对标的股票进行强制执行。

股票投资类理财产品所面临的风险主要有：一是信用风险，即借款人未能足额支付回购价款，而受托人处置质押股票所获得的收入无法完全偿付，则可能导致客户投资本金或收益损失风险。二是市场风险，即借款人所质押的往往是不能上市流通的限售股，由于未上市公司股票缺乏流动性，上市流通后在二级市场抛售也会受到相关规定的诸多限制，抛售数量太多还会导致股价大幅度下降。三是股权投资类理财产品均为封闭式理财产品，在存续期间内不向投资者提供赎回安排，投资者无法提前支取本金或者收益；若投资者有临时资金需求，将会面临变现困难。

股票投资类理财产品应注意的问题如下：一是充分了解理财产品说明中借款人的基本情况。二是了解股票质押价格与市场价格相比的折扣情况，折扣越低越安全；了解股票的基本面及禁售期限，选择优质大盘股和禁售期较短的股票股权为质押物的产品；了解是否设置了安全警戒线、是否有强制执行公证，客观评价风险。三是股权投资类理财产品需要持有到期，投资者需要合理安排资金计划及其额度，避免出现流动性问题。

六、代客境外理财产品

代客境外理财产品是指具有代客境外理财资格的商业银行，受投资者个人的委托，以其资金在境外进行规定的金融产品投资的经营活动。在实际操作中，商业银行通过发售代客境外理财产品募集客户资金后，代理投资者个人在境外进行投资，投资的收益和风险均由客户承担。

投资者可以直接用人民币投资代客境外理财产品，或者用自有外汇进行投资，销售产品的商业银行代替客户统一换汇后进行境外投资。从目前来看，商业银行不得代客投资于境外商品类衍生产品、对冲基金以及国际公认评级机构评级 BBB 级以下的证券投资工具。

按照投资方式的不同，代客境外理财产品分为产品型和投资型理财产品。其中，产品型产品是指商业银行将理财产品投资于某一指定产品，且该产品为结构性产品设计，收益可与利率、汇率、商品价格、股票指数、信用进行挂钩；而基金型产品投资于一个产品组合，商业银行作为资产组合管理人，要符合目前市场上的 QDII（合格境内机构投资者）投资制度的规定。

投资者投资代客境外理财产品的风险主要有市场风险、汇率风险和信用风险。其中，市场风险是代客境外理财产品的主要风险。由于代客境外理财产品的投资方向涉及债券、利率、汇率、股票指数等标的挂钩的结构性产品，还有境外基金产品和境外上市的股票，因而其波动的变化必然对投资收益产生影响，投资者容易形成投资损失。同时，销售代客境外理财产品的商业银行需要将客户的人民币资金换成外币资金后进行投资，而产品到期后再将外币资金转换成人民币，其汇率相对于期初的不利变动可能会造成投资本金的亏损，在代客境外理财产品投资过程中，汇率风险同样突出。投资者购买境外理财产品，还将面临境外投资标的发行人出现违约、无法支付到期本息，或由于发行人信用等级降低导致投资标的价格下降，投资者可能到期无法获得预期收益，甚至还可能遭受本金损失。

农民朋友投资境外代客理财产品需要了解该产品的投资策略是什么，将会投资于什么投资工具，其历史回报和波幅是多少。当然，销售银行所提供的上述相关数据只能作为投资者的投资参考来使用，因为根据历史回顾测算的投资收益和波动幅度并不代表投资者实际投资中所遇到的情况。产品的收费、投资期限的长短和是否可以随时赎回直接关系到投资者所投资金的流动性，投资者需要询问清楚。当然，能否及时了解到产品投资过程中的各种信息十分重要。代客境外理财产品投资于境外市场，商业银行会聘请专业的投资机构负责投资管理，因而投资者需要着重了解产品的境外管理者的背景和过往业绩，对该产品管理能拿出哪些避险的具体办法。

七、结构性产品

结构性产品是指将储蓄存款、零息债券等固定收益产品与期货、期权、掉期等金融衍生产品组合到一起而形成的一种金融产品，具有“固定收益+期权”的复合结构。商业银行通过发行理财产品向投资者个人募集理财资金，但其大部分投资在固定收益产品，如信托、债券、央行票据，而后再将这部分资金所产生的利息在国际市场上购买一个期权。而商业银行对这些期权的选择要有一个方向性的判断，如判断国际石油价格要上涨就选择石油看涨期权。

按照产品结构不同，结构性理财产品可分为保本型结构性产品（保本票据PGN）和非保本型结构性产品（高息票据HYN）。其中，保本型结构性产品是结合固定收益型产品和衍生性金融产品的投资工具，通过销售银行将大部分或全部的本金投资于固定收益产品，利用剩余少数的本金或者只用本金运作收益部分从事衍生金融产品的操作，同时达到保障本金与资产增值的目的，在风险有限的情况下追求稳健回报。保本型结构性产品的收益与标的资产的表现相联系，而标的资产多为国内外股票及权益证券、利率指标。最低保本率通常在80%以上。非保本结构性产品则是投资于固定收益产品，同时卖出衍生金融工具获得权利金收入，以期获得较高的投资报酬，但可能损失投资本金或转成股票等其他证券，标的资产为国内外股票和其他股权证券。

根据挂钩标的不同，结构性理财产品可分为外汇挂钩产品、指数挂钩产品、股票挂钩产品和商品挂钩产品。

保本型理财产品的固定收益部分对投资本金的保障程度非常灵活，可以根据客户需求具体设定，包括不保障本金安全、部分保本、完全保本以及承诺一个最低收益四种情况。保本产品有保障要求，但提前赎回需要一定费用。保本型理财产品通过期权部分挂钩于不同标的，如外汇挂钩、指数挂钩、股票挂钩和商品挂钩。其中，股票挂钩产品的标的是股票及其股票指数，通常选择规模大、质量好、影响大的蓝筹股或者指数，或者根据客户的具体要求选择某类股票（个股或篮子）或者指数。股票挂钩产品的到期收益与挂钩股票的市场表现直接相关。股票挂钩型结构性理财产品均设计了相关的观察期以及实现收益的条件。一般的股票挂钩型结构性理财产品需要在存续期间预设观察期，如每个月或每个季度第一个工作日观察；而收益实现条件为观察日标的股票的价格与初始股票价格相比达到设定的涨幅。若所挂钩的股票在观察日的价格全部达到或者超过预设条件，投资者就可以获得预期的高收益；反之，投资者只能获得较低的收益回报或者只能收回本金数额。

同样，外汇挂钩类理财产品的收益率取决于一组或者多组外汇的汇率走势，即挂钩标的是一组或多组外汇的汇率，如美元/日元，欧元/美元。挂钩的一组或多组外汇的汇率大都依据东京时间下午3时整在路通社或彭博社相应的外汇展示页中的价格而厘定。对于外汇挂钩类理财产品的大多数结构形式而言，目前大致较为流行的是看涨或看跌、或区间式投资。基本上都可以有一个或一个以上预设条件。若所挂钩的外汇在一定的投资期内的价格全部达到或者超过预设条件，投资者就可以获得预期的高收益；反之，投资者只能获得较低的收益回报或者只能收回本金数额。若所挂钩的外汇在一定的投资期内的价格未达到预设上限条件和下限条件，投资者就可以获得预期的收益回报，总回报 = 保证投资金额 ×（1 + 最低回报率）；反之，投资者只能获得较低的收益回报或者只能收回本金数额。

结构性理财产品的主要风险是市场风险，又由于所挂钩标的的不同，结构性理财产品的市场风险的承担有所不同：挂钩汇率的产品自然要受到国际外汇市场波动的影响；挂钩股票的产品自然受到挂钩市场走势的影响；挂钩黄金的产品自然受到国际黄金市场黄金价格的影响。对于保本型理财产品来说，收益的不确定性是最大的风险。同时，由于结构性理财产品嵌入了期权结构，而期权结构需要待行权日方能判断是否行权，行权的权利由交易对手享有。正因为如此，结构性理财产品的说明中，通常会有投资者不可提前终止的相关表述。即投资者不得提前赎回。有的产品即使允许提前赎回，也需要收取较高的赎回费来解决，且不能获取任何收益。

结构性理财产品在本金保障的同时博取可能较高的投资收益，对于稳健型的理财人士来说是比较合适的。但其所挂钩的标的往往涉及国外市场，结构设计有一定的复杂性，并给投资者的选择带来一定的困难。投资于保本型结构性理财产品的投资者，需要深入了解结构性理财产品的投资主题，看看这个主题是否与你自己设想的投资领域相一致。需要注意的是，结构性理财产品之所以复杂，主要在于其收益计算方式上。有的产品结构是挂钩标的单边上涨而有收益；有的产品结构是挂钩标的单边下跌而有收益；有的产品结构则是看涨跌幅波幅有收益。投资产品说明“最高预期收益”必须在约定事项发生的情况下才可以获得，关键在于市场；而且最高预期收益绝不等于实际到期收益，投资者要密切关注所挂钩的股票是否能在观察日的价格全部达到或者超过预设条件。高收益同时伴随着高风险。部分保本的产品自然可以拿出更多的资金去投资衍生工具，从而有可能获得更多的收益并面临更多的风险。投资者要根据自己的承受能力去选择产品品种。但是，本金100%保证的前提是投资者持有到期。如在未到期之前赎回，则不能享受保本承诺。

八、银行理财产品投资操作

对所选产品承担相应的风险是投资者的责任，“买者自负”是理财产品买卖必须坚持的原则。投资者购买理财产品前，可向商业银行客户经理详细询问理财产品的相关情况，并接受商业银行进行的风险承受能力测评。根据测评结果更好的了解投资者自己的风险承受能力，选择与自己风险属性相匹配的理财产品。首次购买理财产品需要投资者本人携带（本人）身份证到银行柜台办理。非首次购买可以通过网上银行来办理。具体购买步骤如下：

1. 接受风险评估。商业银行应当对投资者风险承受能力进行评估，确定投资者风险承受能力评级，由低到高至少包括五级，并可根据实际情况进一步细分。商业银行应当在投资者首次购买理财产品前在本行网点进行风险承受能力评估。风险承受能力评估依据主要是投资者年龄、财务状况、投资经验、投资目的、收益预期、风险偏好、流动性要求、风险认识以及风险损失承受程度等。商业银行对超过 65 岁（含）的客户进行风险承受能力评估时，应当充分考虑年龄及其相关投资经验因素。商业银行完成投资者风险承受能力评估后会将风险承受能力评估结果告知投资者个人，由投资者签名确认后留存。投资者需根据自己的实际情况照问题认真填写。需要提示的是，禁止让客户经理代为填写或者为了达到购买某款理财产品的风险等级而轻易修改分线评估内容。客户风险承受能力评估包括私人银行客户和高资产净值客户。其中，私人银行客户是指金融净资产达到 600 万元人民币及以上的商业银行客户；高资产净值客户是满足下列条件之一的商业银行客户：（1）单笔认购理财产品不少于 100 万元人民币的自然人；（2）认购理财产品时，个人或家庭金融净资产总计超过 100 万元人民币，且能提供相关证明的自然人；（3）个人收入在最近三年每年超过 20 万元人民币或者家庭合计收入在最近三年内每年超过 30 万元人民币，且能提供相关证明的自然人。

商业银行会定期或不定期地采用当面或网上银行方式对投资者

进行风险承受能力持续评估。超过一年未进行风险承受能力评估或发生可能影响自身风险承受能力情况的投资者，再次购买理财产品时，应当在商业银行网点或其网上银行完成风险承受能力评估，评估结果应当由客户签名确认；未进行评估，商业银行不得再次向其销售理财产品。

2. 选择风险等级匹配的理财产品。问卷填写完毕，客户经理会帮投资者核算出自己的风险承受能力分值以及对应的风险等级。请根据投资者的风险等级来选择相匹配的理财产品（一般理财产品说明书中会注明理财产品的风险等级，比如低风险，中风险或者用星级来表示风险）。

3. 详细阅读理财产品销售文件，包括理财产品销售协议、理财产品说明、风险揭示、客户权益须知。其中，理财产品宣传材料应当在醒目位置提示客户："理财非存款、产品有风险、投资须谨慎"；"如影响您风险承受能力的因素发生变化，请及时完成风险承受能力评估"；保证收益理财产品风险揭示应当提示："本理财产品有投资风险，只能保证获得合同明确承诺的收益，您应充分认识投资风险，谨慎投资"；保本浮动收益理财产品风险揭示应当提示："本理财产品有投资风险，只保障理财资金本金，不保证理财收益，您应当充分认识投资风险，谨慎投资"；非保本浮动收益理财产品的风险揭示应当提示：本理财产品不保证本金和收益，并根据理财产品风险评级提示客户可能会因市场变动而蒙受损失的程度，以及需要充分认识投资风险，谨慎投资等内容。理财产品销售文件主要内容如下：

（1）产品概述部分会包括产品的名称、编码、产品风险等级描述、产品投资期限、投资及收益币种、产品类型、认购募集期、产品规模、投资方向、产品起息日、到期日、到期兑付日、购买起点金额、理财产品的相关费用、收益支付频率、收益计算方法、提前终止说明、理财产品展期（理财产品投资期限延长）的说明、产品到期最好情况、最差情况、备注（包括一些名词解释等）。而在以上产品要素中，投资者应该重点关注的是以下要素内容：

（2）产品的风险等级描述：用来检测是否和您的风险承受能力相匹配。

（3）产品投资期限：用来匹配您的资金流动性以及预计的投资时间。

（4）投资收益币种：大部分理财产品投资收益币种为人民币，也有部分理财产品投资币种为外币如美元、欧元、澳币等。用外币作为投资币种的理财产品，是不能用人民币进行购买的。如果需要购买，只能先换汇再进行购买。进行换汇购买的投资者一定要考虑汇率风险。

（5）产品类型：一般情况下，理财产品说明书中会按产品收益类型来标注，如保本保收益、保本浮动收益或非保本浮动收益。保本保收益产品风险较低，到期后投资者可以100%拿到本金以及预期收益率。但是这类产品一般会比同期限同投资方向的理财产品收益率低；保本浮动收益产品的风险在于到期后，投资者获得的收益部分具有不确定性。产品到期后会拿到的收益率可以分为三种情况：零收益，预期收益率或零收益至预期收益率水平中间的收益。目前市场上还出现一些保证最低收益率的产品即产品到期后，最差情况下投资者可以获得最低收益率。其他情况发生得到的收益要好于获得最低收益率；非保本浮动收益产品风险比较高，产品到期后本金以及收益部分都不保证，投资者可能要承受本金或者收益亏损的风险。目前市场上出现了部分保本的理财产品比如90%保本，这类产品到期后最差的表现为投资者只能获得初始投资额90%的本金。

（6）认购募集期：也就是理财产品发行的时间。在这段时间中，投资者的本金一般是按活期利息计算的。一般来说，如果已经购买了理财产品在认购募集期内是不能撤单的。如果对于资金投资期限不确定的投资者特别要关注认购募集期是否能够撤单这个条件的描述。其次，由于理财产品有一定的发行规模，所以如果在募集期内提前到达募集额度，产品就会终止发行。所以市场上会出现一种情况，投资方向稳健，预期收益率较高的理财产品经常会遭到秒杀，产品刚发行1~2天可能会售罄。所以投资者要权衡资金情况。但是，也不排除一些客户经理为了销售产品，用募集期接近尾声或者产品快售罄为名来催促消费者赶紧购买。如果遇到此种情况，消费者可以询问理财产品的募集规模，已售规模以及每日的募集规模来判断产品的销售进程。不用在时间紧迫氛围的压力下轻率购买理财产品。

（7）产品规模：产品规模的关注有助于解决以上的问题。如果产品的募集规模很大，募集期限很长，没有必要将资金早早的购买理财产品，在募集期吃活期利息。

（8）投资方向：投资方向是阅读产品说明书的重点。它也可以作为衡量理财产品风险的一个指标。如果投资方向中出现高风险资产如股票、基金、大宗商品、汇率等，此款产品的收益不确定性会比较大。如果产品投资与国债、央行票据、金融债、银行拆借，产品到期获得预期收益率的机率相对较高。

（9）到期兑付日：这项内容投资者需要注意，可以在第一时间了解资金到账情况，产品收益情况，也为未来的投资做好时间准备。

（10）购买起点金额：商业银行应当根据理财产品风险评级、潜在客户群的风险承受能力评级，为理财产品设置适当的单一客户销售起点金额。风险评级为一级和二级的理财产品，单一客户销售起点金额不得低于5万元人民币；风险评级为三级和四级的理财产品，单一客户销售起点金额不得低于10万元人民币；风险评级为五级的理财产品，单一客户销售起点金额不得低于20万元人民币。

（11）收益计算方法：理财产品到期后，投资者应该核对一下金额。部分银行会将产品到期实际收益率在官方网站上公布，投资者可以根据账户的金额，以及初始投资本金根据收益计算方法来核算产品到期的实际收益率。因为不是所有的理财产品到期后就一定获得预期的收益率。银行不会对银行理财产品做担保。

（12）理财产品最好情况：从中可以得知理财产品如果达到较高收益率需要达到的条件。

（13）理财产品最差表现：从中可以得知如果产品表现最差时，

投资者要承受的损失以及发生最差表现的条件。

4. 仔细衡量后，决定是否购买理财产品。

5. 在客户经理的帮助下填写理财产品购买确认主要条款并亲笔抄写风险确认语句。需要强调的是，客户购买风险较高或单笔金额较大的理财产品，除非双方书面约定，否则商业银行应当在划款时以电话等方式与客户进行最后确认；如果客户不同意购买该理财产品，商业银行应当遵从客户意愿，解除已签订的销售文件。风险较高和单笔金额较大的标准，由商业银行根据理财产品特性和本行风险管理要求制定。风险揭示部分会有投资者风险确认语句抄录，包括确认语句栏和签字栏；确认语句栏完整载明的风险确认语句是“本人已经阅读风险揭示，愿意承担投资风险”，并在此语句下预留足够空间供投资者完整抄录和签名确认。

6. 划款并操作。

九、理财产品销售的法律规定

2011 年 8 月 28 日，中国银监会所发布的《商业银行理财产品销售管理办法》对理财产品的销售活动进行了法律约束。除了上述相关阐述外，以下有关投资者利益的保护性条款需要投资者个人引起注意：

1. 理财产品宣传销售文本应当全面客观反映理财产品的重要特性和与产品有关的重要事实，语言表述应当真实准确和清晰，不得有下列情形：违规承诺收益或者承担损失；夸大或者片面宣传理财产品，违规使用安全保证承诺“保险、避险、有保障、高收益、无风险”等与产品风险收益特性不匹配的表述；登载单位或者个人的推荐性文字；在未提供客观证据的情况下使用“业绩优良”、“名列前茅”、“位居前列”、“最有价值”、“首只”、“最大”、“最好”、“最强”、“唯一”等夸大过往业绩的表述；其他易使客户忽视风险的情形。

2. 理财产品宣传销售文本只能登载商业银行开发设计的该款理财产品或风险等级和结构相同的同类理财产品过往平均业绩及最

好最差业绩同时应当遵守下列规定：引用的统计数据图表和资料应当真实准确全面并注明来源不得引用未经核实的数据；真实准确合理表述理财产品业绩和商业银行管理水平；在宣传销售文本中应当明确提示产品过往业绩不代表其未来表现不构成新发理财产品业绩表现的保证；如果理财产品宣传销售文本中使用模拟数据的必须注明模拟数据。

3. 理财产品销售文件应当包含专页客户权益须知，客户权益须知应当至少包括以下内容：客户办理理财产品的流程；客户风险承受能力评估流程评级具体含义以及适合购买的理财产品等相关内容；商业银行向客户进行信息披露的方式渠道和频率等；客户向商业银行投诉的方式和程序；商业银行联络方式及其他需要向客户说明的内容。

4. 理财产品销售文件应当载明收取销售费、托管费、投资管理费等相关收费项目、收费条件、收费标准和收费方式。销售文件未载明的收费项目不得向客户收取。商业银行根据相关法律和国家政策规定，需要对已约定的收费项目、条件、标准和方式进行调整时，应当按照有关规定进行信息披露后方可调整。客户不接受的，应当允许客户按照销售文件的约定提前赎回理财产品。

5. 商业银行对理财产品进行风险评级的依据应当包括但不限于以下因素：理财产品投资范围、投资资产和投资比例；理财产品期限成本收益测算；本行开发设计的同类理财产品过往业绩；理财产品运营过程中存在的各类风险。

6. 商业银行不得销售无市场分析预测、无风险管控预案、无风险评级、不能独立测算的理财产品，不得销售风险收益严重不对称的含有复杂金融衍生工具的理财产品；商业银行不得无条件向客户承诺高于同期存款利率的保证收益率；高于同期存款利率的保证收益，应当是对客户有附加条件的保证收益。商业银行向客户承诺保证收益的附加条件可以是对理财产品期限调整、币种转换等权利，也可以是对最终支付货币和工具的选择权利等，承诺保证收益的附加条件所产生的投资风险应当由客户承担，并应当在销售文件明确告知客户。商业银行不得承诺或变相承诺除保证收益以外的任何可获得收益。

7. 商业银行不得将存款单独作为理财产品销售，不得将理财产品与存款进行强制性搭配销售。商业银行不得将理财产品作为存款进行宣传销售，不得违反国家利率管理政策变相高息揽储。

8. 商业银行从事理财产品销售活动不得有下列情形：通过销售或购买理财产品方式调节监管指标进行监管套利；将理财产品与其他产品进行捆绑销售；采取抽奖回扣或者赠送实物等方式销售理财产品；通过理财产品进行利益输送；挪用客户认购申购赎回资金；销售人员代替客户签署文件；中国银监会规定禁止的其他情形。

9. 商业银行销售风险评级为四级（含）以上理财产品时除非与客户书面约定否则应当在商业银行网点进行；商业银行向私人银行客户销售专门为其设计开发的理财产品或投资组合时，双方应当签订专门的理财服务协议，销售活动可按服务协议约定方式进行，但应当确保销售过程符合相关法律法规规定。

附件

中国工商银行保本型个人人民币理财产品说明书（资产组合投资型）2012 年第 38 期

一、产品概述

产品名称	中国工商银行保本型个人人民币理财产品（90 天）
	代码：BB1292
产品风险评级	PR1 级（本产品的风险评级仅是工商银行内部测评结果，仅供客户参考）
目标客户	经工商银行风险评估，评定为保守型、稳健型、平衡型、成长型、进取型的有投资经验和无投资经验的个人客户

续表

期限	90 天
投资及收益币种	人民币
产品类型	保本浮动收益型理财产品 工商银行对本理财产品的本金提供保证承诺
计划发行量	30 亿元
募集期	2012 年 9 月 12 日 ~2012 年 9 月 18 日
产品成立	工商银行有权结束募集并提前成立，产品提前成立时工商银行将进行披露并调整相关日期；产品最终规模以实际募集规模为准。如募集规模低于 1 亿元，工商银行有权宣布该产品不成立。
起始日	2012 年 9 月 19 日
到期日	2012 年 12 月 17 日
资金到账日	到期日后第 2 个工作日或提前终止后第 2 个工作日
代理清算人	工商银行北京分行
理财资产托管费率（年）	0.02%
投资管理费率（年）	0.10%
预期收益率测算	该产品拟投资 10% ~90% 的债券、存款等高流动性资产，10% ~90% 的债权类资产，按目前各类资产的市场收益率水平计算，该资产组合预期年化收益率约 3.22%，扣除工商银行理财投资管理费、托管费等费用，产品到期后，若所投资的资产按时收回全额资金，则客户可获得的预期最高年化收益率可为 3.10%。测算收益不等于实际收益，投资需谨慎。
认购起点金额	5 万元起购，以 1000 元的整数倍递增。
提前终止或提前赎回	工商银行有权按照实际投资情况提前终止该产品。除本产品说明书第八条约定的可提前赎回的情形外，客户不享有提前终止权。
募集期是否允许撤单	是
工作日	国家法定工作日
收益计算方法	预期期末收益 = 投资本金 × 预期年化收益率/365 × 实际存续天数

续表

税款	理财收益的应纳税款由客户自行申报及缴纳
其他约定	到期日（或提前终止日/提前赎回日）至到账日之间客户资金不计收益，募集期内按照活期存款利率计息，募集期内的利息不计入认购本金份额。

二、投资对象

本期产品主要投资于银行间债券市场发行的各类债券、货币市场基金、债券基金、存款等货币市场投资工具以及符合监管机构要求的债权类资产、权益类资产、其他资产或资产组合。各投资资产种类的投资比例如下，可在（－10%，＋10%）的区间内浮动：

资产种类	投资比例
债券、存款等高流动性资产	10%～90%
债权类资产	10%～90%
权益类资产	0
其他资产或资产组合	0

本期产品所投资的资产或资产组合均严格经过工商银行审批流程审批和筛选，在期初投资时达到可投资标准。资产或资产组合所涉及用款人比照工商银行评级标准均在A－级（含）以上，若涉及信贷按资产五级分类均为正常类；拟投资的各类债券信用评级均达到AA级（含）以上。

三、投资团队

本期产品的投资管理人为工商银行，工商银行拥有专业化的银行理财产品投资管理团队和丰富的金融市场投资经验，拥有银行间市场目前所有类型交易的交易资格。

本期产品所投资的信托计划受托人均经过工商银行相关制度流程选任，符合工商银行准入标准，信托计划受托人可能包括：

中海信托股份有限公司（以下简称中海信托），中海信托是经中国人民银行批准，由中国海洋石油总公司和中国中信集团公司共同投资设立的国有非银行金融机构，机构编号为K0022H231000001（《中华人民共和国金融许可证》），注册资本12亿元人民币，其中包含美元1500万元，注册地址是上海市黄浦区中山东二路十五号七楼。

中融国际信托有限公司（以下简称中融信托），中融信托是经中国银行业监督管理委员会批准开展营业性信托业务的非银行金融机构，机构编号为K0019H223010001（《中华人民共和国金融许可证》），注册资本3.25亿元人民币，其中包含美元1500万元，注册地址：黑龙江省哈尔滨市南岗区嵩山路33号。

大连华信信托股份有限公司（以下简称大连华信），大连华信是经中国银行业监督管理委员会批准开展营业性信托业务的非银行金融机构，机构编号为K0015H221020001（《中华人民共和国金融许可证》），注册资本20.57亿元人民币，其中包含美元1500万元，注册地址：大连市西岗区大公街34号。

四、理财收益计算及分配

（一）持有到期的理财收益

在理财资金投资正常的情况下，以某客户投资5万元为例，客户投资收益率为3.10%，理财产品到期后（持有期90天），客户最终收益为：

$50000 \times 3.10\% \times 90/365 = 382.19$(元)

（二）持有到期理财资金支付

理财期满，工商银行在到期日后2个工作日内将客户理财资金划转至客户指定账户。

（三）提前终止或提前赎回时理财收益及理财资金支付

如果工商银行提前终止或客户提前赎回本期理财产品，工商银行在提前终止日后2个工作日内或最终赎回日后2个工作日内将客户理财资金划转至客户指定账户。

在提前终止或提前赎回的情况下，客户最终收益根据理财产品实际年化收益率及产品实际存续天数计算。如提前终止或提前赎回情况下理财产品实际年化收益率仍超过本条（一）款约定的最高年化收益率，银行有权将超出部分作为银行投资管理费用。

上述情况与举例仅为向客户介绍收益计算方法之用，并不代表以上的所有情形或某一情形一定会发生，或工商银行认为发生的可能性很大。在任何情况下，客户所能获得的最终收益以工商银行的实际支付为准。

五、风险揭示

（一）政策风险：本期理财产品是针对当前相关法律、法规和规定设计而成，如遇到国家宏观政策和市场相关法律法规发生变化，可能影响到本期理财产品的发行、投资和兑付等工作正常进行，若出现上述情况，可能会导致客户收益受损的风险。

（二）理财收益风险：本期理财产品保本但不保证收益，本产品主要投资于银行间债券市场发行的各类债券、货币市场基金、债券基金、存款等货币市场投资工具以及符合监管机构要求的债权类资产、权益类资产、其他资产或资产组合。客户面临所投资的资产或资产组合涉及的用款人和债券发行人的信用违约。若出现上述情况，客户将面临投资收益遭受损失的风险。

（三）市场风险：产品存续期间若银行存款和其他投资市场资产投资收益发生波动，则客户面临承担理财资金配置存款和其他投资市场资产配置的机会成本风险。

（四）流动性风险：本产品采用到期一次兑付的期限结构设计，除本说明书第八条约定的客户可提前赎回的情形外，理财客户无提前终止权，在产品存续期内如果客户产生流动性需求，可能面临理财产品不能随时变现、持有期与资金需求日不匹配的流动性风险。

（五）产品不成立风险：如果发生本产品因募集规模低于产品成立最低标准或其他因素导致产品不成立的情形，客户将面临再投资的风险。

（六）提前终止风险：在投资期内，如果发生工商银行认为需要提前终止本期理财产品的情况，工商银行有权提前终止本期理财产品。客户可能面临不能按预期期限取得预期收益的风险。

（七）交易对手管理风险：由于合作的信托公司受经验、技能等综合因素的限制，可能会影响本期理财产品的后续管理，从而导致本期理财产品收益遭受损失。

（八）兑付延期风险：如因本期理财产品项下对应的投资标的变现不及时等原因造成本期理财产品不能按时支付理财资金，则客户面临产品期限延期、调整等风险。

（九）不可抗力及意外事件风险：自然灾害、战争等不能预见、不能避免、不能克服的不可抗力事件或系统故障、通讯故障、投资市场停止交易等意外事件的出现，可能对理财产品的产品成立、投资运作、资金返还、信息披露、公告通知造成影响，可能导致理财产品收益损失。对于由不可抗力及意外事件风险导致的任何损失，客户须自行承担，银行对此不承担任何责任。

六、收益情况分析

鉴于产品的合理设计、投资团队的尽职管理和有效运作，工商银行此类理财产品全部如期实现了预期最高年化收益率。以 90 天期限的产品为例，到期后客户所得均达到了预期最高年化收益率，获得了满意的投资回报。附历史收益列表供参考如下：

理财产品名称	产品起息日	产品到期日	预期收益率（年）	实现收益率（年）
2011 年第 14 期个人保本 90 天 BB1116	2011－4－7	2011－7－5	3.80%	3.80%
2011 年第 18 期个人保本 90 天 BB1121	2011－5－10	2011－8－7	3.30%	3.30%
2011 年个人保本 19 期 90 天 BB1123	2011－5－17	2011－8－14	3.30%	3.30%

续表

理财产品名称	产品起息日	产品到期日	预期收益率（年）	实现收益率（年）
2011 年 34 期个人保本 90 天 BB1143	2011 - 8 - 25	2011 - 11 - 22	4.20%	4.20%
2011 年 38 期个人保本 90 天 BB1147	2011 - 9 - 9	2011 - 12 - 7	4.30%	4.30%

历史数据代表过去，仅供客户决策参考，最终收益以产品到期或提前终止时实际实现收益为准。产品过往业绩不代表其未来表现，不构成新发理财产品业绩表现的保证。

最不利的投资情形和投资结果，主要体现为：一是理财产品到期可能发生的延期支付；二是投资资产折价变现，影响理财收益实现。产生上述可能结果的原因主要包括：一是投资资产或资产组合目前受限于二级流通市场缺失，存在流动性风险；二是所投资债券品种受市场价格波动影响，存在市场风险；三是所投资的银行承兑汇票到期后，承兑行延期支付或托收失败；四是所投资资产或资产组合涉及的用款人和债券发行人因违约造成的投资失败的风险。如发生上述最不利的投资情形和投资结果，客户将面临理财产品收益损失的风险。

七、信息披露

在产品提前成立、到期终止、向客户分配收益或发生对产品产生重大影响之情形时，工商银行将在工商银行网站（www.icbc.com.cn）或相关营业网点发布产品成立、资产状况、收益情况、产品终止等信息。

工商银行在每季度第一个月的十五日（遇非工作日顺延）后准备上个季度本理财产品的报表、市场表现情况及/或相关材料，供客户查询。

如工商银行行使提前终止权，则需在提前终止日前 3 个工作日，在工商银行网站（www.icbc.com.cn）或相关营业网点发布相关信息。

理财产品存续期间如发生工商银行认为可能影响理财产品正常运作的重大不利事项时，包括但不限于市场发生重大变化、所投资资产质量发生重大变化或者其他可能对理财客户权益产生重大影响的突发事件时，工商银行可视情况选择以下一种或多种方式告知客户：工商银行网站（www.icbc.com.cn）、相关营业网点发布、电子邮件、电话、以信函形式邮寄、手机短信等。

客户应及时主动查询理财产品相关信息。如因客户未主动及时查询信息，或由于不可抗力、通讯故障、系统故障以及其他非银行过错原因造成客户无法及时了解理财产品信息，因此产生的损失和风险由客户自行承担。

八、特别提示

本期人民币理财产品收益率仅供客户参考，并不作为工商银行向客户支付理财收益的承诺；客户所能获得的最终收益以工商银行的实际支付为准，且不超过本说明书约定的预期最高年化收益率。故客户在投资前，请仔细阅读本产品说明书，并作出独立的投资决策。

在产品不成立时，工商银行将在起始日后两个工作日内根据约定的方式发布产品不成立的信息，客户资金将在起始日后两个工作日内到账，起始日至到账日之间客户资金不计息。

在本理财产品存续期间，工商银行有权至少提前3个工作日通过工商银行网站（www.icbc.com.cn）或相关营业网点发布相关信息，对投资范围、投资品种、投资比例或产品说明书其他条款进行补充、说明和修改。客户如不同意补充或修改后的说明书，可根据工商银行的公告在补充或修改生效前赎回理财产品，提前终止与工商银行的委托理财关系，客户资金将在调整日后2个工作日内到账。

工商银行将恪守勤勉尽责的原则，合理配置资产组合，为客户提供专业化的理财服务。

客户签字（盖章）：　　　　中国工商银行
年　月　日　　　　　　　　年　月　日

风险揭示书

理财非存款、产品有风险、投资须谨慎。中国工商银行郑重提示：在购买理财产品前，客户应仔细阅读理财产品销售文件，确保自己完全理解该项投资的性质和所涉及的风险，详细了解和审慎评估该理财产品的资金投资方向、风险类型及预期收益等基本情况，在慎重考虑后自行决定购买与自身风险承受能力和资产管理需求匹配的理财产品；在购买理财产品后，客户应随时关注该理财产品的信息披露情况，及时获取相关信息。

产品类型	保本浮动收益
产品期限	90 天
产品风险评级	PR1
目标客户	经工商银行客户风险承受能力评估为保守型、稳健型、平衡型、成长型、进取型的有投资经验和无投资经验的客户
客户风险承受能力级别	（如影响您风险承受能力的因素发生变化，请及时完成风险承受能力评估）
重要提示	本理财产品有投资风险，工商银行对本理财产品的本金提供保证承诺，不保证理财收益，您应充分认识投资风险，谨慎投资。 本理财产品的总体风险程度很低，工商银行承诺本金的完全保障。理财产品的投资方向为低风险、低收益的投资品市场，本金及收益受宏观政策和市场相关法律法规变化、投资市场波动等风险因素影响很小，产品收益较为稳定。在发生最不利情况下（可能但并不一定发生），客户可能无法取得收益。请认真阅读理财产品说明书第五部分风险揭示内容，基于自身的独立判断进行投资决策。

请全文抄录以下文字：本人已阅读风险揭示，愿意承担投资风险

客户签名（盖章）：　　　　　　　　日期：

中国工商银行产品风险评级说明

（本评级为银行内部评级，仅供参考）

风险等级	风险水平	评级说明	目标客户
PR1 级	很低	产品保障本金，且预期收益受风险因素影响很小；或产品不保障本金但本金和预期收益受风险因素影响很小，且具有较高流动性。	经工商银行客户风险承受能力评估为保守型、稳健型、平衡型、成长型、进取型的有投资经验和无投资经验的客户。
PR2 级	较低	产品不保障本金但本金和预期收益受风险因素影响较小；或承诺本金保障但产品收益具有较大不确定性的结构性存款理财产品。	经工商银行客户风险承受能力评估为稳健型、平衡型、成长型、进取型的有投资经验和无投资经验的客户。
PR3 级	适中	产品不保障本金，风险因素可能对本金和预期收益产生一定影响。	经工商银行客户风险承受能力评估为平衡型、成长型、进取型的有投资经验的客户。
PR4 级	较高	产品不保障本金，风险因素可能对本金产生较大影响，产品结构存在一定复杂性。	经工商银行客户风险承受能力评估为成长型、进取型的有投资经验的客户。
PR5 级	高	产品不保障本金，风险因素可能对本金造成重大损失，产品结构较为复杂，可使用杠杆运作。	经工商银行客户风险承受能力评估为进取型的有投资经验的客户。

第三章　外汇投资理财

一、外汇基础及其主要投资术语

（一）外汇和汇率

外汇是指以外币表示的用于国际结算的支付凭证。外汇的动态含义是指货币在各国之间的流动，以及把一个国家的货币兑换成另一个国家的货币，借以清偿国际间债权债务关系的一种专门性的经营活动，是国际间汇兑的简称；外汇的静态含义则是指以外币表示的可用于国际清偿的支付手段和资产，包括有：国外货币（铸币和钞票）、外币支付凭证（票据、银行存款凭证、邮政储蓄凭证）、外币有价证券（政府公债、国库券、公司债券、股票、息票）、特别提款权以及其他外汇资产。

根据外汇进行兑换时的受限制程度，外汇可以分为自由兑换外汇、有限自由兑换外汇和记账外汇三种。其中，自由兑换外汇是指在国际金融市场上可以自由买卖、可以用于清偿债权债务，并可自由兑换成其他国家货币的外汇。自由兑换外汇在国际结算中用得最多。有限自由兑换外汇是指未经货币发行国批准，不能自由兑换成其他国家货币或对第三国进行支付的外汇。国际货币基金组织规定，凡对国际性经常往来的付款和资金转移有一定限制的货币均属于有限自由兑换外汇。而记账外汇又称作清算外汇或双边外汇，是指记账在双方指定银行账户上的外汇，不能兑换成其他国家货币，也不能对第三国进行支付。

根据外汇的来源与用途不同，外汇可以分为贸易外汇、非贸易外汇和金融外汇。其中，贸易外汇是指来源于或者用于进出口贸易的外汇，即由于国际间的商品流通所形成的一种国际支付手段。非贸易外汇是指一切非来源于或用于进出口贸易的外汇，如劳务外汇、侨汇和捐赠外汇。金融外汇是一种金融资产外汇，如银行同业间买卖的外汇，即非来源于有形贸易或者无形贸易，也非用于有形贸易或者无形贸易，而是管理货币头寸过程中的金融资产。资本在国家之间的转移，需要货币形态出现，或是直接和间接的投资，都形成在国家之间流动的金融资产。特别是国际游资数量巨大、影响深刻，不得不引起各有关方面的特别关注。贸易外汇、非贸易外汇和金融外汇在本质上都是外汇，它们之间经常相互转化。

根据外汇汇率的市场走势不同，外汇又可区分为硬外汇和软外汇。外汇就其特征意义来说，总是指某种具体货币，如美元外汇是指以美元作为国际支付手段的外汇；英镑外汇是指以英镑作为国际支付手段的外汇；日元外汇是指以日元作为国际支付手段的外汇。在国际外汇市场上，由于各种原因，各种货币的币值总是经常变化的，汇率也是经常变动的，因此根据币值和汇率走势又可将各种货币归类成硬外汇和软外汇两个部分，或叫硬货币和软货币。硬货币是指币值坚挺，购买能力较强，汇价呈上涨趋势的自由兑换货币。由于各国国内外经济、政治情况千变万化，各种货币所处硬货币、软货币的状态也不是一成不变，经常是昨天的硬货币变成了今天的软货币，昨天的软货币变成了今天的硬货币。

汇率又被称作汇价，是一个国家货币兑换成另一个国家货币的比率，或者称是以一种货币表示的另一种货币的价格。由于世界各国货币的名称不同，币值不一，所以一国货币对其他国家货币要规定一个兑换率，即汇率。汇率是国际贸易中最主要的调节杠杆。因为一个国家生产的商品都是按照本国货币来计算成本的，要拿到国际市场上竞争，其商品成本一定要与汇率相关。汇率的高低也就直接影响到该商品在国际市场上的竞争价格。如果一件价值 100 元人民币的商品，按照美元兑人民币的比价 6.542 计算，则其在国际市场上面的价格是 15.29 美元。若美元汇率涨到 6.742 再来计算，该件商品的国际市场售价是 14.83 美元。在美元结算的条件下，商品的价格降低，其竞争力增强，从而刺激该商品的出口。反之，若美元汇率走低，跌到 6.242 美元再来计算，该商品的国际市场价格就是 16.02 美元，在美元结算的条件下，其较高的价格表现自然不好卖，因而必将打击该商品的出口。同样，美元升值人民币贬值，会制约商品对中国的进口；而美元贬值人民币升值会大大刺激商品进口。

要确定两种不同货币之间的比价，必须首先确定使用哪个国家的货币作为标准。由于确定标准的不同，汇率的表达方式并不相同。其中，直接标价法是指以一定单位的外国货币为标准来计算折合多少单位的本国货币的方法，如我国国内各金融机构公布的当日美元兑换人民币的牌价“1 美元 =6.543 元人民币”就属于直接标价法。包括中国在内的世界上绝大多数国家目前都采用直接标价法。在直接标价法下，若一定数量的外国货币折合本国货币的数额大于前期，则说明外币币值上升本国币值下降，又称作汇率上升；若一定数量的外国货币折合本国货币的数额小于前期，则说明外币币值下降本国币值上升，又称作汇率下跌。在直接标价法下，外币的价值和汇率的涨跌呈正比关系。间接标价法是以一定单位的本国货币为标准来计算折合外国货币的方法。采用间接标价法的国家和地区主要是美国、英国、澳大利亚和欧盟。在间接标价法中，本国货币的数额不变，外国货币的数额随着本国货币币值的变化而变动。如美国国内各金融机构公布的当日人民币兑换美元的牌价“1 美元 =6.537 元人民币”就属于间接接标价法。若一定数量的本国货币折合外国货币的数额小于前期，则说明本币币值下降外国币值上升，又称作汇率上升；若一定数量的本国货币折合外国货币的数额大于前期，则说明外币币值下降本国币值上升，又称作汇率下跌。在间接标价法下，外币价值的变化与汇率的波动呈反比关系。

（二）外汇交易方式

1. 外汇保证金交易。外汇保证金交易本质上是一种外汇合约现货交易。一个标准的外汇在线保证金交易合约所约定的货币数量，对日元、瑞士法郎、加拿大元都是100000美元，其他货币是100000英镑、100000欧元。外汇在线保证金交易还有一种迷你合约，其所约定的货币数量，对日元、瑞士法郎、加拿大元都是10000美元，其他货币是10000英镑、10000欧元。

2. 外汇实盘交易。外汇实盘交易是指个人委托银行，参照国际外汇市场实时汇率，把一种外币兑换成另一种外币的交易行为。由于投资者必须持有足够的要卖出外币才能进行交易，因而它与国际上流行的外汇保证金交易相比，缺少卖空机制和融资杠杆机制。目前，国内主要商业银行都开展个人外汇实盘交易业务。国内投资者可以凭手中的外汇到商业银行办理开户手续，存入资金后即可通过互联网、电话或者柜台方式进行外汇买卖操作。

3. 即期外汇交易。是指外汇买卖成交后，交易双方于当日或者两个交易日内办理交割手续的一种交易行为。即期外汇交易是外汇市场上最常见的一种交易方式，占外汇交易总额的大部分。这主要是因为即期外汇交易不但可以满足买方临时性的付款需要，还可以帮助买卖双方调整外汇头寸的货币比例，有效规避汇率风险。

4. 远期外汇交易。是指交易主体成交后，按照远期合同规定在未来按规定的日期交易的外汇买卖，是在成交日后的3个营业日之后进行的外汇交易。

5. 外汇期货交易。是指外汇买卖双方于将来时间，以现在有组织的交易所内公开叫价确定的价格，买入或者卖出某一标准数量的特定外币的交易活动。期货市场至少包括交易市场和清算中心两个组成部分。期货的买方或者卖方在交易所成交后，清算中心就成为其交易对方，直至期货合约实际交割为止。远期外汇交易的交割可以是特定的日期（某月某日），也可以是特定期间（某月某日至某月某日）。

6. 外汇期权交易。是指交易的一方（期权持有者）拥有合约的权利，并可以决定是否执行（交割）合约。如果愿意的话，合约的买方可以听任期权到期而不进行交割，而卖方毫无权利决定合同是否交割。外汇期权常被视为一种有效的避险工具，因为它可以消除贬值风险以保留潜在的获利可能。

（三）外汇投资术语

1. 直盘和交叉盘。直盘是指含有美元货币对的交易。直盘报价的组合是直接与美元兑换的货币组合，包括直接报价和间接报价的方式。或者说，只要是货币对中出现了美元交易品种，都属直盘报价的方式。如：美元/日元、美元/人民币、英镑/美元。交叉盘是指两个非美元货币之间的交易。如：瑞士法郎/日元、欧元/人民币、英镑/加拿大元。需要提示的是：一个货币对中的第一种货币被称作基准货币，第二种货币则被称作报价货币。

2. 追加保证金通知。当投资者的经纪商注意到保证金存款跌至要求最低水平之下时，就会向投资者发追加保证金通知，要求投资者追加保证金。这种情况会发生在市场与投资者持有头寸相反运动的时候。如果投资者账户中的保证金降到一个预定基准，那么已经建立起的头寸将被部分或者全部强行平仓。或许投资者在头寸被清算之前不会收到任何的追加保证金的通知，那是因为投资者有规律的监视账户盈亏并为每个头寸设立停损订单。因为停损订单可以限制头寸带来的风险。

3. 头寸。头寸是一种市场约定，是一种以买入或者卖出来表达的交易意向。买进外汇合约者是多头，处于盼涨位置；卖出外汇合约者为空头，处于盼跌位置。头寸还可用来指投资者拥有或者借用的资金数量。

4. 点。“点”是外汇交易中非常常见的一个名词。按照外汇交易惯例，外汇汇率的标价通常由五位有效数字组成，从右边向左边数过去，第一位称作“×个点”，是构成汇率变动的最小单位；第二位称作“×十个点”，以此类推。例如：欧元兑美元从1.1010变为1.1015，成为欧元兑美元上升了5个点；美元兑日元从120.50变为120.00，称美元兑日元下跌了50个点。

5. 买入价、卖出价和中间价。在个人买卖外汇中没有手续费收取问题，银行的利润来源于外汇买卖的价差。商业银行买入和卖出同一个货币的价格是不一样的。商业银行在报价时采用双向报价的方式，即买入价与卖出价同时报出。所谓买入价和卖出价均是从商业银行的角度出发，是针对基础货币而言的，即商业银行买入和卖出基础货币的价格。外汇中间价又叫中间汇率，是买入价和卖出价的平均数。

6. 手。现货外汇交易是以“手”为单位来进行交易的。一个标准手是100000美元的价值，一个迷你手是10000美元的价值。假如以1手标准合约来计算的话，合约值是100000美元，以下就是点值的计算，1标准手点值波动0.0001美元，则有0.0001美元×100000=10美元的点值。0.1手的迷你仓就是10000美元的合约。假如欧元兑美元赚了300点，那么一手就是赚了3000美元，0.1手就是赚了300美元，0.01手就是赚了30美元。

7. 下单。下单就是投资者个人在每笔外汇交易前向期货经纪公司的业务人员下达交易指令，说明拟买入或卖出合约的种类、数量、价格的行为。在外汇交易中，下单主要包括市价单、限价订单、止损单、止损限价订单、移动止损和限价获利单具体品种。

8. 锁单和挂单。锁单功能通常用来进行开仓部位的避险，如没锁单而直接于开仓部位做一个同一货币组的反向单，将导致直接与原来的部位相对冲销。如原来已有美元/欧元买单部位，如果在开一个美元/欧元卖单部位，将会导致该相对部位自动冲销。而使用锁单后，则双向两个部位均会同时存在，不会相互冲销。投资者一般会使用锁单来锁定目前的损失或收益，直至适当时机来临时再做处理。

挂单交易是指由投资者指定外汇交易币种、金额以及交易目标价格后，一旦报价达到或优于投资者指定的价格，即执行投资者的指令，完成交易，其成交价格为商业银行的即时报价。挂单汇率应优于商业银行即时汇率，否则，按即时汇率成交。挂单指令当日有效。

9. 做多和做空。投资者在外汇交易中买进就表示投资者看好某种外币币值未来会上涨，以期在更高的价位平仓，就称作“做多”，也就是买进的意思；如果投资者在外汇交易中想卖出就表示投资者认为某种外币币值会下跌，投资者于是卖出，以期在更低的价格平仓，称作“做空”，也就是卖出的意思。

二、外汇投资主要币种及其特征

外汇投资的主要币种有美元、欧元、日元、英镑、瑞士法郎、澳元、加拿大元和新西兰元。具体如下：

（一）美元

美国经济发展水平居于世界领先位置，国内生产总值占世界首位。汽车工业和建筑业在产业中占有重要地位，是美国经济的两大支柱。近年来，在信息、生物领域科技进步的推动下，美国产业转型加快，劳动密集型产业进一步被淘汰或转移到国外，而信息、新能源等高科技产业发展迅速并崛起。主要工业产品有汽车、航空设备、计算机、电子和通讯设备、钢铁、石油产品、化肥、水泥、塑料、新闻纸和机械。美国农业高度发达，机械化程度高，主要农产品有小麦、玉米、大豆，粮食产量占全球的20%左右。美国是世界上最大的商品和服务贸易国。

美元是美利坚合众国的官方货币。目前流通的美元纸币是自1929年以来发行的各版钞票。它同时也作为储备货币在美国以外的国家广泛使用。当前美元的发行是由美国联邦储备系统控制。从1913年起美国建立联邦储备制度，发行联邦储备券。现行流通的钞票中99%以上为联邦储备券。美元的发行主管部门是国会，具体发行业务由联邦储备银行负责办理。美元是外汇交换中的基础货币，也是国际支付和外汇交易中的主要货币，在国际外汇市场中占有非常重要的地位。

美元在我国投资者的外汇交易中所占份量相当大，直盘中都是美元与其他货币之间的兑换，是交易量最大的部分。美元在国际外汇市场上最主要的表现是：各国中央银行的外汇储备主要是黄金和美元；全球主要贸易品几乎都采用美元计价并结算；绝大多数的国际债务工具是以美元计价；进行国际旅行美元往往是普遍接受的支付货币；几乎每一种货币都以美元表示价值；当危机事件爆发资金寻求避风港时，美元通常会作为被考虑的首选目标；美元区的情况决定世界范围利率的发展。

美元指数（usdx）是参照欧元、日元、英镑、加拿大元、瑞典克朗和瑞士法郎六种货币对美元的几何加权平均数来计算的，以1973年3月为基准值100。美元指数是综合反映美元总体表现强弱的指标，是外汇市场最重要的指数。美元指数上升，说明美元兑其他主要货币升值；美元指数下跌，说明美元兑其他主要货币贬值。

黄金和石油在国际市场上都是以美元来进行报价的。当美元升值或者贬值时，都会引起黄金和石油价格的反向变化。即：美元升值时，黄金与石油价格往往降低；美元贬值时，黄金与石油价格往往升高。而黄金是国际金融市场的硬通货，是保险避险的最佳资产之一，特别是近年来美元走势疲软，人们为了避险更多的将资金转移到黄金上来而推动了黄金价格的走强。石油是工业社会不可或缺的资源，随着新型工业国家的发展，对石油的需求会迅猛增长，同时担心美元贬值而推动了石油价格的进一步上涨。

美国拥有全球最发达的、规模最大的资本市场。同时，与全球主要金融市场之间有着紧密的关系。数量庞大的热钱在美国与国外资本市场之间流动，必然会对美元的汇率产生重要影响。当美国的资本收益率高于国外时，会导致资本净流入增加，更多的外国货币兑换成美元进入美国市场，对美元的需求也会同时增加，从而导致美元汇率上涨。

美元的代码是“USD”，用符号“$”表示，进位方法是1美元=100美分。影响美元的基本面因素主要如下：

1. 美国联邦储备银行。简称美联储，是美国的中央银行。美国联邦储备银行完全独立的制定货币政策，来保证经济获得最大程度的非通货膨胀增长。美国联邦储备银行主要政策指标包括：公开市场运作，贴现率，联邦资金利率。

2. 联邦公开市场委员会。联邦公开市场委员会主要负责制订货币政策，包括每年制订 8 次的关键利率调整公告。联邦公开市场委员会共有 12 名成员，分别由 7 名政府官员，纽约联邦储备银行总裁，以及另外从其他 11 个地方联邦储备银行总裁中选出的任期为一年的 4 名成员。

3. 利率。即联邦资金利率，是最为重要的利率指标，也是储蓄机构之间相互贷款的隔夜贷款利率。当美国联邦储备银行希望向市场表达明确的货币政策信号时，会宣布新的利率水平。每次这样的宣布都会引起股票、债券和货币市场较大的动荡。

4. 贴现率。是商业银行因储备金等紧急情况向美国联邦储备银行申请贷款，美国联邦储备银行收取的利率。尽管这是个象征性的利率指标，但是其变化也会表达强烈的政策信号。贴现率一般都小于联邦资金利率。

5. 长期国债。是市场衡量通货膨胀情况的最为重要的指标。市场多数情况下，都是用国债的收益率而不是价格来衡量国债的等级。和所有的债权相同，长期国债和价格呈负相关。长期国债和美元汇率之间没有明确的联系，但是，一般会有如下的联系：因为考虑到通货膨胀的原因导致的国债价格下跌，即收益率上升，可能会使美元受压。目前中国的外汇储备主要用来购买美国国债，而美国本土投资者却在持续减持美国国债。

美国经济指标主要有：

1. 国内生产总值（GDP）：是指某一国在一定时期其境内生产的全部最终产品和服务的总值。反映一个国家总体经济形势的好坏，与经济增长密切相关，被大多数西方经济学家视为“最富有综合性的经济动态指标”。主要由消费、私人投资、政府支出、净出口额四部分组成。数据稳定增长，表明经济蓬勃发展，国民收入增加，有利于美元汇率；反之，则利淡。一般情况下，如果 GDP 连续两个季度下降，则被视为衰退。此数据每季度由美国商务部进行统计，分为初值、修正值、终值。一般在每季度末的某日北京时间 21：30 公布前一个季度的终值。

2. 工业生产：指某国工业生产部门在一定时间内生产的全部工业产品的总价值。在国内生产总值中占有很大比重。由于工业部门雇佣了大量工人，其变动对整个国民经济有着重大影响，与汇率呈正相关。尤其以制造业为代表。此数据由美联储统计并在每月15日左右晚间21：15或22：15发布。

3. 失业率：经济发展的晴雨表，与经济周期密切相关。数据上升说明经济发展受阻，反之则看好。对于大多数西方国家来说，失业率在4%左右为正常水平，但如果超过9%，则说明经济处于衰退。此数据由美国劳工部编制，每月第一个周五21：30公布。

4. 贸易赤字：国际间的贸易是构成经济活动的重要环节。当一国出口大于进口时称为贸易顺差；反之，称逆差。美国的贸易数据一直处于逆差状态，重点是在赤字的扩大或缩小。赤字扩大不利于美元，反之则有利。此数据由美国商务部编制，每月中、下旬某日晚间21：30公布前一个月数字。

5. 经常项目收支：经常项目为一个国家国际收支平衡表上的主要项目，内容记载一国与外国包括因为商品与劳务进出口、投资所得、其他商品与劳务所得以及片面转移等因素所产生的资金流出与流入的状况。如果为正数，为顺差，有利本国货币；反之，则不利于本国货币。此数据由美国商务部编制，每月中旬某日21：30公布。

6. 资本项目收支：主要描述一国的长、短期资本流动情况，包括长期资本、非流动性短期私人资本、特别提款权、误差与遗漏，以及流动性短期私人资本等项目。资本项目在金融日益国际化、自由化的今天，影响不亚于经常项目，金融市场对外开放程度越高，影响越大。其对汇率的影响的观察方法与经常项目基本相同。

7. 利率：利率是借出资金的回报或使用资金的代价。一国利率的高低对货币汇率有着直接影响。高利率的货币由于回报率较高，则需求上升，汇率升值；反之，则贬值。美国的联邦基金利率由美联储的会议来决定。

8. 生产物价指数（PPI）：主要衡量各种商品在不同生产阶段的价格变化的情形。数据上升说明生产旺盛、通胀有上升的可能，联储倾向于提高利率，有利于美元；反之，则不利于美元。此数据由美国劳工部编制，每月第二个周五的21：30公布。

9. 消费物价指数（CPI）：以与居民生活有关的产品及劳务价格统计出来的物价变动指数，是讨论通胀时最主要的数据。数据上升，则通胀可能上升，联储趋于调高利率，对美元有利；反之，则不利美元。但是，通胀应保持在一定的幅度里，太高（恶性通胀）或太低（通缩），都不利于汇率。数据由美国劳工部编制，每月第三个星期某日23：00公布。

10. 批发物价指数（WPI）：是根据大宗物资批发价格的加权平均价格编制而得的物价指数。包括在内的产品有原料、中间产品、最终产品与进出口品，但不包括各类劳务。讨论通货膨胀时，最常提及的三种物价指数之一，观察方法与CPI、PPI基本相同。每月中旬公布前一个月的数据。

11. 领先指标：由股价、消费品定单、周均失业救济金索求、建筑批则、消费者预期、制造厂商交货定单变动、货币供应、销售业绩、敏感原料价格变动、厂房设备定单、平均工作周等项目构成，是观察未来6～12个月内经济走向的指标。数据好，汇率上升；反之则下降。

12. 个人收入：代表个人从各种所得来源获得的收入总和。包括工资薪水、社会福利、支出储蓄、股利收入等。数据提高，代表经济好转，消费可能增加，有利于本国货币；反之则不利。由美国经济研究局编制，每月月初某日21：30公布。

13. 商业库存：包括工厂存货、批发业存货、零售业存货。主要用以评估生产循环状况。存货低于适当水准，将增加生产，经济向好，对货币有利；反之则不利。数据由美国商务部编制，每月中旬某日21：30或23：00公布。

14. 采购经理人指数：是衡量制造业的重要指标。考察制造业在生产、新定单、商品价格、存货、雇员、定单交货、新出口定单和进口等方面。数据以50为强弱分界点，在以上表示制造业向好对货币有利；反之则意味着衰退，对货币不利。数据由供应管理协会（ISM）编制，每月初某日23：00公布。

15. 耐久财订单：所谓耐久财是指不易耗损的财物，如汽车、飞机等重工业产品和制造业资本财。其他诸如电器用品等也是。耐久财订单代表未来一个月内制造商生产情形的好坏，数据与货币汇率呈正相关，但需要注意其国防定单所占的比重。耐久财订单由美国商务部统计，一般在每月的22号至25号晚上21：30或23：00公布。

16. 设备使用率：是工业总产出对生产设备的比率。涵盖的范围包括生产业、矿业、公用事业、耐久财、非耐久财、基本金属工业、汽车和小货车业及汽油等八个项目。代表上述产业的产能利用程度。当设备使用率超过95%以上，代表设备使用率接近极限，通货膨胀的压力将随产能无法应付而急速升高，在市场预期利率可能升高情况下，对美元是利多。反之如果产能利用率在90%以下，且持续下降，表示设备闲置过多，经济有衰退的现象，在市场预期利率可能降低情况下，对美元是利空。每月中旬公布前一个月的数据。

17. 房屋开工率：一般新屋兴建分为两种，个别住屋与群体住屋。新屋开工率与建筑许可的增加，理论上对于美元来说，偏向利多，不过仍须合并其他经济数据一同作考量。每月的16号至19号间公布。

（二）欧元

欧元是欧盟中17个国家的货币。欧元的17个会员国是爱尔兰、奥地利、比利时、德国、法国、芬兰、荷兰、卢森堡、葡萄牙、西班牙、希腊、意大利、斯洛文尼亚、塞浦路斯、马耳他、斯洛伐克、爱沙尼亚。欧元由欧洲中央银行和各欧元区国家的中央银行组成的欧洲中央银行系统负责管理。总部坐落于德国法兰克福的欧洲中央银行有独立制定货币政策的权力，欧元区国家的中央银行参与欧元纸币和欧元硬币的印刷、铸造与发行，并负责欧元区支付系统的运作。

欧元已经成为全球主要的货币之一，地位仅次于美元。欧元占美元指数的权重最大，约57.6%。欧元基本上可以看作美元的对手货币，投资者可以参照欧元来判断美元的强弱。欧元的代码是“EUR”，用符号“€”表示，进位方法是1欧元=100欧分。欧元是自罗马帝国以来欧洲货币改革最为重大的结果。欧元不仅仅使欧洲单一市场得以完善，欧元区国家间自由贸易更加方便，而且更是欧盟一体化进程的重要组成部分。尽管摩纳哥、圣马力诺和梵蒂冈并不是欧盟国家，但是由于他们以前使用法国法郎或者意大利里拉作为货币，现在也使用欧元并授权铸造少量的他们自己的欧元硬币。一些非欧盟国家和地区，比如黑山、科索沃和安道尔，也使用欧元作为支付工具。从经济利益的角度讲，实行统一货币会给欧盟各国带来以下好处：

1. 增强自身经济实力，提高竞争力。欧元启动以后，统一货币与统一市场的共同促进无疑会带来新的经济增长，使得欧盟在与美国和日本等经济强国的竞争中处于有利地位。

2. 减少内部矛盾，防范和化解金融风险。经济竞争日益全球化、地区化、集团化的大趋势中，统一货币是最有力的武器之一。欧盟是当今世界一体化程度最高的区域集团，但对国内市场动荡的冲击仍然缺乏抵御能力。1995年的墨西哥比索危机、1996年的日元危机，都一度导致欧盟经济增长滑坡、出口下降、就业减少。事实证明，欧盟浮动汇率机制下各自为政的多国货币币值“软硬”不一，利率的差别、汇率的变动等因素都引发过欧盟内部金融秩序的混乱。欧元作为单一货币正式使用后，上述问题将自然会大大得到缓解。

3. 简化流通手续，降低成本。欧元的使用，不仅简化了手续、节省了时间、加快了商品与资金流通的速度，而且还会减少近300亿美元的兑换和佣金损失，使欧盟企业无形中降低了成本，增强了竞争实力。随着欧元地位的上升和欧洲资本市场的发展，成员国的资金成本也会下降，有利于投资和经济增长。

4. 增加社会消费，刺激企业投资。在欧盟内部尽管统一大市场已经建立，但由于多种货币的存在，使得同样的资源、商品、服务在不同的国家表现出不同的价格。这种现象如长期存在下去，将扭曲各国的产业结构和投资结构，不利于大市场的合理发展。如果实施单一货币，由欧洲中央银行制定和实施统一的货币政策，各国的物价、利率、投资利益将逐步缩小差别或趋于一致，形成物价和利率水平的总体下降，居民社会消费扩大，企业投资环境改善，最终有利于欧盟总体经济的良性发展。

欧元区经济指标主要有：

1. 领先经济指标（IFO）：通过对生产、价格、订单和库存水平分析生产企业现况和前景。由两个指标组成：现况指标和预期指标，其中预期指标是衡量制造业生产前景的优良指标。每月最后一个星期三发表。

2. ZEW：与IFO类似，是研究利率、通胀、股票指数、汇率和企业未来盈利能力的经济指标。该指标与制造业生产数据有很强的相关性，可靠性不及IFO，因为调查形式单一，该指数的发布会使市场反应过激。每月15日发表。

3. 欧元区PMI：反映欧元区采购经理信心（涉及生产、订单、就业等等），但该指数与其他指数重叠性过大，领先性不足。每月结束之后第一个工作日发表。

4. 德国工业订单：指德国生产业接收到的订单。该指数能反映工业景气度的季节性变化。我们能通过该指数预计订单总数和国内生产总值的变化。但重工业订单统计会有出错的风险。该指数在工业产业迁移时会失准。每月第一个星期发表下月数据。

5. 德国新增失业数和失业率：统计失业者（每星期工作时间低于15小时）总数。通过该指数估计因工资产生的通胀压力，以及总体工资上涨幅度，购买力和消费水平。由于没有调查养老金情况，因此市场关联性有限。每月月底发表。

6. IPC 6 lander：统计德国6个主要州消费者物价指数（在6个州分别发表自己的物价报告后发布）。该指数能代表整个德国的消费物价水平。能通过报告中的通胀率推测欧洲通胀水平。由于州与州之间通胀水平差距较大，因而第一份发表的报告不能代表最终的消费物价水平。每月最后一个星期发表。

7. 欧元区 IPC：通过预期价格水平粗略推测欧元区的通胀水平。反映消费物价水平的季节性波动。该指数没有对某些商品进行统计。每月最后一日发表。

8. 最终欧元区消费者物价指数：该指数为欧元区通胀浮动利率债券提供可靠认证（烟草，食品和能源除外），该指数波动幅度大，而且该指数不把食品和能源纳入统计。

9. 法国消费者物价指数：该指数为法国国库债券利率和短期储蓄利率提供认证。该指数的发表比欧元区其他国家较迟。每月 13 日发表上月数据。

10. 意大利消费者物价指数：当月 IPC 的预期会在第三星期公布。该指数根据三项数据统计（NIC，FOI 和 IPCH），没有反映季节性变动。每月第二个星期发表上月数据。

11. 欧洲央行会议及新闻发布会：欧洲央行会议和新闻发布会每个月分别举行两次和一次，为了稳定物价，会议会决定主导利率水平。会议讨论和分析经济和货币政策，该指标能反映增长和通胀水平。在数据发表之前市场可能会提前消化这些消息。每月第一个星期四发表。

（三）英镑

英镑是英国国家货币和货币单位名称。英国虽然是欧盟的成员国，但尚未加入欧元区，故仍然使用英镑。英镑主要由英格兰银行发行，但亦有其他发行机构。英镑的代码是“GBP”，用符号“£”表示，进位方法是 1 英镑 = 100 便士。英镑是英国官方货币。在欧元被大多数欧洲国家采用后，英镑是至今历史最悠久的仍然被使用的货币。目前，英镑是第四大外汇交易币种，排在美元、欧元和日元之后。虽然英镑和欧元没有固定汇率，然而，英镑和欧元之间经常存在长期的同步走势，虽然 2006 年中期以来这种趋势已经减弱。对通胀的担心导致英国央行自 2006 年下半年和 2007 年早些时候调整利率，英镑兑欧元也达到2003年1月以来最高价格。2007年4月18日，英镑兑美元创26年新高，已经突破2美元的水平，这是自1992年以来的第一次。

由于英镑的国家象征意义重大，使得用欧元取代英镑的主意一直受到部分英国公共部门的争议。苏格兰保守党宣称，欧元的采用意味着本地特色钞票的终结，因为欧洲央行不允许成员国或是下一级别政府设计钞票。苏格兰国民党并不认同采取单一欧洲货币，因为他们认为一个独立的苏格兰应该有本国的特色货币，它的政党政策中包括进入单一货币体系。

英镑可以在全世界的外汇交易市场中被买卖，它的价值相对于其他货币是波动的。历史上，英镑一直是最有价值的基础外汇品种。影响英镑的基本面如下：

1. 英国央行。从1997年开始，英国央行获得了独立制订货币政策的职能。政府用通货膨胀目标来作为物价稳定的标准，一般用除去抵押贷款外的零售物价指数（Retail Prices Index excluding mortgages，RPI－X）来衡量，年增控制在2.5%以下。因此，尽管独立于政府部门来制订货币政策，但是英国央行仍然要符合财政部规定的通货膨胀标准。

2. 货币政策委员会。在英国，货币政策委员会主要负责制订利率水平。

3. 利率。央行的主要利率是最低贷款利率（基本利率）。每月的第一周，央行都会用利率调整来向市场发出明确的货币政策信号。利率变化通常都会对英镑产生较大影响。英国央行同时也会通过每天对从贴现银行（指定的交易货币市场工具的金融机构）购买政府债券交易利率的调整来制订货币政策。

4. 英国国债。同样，英国国债收益率与同期其他国家国债或美国国债收益率的利差也会影响到英镑和其他国家货币的汇率。

5. 3个月欧洲英镑存款。存放在非英国银行的英镑存款称为欧洲英镑存款。其中3个月欧洲英镑存款利率和其他国家同期欧洲存款利率之差也是影响汇率的因素之一。

6. 财政部。英国财政部制订货币政策的职能从 1997 年以来逐渐减弱，然而财政部依然为英国设定通货膨胀指标并决定英国央行主要人员的去留。

7. 经济数据。英国的主要经济数据包括：初始失业人数，初始失业率，平均收入，扣除抵押贷款外的零售物价指数，零售销售，工业生产，GDP 增长，采购经理指数，制造业和服务业调查，货币供应量（M4），收入与房屋物价平衡。

8. 3 个月欧洲英镑存款期货（短期英镑）。期货合约价格反映了市场对 3 个月以后的欧洲英镑存款利率的预期。与其他国家同期期货合约价格的利差也可以引起英镑汇率的变化。

9. 金融时报 100 指数。英国的主要股票指数。与美国和日本不同，英国的股票指数对货币的影响比较小。但是尽管如此，金融时报指数和美国道琼斯指数有很强的联动性。

英国经济指标主要有：

1. 国内生产货物总值（GDP）：该指数最终数据发表之前会发表两次预测，是反映生产水平最重要的指标。最终数据的发表比较滞后。每季度最后一个月月底发表上季度数据。

2. 英国皇家采购与供应：由三个指数构成，生产采购经理人指数：调查生产业企业的生产情况，工人就业情况和订单情况（每月第一个工作日发表）；建造业采购经理人指数：调查建造业企业的生产情况，主要涉及短期建造业工人就业情况（每月第二个工作日发表）；服务业采购经理人指数：调查服务业增长情况和就业情况（每月第三个工作日发表）。该指数简单易懂：当指数高于 50 时表示该行业处于扩张阶段，低于 50 则处于衰退。生产和服务业采购经理人指数是能准确描绘行业状况的领先指标。该系列指数之间存在的主要问题是没有可比性。

3. 劳工市场数据：衡量活跃与非活跃人数、比例，就业与失业比例和平均工资。为英格兰银行提供研究通货膨胀和工资水平的有用数据。能通过该指数预测未来消费和通胀。该指数与失业率相关，该指数受多项关于失业数据影响。每月月中发表。

4. 价格。其中的消费者物价指数（CPI）用来衡量通胀水平；英格兰银行定下2%的目标通胀水平。零售价格指数用来衡量零售商品价格水平。RPIX则和零售价格指数一样，但物业的权重更低。该指数会影响到货币价格与货币政策的制定，CPI结合其他指标能为未来通胀的预测提供准确依据。每月月中发表。

5. 全国指标（Nationwide）、副总统办公室指标（Office for the Deputy Prime Minister）和Halifax指标：该系列指标反映了消费和房地产价格的联系，能很好地反映消费和生产的发展。但消费和房地产价格的联系并不稳定，而且该指标低估了投机行为对房地产市场的影响。每月发表。

6. 英格兰银行会议纪要和英格兰银行通胀报告：前者分析货币政策委员会提供的经济状况报告和由该报告提出的货币政策。该报告为市场未来走势提供准确依据。在短期内对市场有巨大影响力。后者为市场和未来经济政策提供了准确依据。在中短期内对市场走势有重要影响。每季度发表。

（四）日元

日元是日本的官方货币，经常在美元和欧元之后被当作储备货币。日本自1886年起采用金本位制，并发行可以兑换金币的日本银行券。第一次世界大战期间，日本废除了金本位制，并最终使日元在1964年成为国际流通货币。布雷顿森林体系瓦解后，日元在1971年实施浮动汇率。此后日元币值日趋坚挺，与美元的弱势形成强烈的对比，并成为非常强势的国际货币。日元的代码是“JPY”，用符号“￥”表示，进位方法是1日元=100钱。

日本是一个自然资源贫乏、国土狭小的国家，经济发展的强劲推动力必须来自对外贸易，日本的进口额很高，但出口额更高，每年都有巨额的外贸顺差，是世界第三大进口国及出口国，日本经济近年来一直保持很高的增长速度，在众多西方国家中首屈一指。

日本拥有世界最高的精密农业成果，其单位土地产量世界第一，达到粮食自给率50%。农业在日本是高补助与保护产业，鼓励小规模耕作，而不是美国的大规模耕作。稻米是日本高保护产业并设定了490%关税阻挡外国米。但是小麦、黄豆之类还是向外国购买，日本也是欧盟最大的粮食出口对象。日本还是世界第二大渔业国。日本至今依然有世界最大渔船船队和全球15%的渔获量占有率。由于日本属于火山活动多发地域，所以埋藏的相关矿物资源种类丰富。在第二次世界大战之前，矿业比较发达。但到了战后，对矿业危害的环境对策，以及从业人员的安全对策造成生产成本大幅增加，导致了行业衰退。目前，仍在出产的有成本较低的可以露天挖掘的石英、石灰石。

日本服务业极为重要，占了全国3/4的经济产值。银行、保险，房产中介，零售（百货），客运，通讯都算是服务业。像三菱、新东京海上物产、JR铁路、全日空等公司都是全球中该领域的龙头。日本邮政改革后将在2014年成为全国最大保险公司。

日本工业集中于几个工业区的方式发展，主要集中在关东和东海，东京和福冈之间还有一个狭长的工业带。许多产业在日本是高度发展，包含消费电子，汽车，半导体，光纤，光电，多媒体，影印机，高级食品。但是也有一些产业日本并不重视或是没有发展条件，如卫星，火箭，大型飞机，但这些行业的配套行业，如电脑和软件数据库，日本都已经具备一流水准。“日本制造”的高品质深植人心，但是这些消费性科技品也有大量外移的现象，因为日本国内生产成本太高无法参与国际竞争。

日本是世界第一大动漫强国，其动画发展的模式具有鲜明的民族特色。已成为日本的经济支柱，在世界占有重要位置。年产值230万亿日元。日本动漫产业模式完整。目前，世界60%的动漫作品来自日本，动漫产业占日本GDP的比重超过10%，成为日本第三大产业。同时，日本也是世界上最大的动漫产业创作输出国。影响日元的基本面如下：

1. 日本财政部。是日本制订财政和货币政策的唯一部门。日本财政部对货币的影响要超过美国，英国或德国财政部。日本财政部的官员经常就经济状况发布一些言论，这些言论一般都会给日元造成影响，如当日元发生不符合基本面的升值或贬值时，财政部官员就会进行的口头干预。1998 年，日本政府通过一项新法律，允许央行可以不受政府影响而独立制订货币政策，而日元汇率仍然由财政部负责。

2. 隔夜拆借利率。是日本主要的短期银行间利率，由作为中央银行的日本银行决定。日本银行也使用此利率来表达货币政策的变化，是影响日元汇率的主要因素之一。

3. 日本政府债券。为了增强货币系统的流动性，日本银行每月都会购买 10 年或 20 年期的日本国债。10 年期的收益率被看作是长期利率的基准指标。例如，10 年期日本国债和 10 年期美国国债的基差被看作推动 USD/JPY 利率走向的因素之一。日本国债价格下跌（即收益率上升）通常会利好日元。

4. 经济和财政政策署。经济和财政政策署于 2001 年 1 月 6 日正式替代原有的经济计划署（EPA），职责是阐述经济计划和协调经济政策，包括就业，国际贸易和外汇汇率。

5. 国际贸易和工业部。在日本，国际贸易和工业部负责指导日本本国工业发展和维持日本企业的国际竞争力。但是其重要性比起 20 世纪 80 年代和 90 年代早期已经大大削弱，当时日美贸易量会左右汇市。

6. 经济数据。较为重要的经济数据包括有 GDP，Tankan survey（每季度的商业景气现状和预期调查），国际贸易，失业率，工业生产和货币供应量（M2 + CDs）。

7. 日经 255 指数。日本主要的股票市场指数。当日本汇率合理的降低时，会提升以出口为目的的企业股价，同时，整个日经指数也会上涨。有时，情况并非如此，股市强劲时，会吸引国外投资者大量使用日元投资于日本股市，日元汇率也会因此得到推升。

8. 交叉汇率的影响。如当 EUR/JPY 上升时，也会引起 USD/JPY 的上升，原因可能并非是由于美元汇率上升，而是由于对于日本和欧洲不同的经济预期所引起。

日本经济指标主要有：

1. 日本的滞后指标：雇佣保险领取者数、固定雇佣人数（限于制造业)、法人事业税调整额、借贷平均利息（限于地方银行)、家庭消费支出、消费者物价指数。其中雇佣保险领取者数为反向指标。

2. 日本的同步指标：矿业工业生产指数、大宗电力使用量、进口通关业绩、有效聘用比率、建筑开工面积（限于矿业、工业)、零售店销售额、参观水族馆人数。

3. 日本的领先指标：额定外劳动时间指数、新雇佣人数、企业倒闭指数、住宅开工指数、矿工业库存指数、银行借贷平均余额指数。其中，企业倒闭指数和矿工业库存指数是反向指数。

（五）瑞士法郎

瑞士法郎是瑞士和列支敦士登的法定货币，由瑞士的中央银行发行。瑞士法郎的代码是“CHF”，用符号“CHF”表示。进位方法是1法郎=100生丁。瑞士经济的高度发达在很大程度上取决于和其他国家经济的紧密联系，银行业是瑞士经济最重要的分支之一，瑞士的银行业管理着3.3万亿多的瑞士法郎资产，其中一半的资产来自于其他国家，瑞士是全球最大的离岸金融中心，超过伦敦、纽约和法兰克福，占有35%的市场份额，被公认为国际资产业务管理的全球领导者。该行业集中了瑞士超过3%的劳动力，并为瑞士经济创造了10%的经济增加值。

瑞士法郎是一种硬通货。瑞士的大部分邻国使用欧元。瑞士境内亦有商铺、机构通行欧元。瑞士法郎出现后，瑞士货币制度发生了多次变革。1860年实行金银复本位制；1880年禁止私人自由铸造银币，从而使白银在瑞士失去了货币的作用；1931年6月3日，瑞士实行新铸币法，规定新铸币脱离白银，改与黄金挂钩；1936年，在世界各国纷纷放弃金本位制的形势下，瑞士法郎被迫宣告贬值，并放弃金本位制。1936年10月，瑞士国家银行确定瑞士法郎对美元的比价为4.37282瑞士法郎兑1美元。

1952年12月17日，瑞士确定其法郎含金量为0.2032258克，并重新确定对美元的官方汇率为4.37282。此后十余年，瑞士法郎对美元的汇率基本上维持这一水平。70年代，美元危机日益严重，国际金融市场出现抢购德国马克和瑞士法郎的风潮，从而使瑞士法郎汇价不断上升。1971 年 5 月 10 日，瑞士法郎升值 7.07%，含金量提高到 0.2175926 克，对美元的官方汇率为 4.0841，同年 12 月 18 日美元贬值 7.89%，瑞士法郎对美元官价调整为 3.84 法郎兑 1 美元。为了阻止美元游资大量流入瑞士，1973 年 1 月 23 日，瑞士国家银行宣布停止按官价上下限买卖美元，实行全面的浮动汇率。同年 3 月 19 日，西欧 7 种货币实行联合浮动，而瑞士法郎仍单独浮动，且汇价不断上涨。到 80 年代初才有所回落。在瑞士的国际收支持续顺差，黄金外汇储备不断增长情况下，瑞士法郎信誉日益提高，在国际金融市场上地位逐渐加强，成为主要国际储备货币之一。瑞士法郎之所以能长期坚挺，还因为瑞士一向保持中立，国内政治和经济局势稳定，极少受到战争的影响。此外，瑞士对外国人在境内存款采取严格保密措施，使瑞士成为国际游资的“庇护所”，有利于吸引大量外国资金，加强瑞士法郎的地位。

瑞士法郎在上世纪一直是最稳定的货币，并在相当长的时间内被视为规避风险的最佳货币选择。瑞士几乎总是零通胀，并且货币依托有 40% 的黄金储备。由于瑞士是永久中立国，所以瑞士被认为是世界最安全的地方，加之瑞士政府对金融、外汇采取的保护政策，使大量的外汇涌入瑞士，瑞士法郎也就成为稳健受欢迎的国际结算与外汇交易货币。影响瑞士法郎的基本面因素如下：

1. 瑞士国家银行。瑞士国家银行在制订货币政策和汇率政策上有着极大的独立性。不像大多数其他国家的中央银行，瑞士央行并不使用特定的货币市场利率来指导货币状况。直到 1999 年秋，央行一直使用外汇互换和回购协议作为影响货币供应量和利率的主要工具。

2. 货币流动性管理。由于使用了外汇互换协议，货币流动性的管理成为影响瑞士法郎的主要因素。当中央银行想提高市场流动性，就会买入外币，主要是美元，并卖出瑞士法郎，从而影响汇率。

3. 3 月期伦敦银行间拆借利率。从 1999 年 12 月开始，央行的货币政策发生了转移，从货币主义经验者的方式（主要以货币供应量为目标）转移到以基于通货膨胀的方式，并定为2%的年通货膨胀上限。央行将使用一定范围内的3月期伦敦银行间拆借利率作为控制货币政策的手段。

4. 央行官员可以通过一些对货币供应量或货币本身的一些评论来影响货币走势。

5. 利率。瑞士央行使用贴现率的变化来宣布货币政策的改变。这些变化对货币有很大影响。然而贴现率并不经常被银行作为贴现功能使用。

6. 3个月欧洲瑞士法郎存款。存放在非瑞士银行的瑞士法郎存款称为欧洲瑞士法郎存款。其利率和其他国家同期欧洲存款利率之差也是影响汇率的因素之一。

7. 瑞士法郎作为避险货币角色。瑞士法郎有史以来一直充当避险货币的角色，这是因为：瑞士央行独立制订货币政策；全国银行系统的保密性以及瑞士的中立国地位。此外，瑞士央行充足的黄金储备量也对货币的稳定性有很大帮助。

8. 经济数据。瑞士最重要的经济数据有M3货币供应量（最广义的货币供应量），消费物价指数（CPI），失业率，收支平衡，GDP和工业生产。

9. 交叉汇率的影响。和其他货币相同，交叉汇率的变化也会对瑞士法郎汇率产生影响。

10. 3个月欧洲瑞士法郎存款期货合约：期货合约价格反映了市场对3个月以后的欧洲瑞士法郎存款利率的预期。与其他国家同期期货合约价格的利差也可以引起瑞士法郎汇率的变化。

11. 其他因素。由于瑞士和欧洲经济的紧密联系，瑞士法郎和欧元的汇率显示出极大的正相关性。即欧元的上升同时也会带动瑞士法郎的上升。两者的关系在所有货币中最为紧密。

（六）澳元

澳元是澳大利亚联邦的法定货币，由澳大利亚储备银行负责发行，澳元使用国家及地区有澳大利亚、基里巴斯、瑙鲁、图瓦卢、圣诞岛、科科斯（基林）群岛、诺福克岛。目前，澳元已成为国际金融市场重要的硬通货和投资工具之一。澳元目前是交易量占世界第六位的货币；居美元、欧元、日元、英镑和瑞士法郎之后，占总交易量的6%。从2002年起，澳元所用纸币皆带有胶质，不易破烂，耐用且美观。此外，各种面值都设计有不同特色的透明“窗口”，是全球首个采用这种崭新货币设计的国家。澳元的代码是“AUD”，用符号“$”表示。进位方法是1澳元=100澳分。

澳大利亚地处南太平洋和印度洋，是南太地区经济最发达的国家。自上个世纪90年代以来，澳大利亚经济保持持续增长。从1996年至2006年的11年间，该国实际国内生产总值平均增长率达到了3.5%，是世界上经济增长强劲的国家之一。2006－2007财年，澳大利亚国内生产总值达9257亿澳元，同比增长3.3%。人均国内生产总值在世界排名第10位。澳大利亚通过一系列有效的经济结构调整和改革，保证了国家经济金融和社会发展，经受住了亚洲金融危机的冲击与考验，连续16年保持快速增长，并维持了较低的通胀率和失业率。澳大利亚连续被评为世界最具活力的经济体。

服务业、制造业、采矿业和农业是澳大利亚的四大主导产业。服务业是澳大利亚优势产业。近年来，在新兴经济体对原材料巨大需求的带动下，澳大利亚采矿业快速增长。澳大利亚农业在国民经济中的比重虽有所下降，但农业的产量、产值和效益均不断提高，农产品出口也在大幅增加。澳大利亚私人消费与政府消费在澳大利亚经济中处于更重要的位置，但其通货膨胀率一直处于较低水平。

对外贸易是澳大利亚经济的重要组成部分，其农业产品的70%、资源产品的80%、制造业的18%用于出口，其中服务业出口占有澳大利亚出口数额相当大的比重。2007年以来，澳政府不断完善国际贸易环境，先后与新加坡、美国、泰国签订自由贸易协定。在多边贸易合作方面，澳积极推动多哈回合谈判，并在全球气候变暖和环境等问题上，发挥积极作用。近年来，中澳两国经贸合作往来密切、互动频繁。两国签订的中澳经贸合作框架协议，推动双边矿业、农业、服务业、投资、知识产权保护等 16 个领域合作。目前，中澳自贸区谈判已进行了多轮。双边经贸关系一直保持着良好的发展势头。澳大利亚是中国第九大贸易伙伴，中国是澳大利亚第一大贸易伙伴，第一大进口来源地，第二大出口市场。澳大利亚对中国出口的主要产品有：金属矿砂，羊毛，原油，煤炭，皮类，有色金属废料，食品与活畜，机器及运输设备等。澳自中国进口的主要产品有：电脑及配件，通讯设备，玩具、游戏及运动商品，家具，纺织服装，化学制品，鞋，视听收录机及电视机，塑料与金属制品，普通机械产品等。澳大利亚已探明的铝、镍、银、铀、锌、钽经济储量居世界第一位；澳大利亚还是世界上最大的铝土、氧化铝、钻石、铝、钽生产国。近年来，中澳两国的相互投资发展得迅速，已遍及制造、批发零售、租赁和商务服务业等领域。澳是中国吸收外资的主要来源地之一。主要集中在资源开发、服务、房地产及进出口贸易领域。中澳两国已互为重要的投资伙伴。影响澳元的基本面如下：

1. 国际商品价格。澳元又被称为商品货币，其汇率与金、铜、镍、煤炭和羊毛等商品的价格存在紧密联系，这些商品占澳大利亚总出口额的近 2/3。因此，澳元走势的高低通常受这些商品价格趋势的较强影响。澳元经常在通涨的经济环境下获得支持，而此时正是商品价格高涨的时候。举例来说，当 2002 年黄金价格上涨时澳元汇率也随之上涨，2002 年夏天金属价格回调时澳元也随之回调，二者又在 2004 年第四季度同时再次上涨。

2. 澳洲联储。根据澳大利亚 1959 年的储备银行法案，澳洲联储获得了澳大利亚中央银行的地位。储备银行的主要任务是保持澳元的汇率稳定和保持充分就业。1993 年，澳洲联储获得了独立运转的权力，同时储备银行的工作目标也确定下来，即将中期通胀年增长率的目标控制在 2% ~3% 。设立中期而不是短期通胀目标的原因在于要鼓励健康的和可持续的经济增长。

3. 储备银行委员会。在澳大利亚，储备银行委员会负责制定货币政策。除了每年的 1 月份，委员会每个月的第一个星期二要召开货币政策会议。利率决策结果一般在会议的第二天公布。

4. 利率。储备银行的最重要的货币政策工具就是隔夜货币市场利率，或称作现金利率目标。现金利率是两家金融机构间的隔夜贷款利率。

三、外汇投资主要影响因素

外汇投资的影响因素往往会随着不同时期的政治经济的变化而变化，但主要是经济性影响因素和非经济性影响因素。其中，经济性影响因素主要有国际收支、通货膨胀、利率水平、经济增长；而非经济性影响因素主要是政治和新闻因素、货币管理当局的干预、外汇缓冲政策、汇率政策、心理预期、投机。

1. 国际收支。是指一个国家或地区一定时期所有国际经济活动的收入与支出。国际收支包含三个方面的含义：国际收支是一个流量的概念；国际收支是一个事后的概念，是对过去一段时期（报告期）内已经发生的经济交易的系统记录；居民与非居民之间的交易所依据的不是双方的国籍，而是依据交易一方是否是该国居民。国际收支平衡表是指在一定时期内（通常为一年）一国与其他国家所发生的国际收支项目分类统计的一览表。国际收支平衡表反映了该国国际收支的具体构成和总貌。主要有：分析经常项目差额；分析资本项目差额；分析综合差额。国际收支状况对汇率影响的基本规律如下：国际收支顺差—外汇收大于支—外汇供过于求—该国汇率下跌；国际收支逆差—外汇收小于支—外汇供小于求—该国汇率上升。

2. 通货膨胀。通货膨胀是指纸币的发行量超过流通中实际需要的货币量而引起的纸币贬值、物价上涨现象。其实质是社会总供给大于总需求。通货膨胀是长期的价格水平的持续上升，而不是价格水平的短期一次性上升；通货膨胀不是个别商品的价格水平的上涨，而是指物价总水平的上涨；通货膨胀的价格水平上升幅度取决于经济主体对价格上升的敏感程度。通货膨胀对汇率影响的典型事例是：20 世纪 90 年代，墨西哥比索实行紧盯美元的汇率政策，其波动幅度在一个很小的范围之内。1993 年，墨西哥的通胀率为10% 左右，而同期的美国在 3% 左右。比索兑美元的汇率长时间没有调整，导致比索兑美元的高估，从而打击了墨西哥的出口，导致了长期性的收支逆差。1994 年逆差额高达 280 亿美金，占国内生产总值的 8%。1994 年 12 月比索被迫贬值，比索兑美元的汇率实行自由浮动。由于事先没有做好舆论宣传工作，引发了严重的经济危机，并波及到了拉美乃至全球金融市场。

3. 利率水平。目前，主要国家的基准利率有：美国的联邦基金利率、加拿大和日本的隔夜拆款利率、欧元区的指标附买回利率、英国的附买回利率、瑞士的利率目标区间、澳洲的指标利率、韩国的隔拆利率目标。利率水平对汇率影响的典型事例是：1992 年下半年，德国奉行反通货膨胀的货币紧缩政策。德国中央银行一而再，再而三的声明坚持这一政策。但外汇市场一直流传着德国政府要降息的传言，理由是德国的利息已经加到顶了。虽然德国政府没有任何降息举动，但英国、法国、丹麦、瑞典相继降息后，外汇市场顽固的认为德国的加息只是时间问题了。这种情形使得德国马克兑美元的比价在两国的利率差很大的情况下节节下跌。有时市场存在这种期待，且周围国家都采取了类似的行动，会使得这个国家的货币汇率出现大幅度的波动。

4. 经济增长。是指一个国家一定时期内（一个季度或者一年）经济中所生产出来的全部最终商品和劳务总量的增加，即一个国家国内生产总值和人均国内生产总值的增加。一个国家经济增长率高，意味着收入的增加，国内需求水平提高，将增加该国的进口，从而导致经常项目逆差。但如果该国经济是以出口为导向，经济增长是为了生产更多的出口产品，则出口的增长会弥补进口的增加，减缓本国货币汇率下跌的压力。经济增长率高，意味着劳动生产率提高很快，成本降低，因而改善了本国产品的竞争地位而有利于增加出口，抑制进口；同时经济增长率高使得该国在外汇市场上被看好，因而该国货币会有上升的趋势。经济增长率高，国内对资本的需求量大，国外投资者愿意把资本投入这一有利可图的经济中，于是资金流入增加。一般来说，一国在经济高速增长的初期，会引起本币汇率贬值；但从长期看，高的经济增长率会对本国货币币值起到强有利的支持作用，并且这种影响的时间会很长。

5. 政治和新闻因素。一国及国际间的政治局势变化都会对外汇市场产生影响。政治局势的变化一般包括政治冲突、军事冲突、选举与政权更迭。如果全球形势趋于紧张，则会导致外汇市场的不稳定，一些货币的非正常流入或流出将发生，最后可能的结果是汇率大幅度波动。政治形势的稳定与否关系着货币的稳定与否，通常意义上，一国的政治形势越稳定，则该国的货币越稳定。

6. 货币管理当局的干预。当货币管理当局（中央银行）认为对于外汇市场的干预是有效且干预结果将与政府的货币政策一致时，中央银行在外汇市场的参与将影响汇率。中央银行的参与通常是通过买入与卖出本币以将本币稳定在一个被认为是真实和理想的水平。市场的其他参与者对政府的货币政策对于汇率影响的判断以及对将来政策的预期同样会对汇率产生影响。典型事例是：1988年11月，美元对德国马克的汇价经过西欧国家的多次干预后从1.7170上涨到1.7200。但美国财政部长布雷德在电视上发表公开讲话，称：外汇市场的汇价有涨有落，今年美元汇价的最低点接近去年1月份的水平。外汇市场交易商们认为布雷德不能容忍美元将降到当前的较低水平，可能会采取措施，提高美元的对外汇价，因而美元对德国马克的汇率开始回升。但是，布雷德事后又说，我们对此并不感到担忧，言外之意是不怕美元汇率继续下跌。当时市场上美元汇价又开始继续下跌。

7. 外汇缓冲政策。是指通过官方储备的变动或向外短期贷款，来抵消市场的超额外汇供给或者需求，从而扭转国际收支不平衡的状况。一般是成立外汇平准基金，该基金保持一定数量的外汇储备和本国货币。当国际收支失衡造成外汇市场的超额外汇供给或者需求时，货币当局就会动用该基金在外汇市场公开操作，买进或卖出外汇，抵消超额的外汇供给。

8. 汇率政策。货币当局利用汇率的调整来影响进出口，从而改善国际收支的政策。在一国发生国际收支逆差时，常采取调低本币汇率，使本币对外币贬值的政策。在其他条件不变的条件下，出口商品以外币计算的价格较贬值前会相对便宜，从而增强出口商品在国际市场的竞争力，达到增加出口收回的目的；另外，调低本币汇率后，进口商品折算本币的价格会较贬值前昂贵，因而进口会相对减少。在这两个方面的共同作用下，逆差减少，国际收支得以改善。

9. 心理预期。外汇交易者预期心理的形成大体上取决于一国的经济增长率、利率、国际收支、国际政治形势以及一些突发事件等很复杂的因素。因而心理预期不但对汇率的变动有很大影响，而且还捉摸不定、十分易变。

10. 投机。是指以赚取利润为目的的外汇交易。投机者利用汇率差异、贱买贵卖，从而赚取价差。市场主要操控者的投机行为同样是影响汇率的一个重要因素。当人们分析了影响汇率变动的因素后得出某种货币的汇率会上涨的话，就会竞相抢购，遂把该币上涨变为现实。国际资本市场的游资数额巨大，而这些游资对世界各国的政治、经济和军事状况有着高度的敏感性，由此产生的预期支配着游资的流动方向，对外汇市场形成巨大冲击。

四、外汇投资技术分析

外汇投资技术分析的基本假设就是市场包容和消化一切，而K线作为技术分析的重要手段是职业投资者必须掌握的。技术分析的要素很多，但是主流理论是围绕着K线分析来研究的。包括K线组合、形态分析、技术指标。

（一）技术分析的基本原则

1. 长期形态比短期形态更重要。短期的走势是在相对较小的区间中运动的，也容易受到各种各样因素的影响而随时变化。所以，投资者把握汇价的短期走势难度较大，容易陷入繁多的影响因素中而迷失方向。如果在分析短期汇价走势前对长期的走势有一个透彻的认识，做到胸有成竹，那么投资者就可以俯瞰短期走势，抓住主要矛盾，做出正确的分析判断。如汇价在几天时间内出现一个“早晨之星”形态，通常会认为汇价即将见底，反转的可能性较大，但也许从长期走势分析，汇价仍在长期下降通道运行，阻挡线没有任何被突破的可能性，那么，这时的“早晨之星”就只是一个小幅的反弹，是部分投资者平仓获利，市场消化压力的一个小调整，甚至连做短线的机会都没有了。这时的“早晨之星”形态就没有反转的意义了。

2. 位置比形态更重要。深入研究技术分析会发现，技术分析有无法的法则。但如果这些法则不结合位置形态来分析，那么这些法则就都成了空中楼阁，没有任何的意义。如“头肩底”形态是一个非常经典的底部反转形态，它通常出现在汇价的底部区域，但如果在汇价的高价区出现一个“头肩底”形态，那么成熟的投资者宁可退出市场观望，也决不会相信此形态。因为“在高位最可能出现头部，在低部最可能出现底部”是最朴素也是最有效的投资规律。

3. 市场方向比位置更重要。“汇价的高低不重要，汇价的趋势才是最重要的”。也许汇价已经达到很高或很低的区域，但只要投资者能够准确判断汇价的趋势，就仍然可以买进或者持有。投资者要分析的最重要的，最难的就是分析市场的走势方向。

（二）K 线技术分析

K 线图又称“蜡烛图”，是由日本所创，图形简单明快，可操作性强，各种 K 线组合形态能对汇价及时准确地做出判断，它广泛的应用在股票、期货、汇市当中，已成为技术分析不可或缺的手段。

一个标准的 K 线形态由四部分组成：一段时间之内的最高价、最低价、开盘价、收盘价。若开盘价高于收盘价，则称此 K 线为阴线，通常用黑色表示；若开盘价低于收盘价，则称此 K 线为阳线，通常用红色表示。开盘价与收盘价之间形成的价格差，用如图所示的中间柱体表示，一般称之为“实体”。由最高价、最低价与实体之间形成的价格差，用如图所示的上下线表示，一般称之为“上影线”“下影线”。阳线实体和阴线实体如图 3－1 所示。

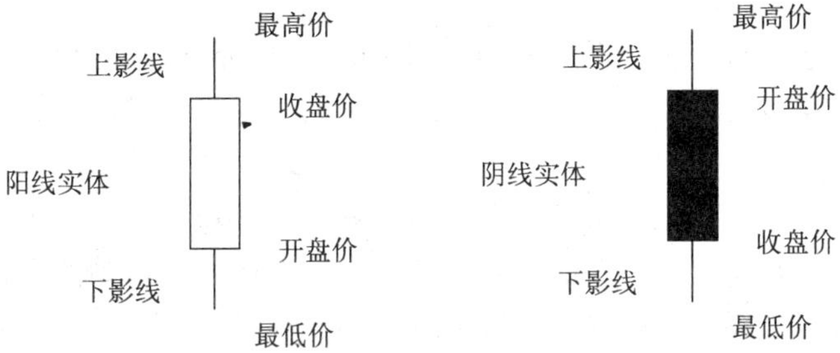

图 3－1　阳线实体和阴线实体图示

K 线与十字线的具体图形及其含义解释如下：

1. 大阳线。开盘价与最低价相同，收盘价与最高价相同。没有下线影线。表示市场内多方占据着绝对的主力，涨势强烈，气势如虹。

2. 大阳上影线。开盘价与最低价相同，小段上影线。汇价试图创下高点，但上方卖出压力沉重，汇价回落。此形态表示多方占优，但上方价位卖压很大，有反转的意味，应引起警觉。上影线越长，表示卖压越大，反转意味更大。

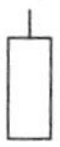

3. 大阳下影线。收盘价与最高价相同，小段下影线。汇价稍作下探即被拉回，表示多方力量占优，下档买盘强劲。下影线的长度越长，表示多方力量越强。

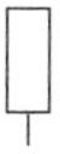

4. 小阳线。上下影线长度基本相同。此形态表示多空双方争夺激烈，多方仍占据一定优势，但空方的力量不可小视。

5. 上影阳线。上影线很长，至少是阳线实体长度的二到三倍。此形态表示多方仍处于优势，但已经处于强弩之末，是强烈的反转形态。此形态如出现在近期汇价的顶部，反转意义更强。

6. 下影阳线。下影线很长，至少是阳线实体长度的二到三倍。此形态表示多方处于优势，并且有多方买盘不断加入，推高汇价。此形态如出现在近期汇价底部，是强烈的反转信号，

应引起注意。

7. 大阴线。开盘价与最高价相同，收盘价与最低价相同。没有下线影线。表示市场内空方占据着绝对的主力，汇价持续走跌。

8. 大阴上影线。收盘价与最低价相同，小段上影线。汇价稍作上扬即被拉回，表示空方力量占优，上档卖盘强劲。下影线的长度越长，表示空方力量越强。

9. 大阴下影线。开盘价与最高价相同，小段下影线。汇价试图创下低点，但下方买盘压力沉重，汇价回升。此形态表示空方占优，但下方价位买压很大，有反转的意味，应引起警觉。下影线越长，表示买压越大，反转意味更大。

10. 小阴线。上下影线长度基本相同。此形态表示多空双方争夺激烈，空方仍占据一定优势，但多方的力量不可小视。

11. 上影阴线。上影线很长，至少是阴线实体长度的二到三倍。此形态表示空方处于优势，并且有空方买盘不断加入，推低汇价。此形态如出现在近期汇价顶部，是强烈的反转信号，应引起注意。

12. 下影阴线。下影线很长，至少是阴线实体长度的二到三倍。此形态表示空方仍处于优势，但已经处于强弩之末，是强烈的反转形态。此形态如出现在近期汇价的底部，反转意义更强。

13. 十字线。开盘、收盘价相同。多空势均力敌。若此形态出现在顶部或底部，是强烈的反转形态；出现在长期盘整时期，是强烈的突破信号。

14. 十字线。开盘、收盘价相同。多方力量占优。应密切注意后期 K 线形态发展。

15. 十字线。开盘、收盘价相同。空方力量占优。应密切注意后期 K 线形态发展。

16. T 字线。开盘、收盘价相同。收盘价下方多方买盘积极，此价位多方有很强的支撑。底部出现此形态为强烈反转信号。

17. 倒T字线。开盘、收盘价相同。收盘价上方空方卖盘积极，此价位空方有很强的支撑。顶部出现此形态为强烈反转信号。

18. 一字线。开盘、收盘、最高、最低价相同。此形态极少出现，若出现就是暴涨或暴跌的前兆。

（三）组合K线形态分析

1. 锤子线和上吊线。K线的小实体在交易区域上部。下影线长度应该比实体长度长得多，一般为2～3倍。没有上影线，或者很短。不同的是，锤子线出现在近期市价的底部，表示汇价有可能回升；而上吊线出现在近期市价的顶部，表示汇价有可能回落。锤子线和上吊线如图3－2所示。

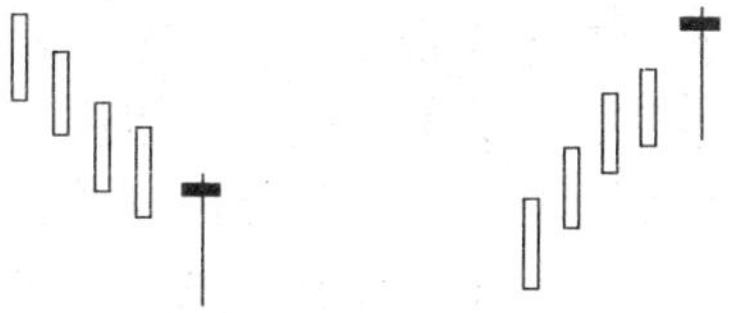

图3－2　锤子线和上吊线

2. 倒锤线和射击之星。小K线的实体部分在汇价位置的底部。上影线的长度通常是实体长度的2～3倍。下影线没有，或者很短。不同的是，倒锤线出现在近期市价的底部，表示汇价有可能回升；而射击之星线出现在近期市价的顶部，表示汇价有可能回落。严格意义上此二者形态反转强度不如上吊线和锤子线大，此反转形态的确立，必须结合第二天的K线及其他分析指标验证。倒锤线和射击之星如图3－3所示。

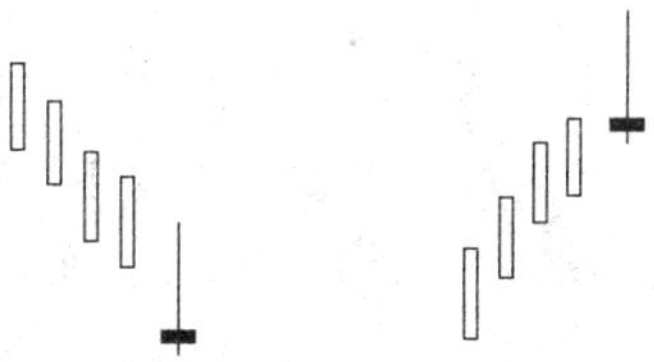

图3－3　倒锤线和射击之星

3. 看跌吞没和看涨吞没形态。在吞没形态之前，市场应有清晰的上升或下降走势。吞没形态由 2 支蜡烛线组成，第二支的实体必须覆盖第一支的实体，且两者颜色相反。看跌吞没和看涨吞没形态如图 3－4 所示。

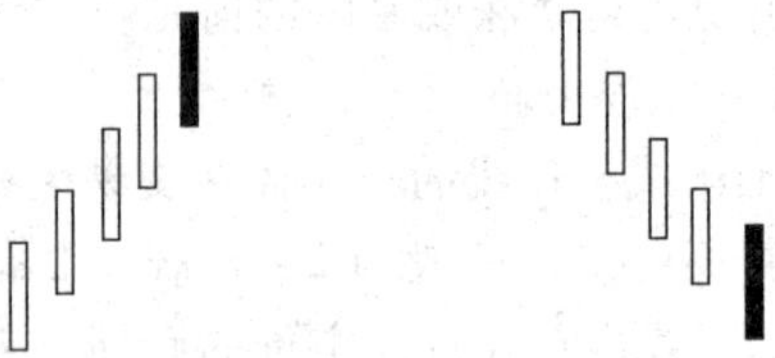

图 3－4　看跌吞没形态和看涨吞没形态

4. 十字星形态。十字星是一种特殊的 K 线形态，它表示着这一时间段内汇价开盘价与收盘价相同，形态上表示为一条直线。此形态的出现说明多空双方争夺激烈，互不相让。上下影线的长度对形态也具有非常重要的指导意义，通常影线越长，表示多空双方争夺越激烈；行情一旦确认，汇价的趋势发展时间也会越长。十字星通常有两种作用：确认行情和确认反转，两种情况下分别称之为“整固十字星”和“反转十字星”。反转十字星的规模比整固十字星大（即上下影线较长），多出现在顶部或底部。整固十字星形态较小，上下影线较短，多出现在趋势中部。十字星如图 3－5 所示。

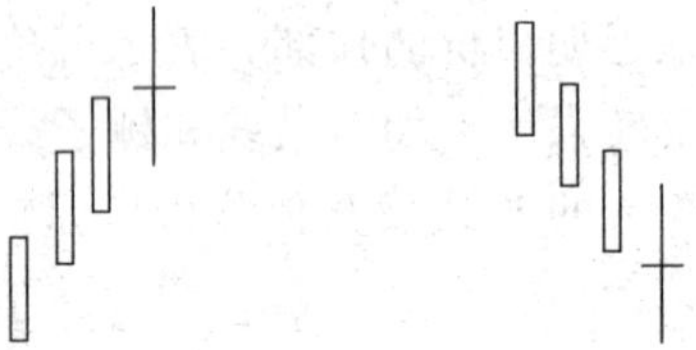

图 3－5　十字星

5. 黄昏之星和黎明之星。在黄昏之星下，第一天必须是阳线，并且这根阳线处于上升趋势中；第二天是星形线（实体和上下影线都跟小的 K 线），而星形线本身是阴线还是阳线并不重要，重要的是实体与第一天的阳线实体之间存在窗口跳空；或者第二天的实体部分很小，汇价当天在很高的范围内波动；第三天必须是阴线，阴线实体必须推入到第二天的星线实体内部，若存在窗口跳空的话，则反转的意义更大。黎明之星正好相反，第一天必须是阴线，并且这根阴线处于下跌趋势中；第二天是星形线（实体和上下影线都跟小的K线），而星形线本身是阴线还是阳线并不重要，重要的是实体与第一天的阴线实体之间存在窗口跳空；或者第二天的实体部分很小，汇价当天在很高的范围内波动；第三天必须是阳线，阳线实体必须推入到第一天的阴线实体内部，若存在窗口跳空的话，则反转的意义更大。黄昏之星和黎明之星如图3－6所示。

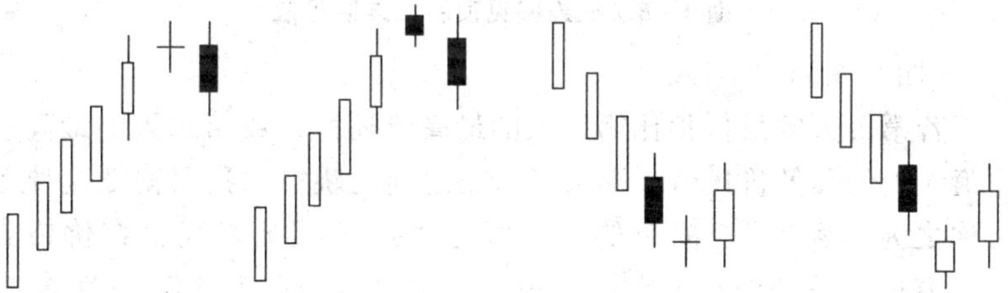

图3－6 黄昏之星和黎明之星

6. 上升三法和下降三法。大阳线的形成代表了当前的趋势。大阳线后被一组小实体的K线相跟随，小K线可以是阴线还可以是阳线、星形线、十字星；小K线沿现趋势相反的方向或高或低排列并保持在第一天大阳线的实体内；最后由一根大阳线确定了升势，汇价维持向上发展。下降三法则相反。上升三法和下降三法如图3－7所示。

图3－7 上升三法和下降三法

7. 三连阳见顶和三连阴见底。在市场上升的顶部，第一天和第二天是长阳线实体。第三天开盘价位置接近于第二天的收盘价。第三天是纺轴线并极有可能是星线。若几条阳线均带上影线则反转的意义更大。三连阴见底与其正好相反。三连阳见顶和三连阴见底如图 3－8 所示。

图 3－8　三连阳见顶和三连阴见底

（四）窗口

若第二天的最低价比第一天的最高价还高，或第二天的最高价比第一天的最低价还低，形成了价格之间的跳空，我们就把这种形态称之为“窗口”。简单的说，即是两条 K 线的影线存在价格真空。窗口分普通窗口，突破窗口，持续性窗口与消耗性窗口四种。

1. 普通窗口。这类窗口通常在密集的交易区域中出现，因此许多需要较长时间形成的整理或转向型态如三角形，矩形等都可能有这类窗口形成。普通窗口并无特别的分析意义，一般在几个交易日内便会完全填补，它只能帮助我们辨认清楚某种型态的形成。普通窗口在整理型态要比在反转型态时出现的机会大得多，所以当发现发展中的三角形和矩形有许多窗口，就应该增强它是整理型态的信念。普通窗口如图 3－9 所示。

2. 突破窗口。突破窗口是当一个密集的反转或整理型态完成后突破盘局时产生的窗口。当股价以一个很大的窗口跳空远离型态时，这表示真正的突破已经形成了。因为错误的移动很少会产生窗口，同时窗口能显示突破的强劲性，突破窗口愈大，表示未来的变动强烈。突破窗口的分析意义较大，经常在重要的转向型态如头肩式的突破时出现，这窗口可帮助我们辨认突破讯号的真伪。如果股价突破支持线或阻力线后以一个很大的窗口跳离形态，可见突破十

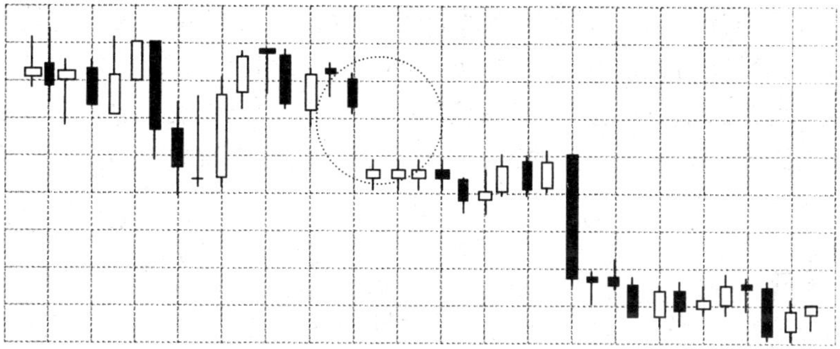

图 3 – 9　普通窗口

分强而有力，很少有错误发生。形成突破窗口的原因是其水平的阻力经过时间的争持后，供给的力量完全被吸收，短暂时间窗口缺乏货源，买进的投资者被迫要以更高价求货。又或是其水平的支持经过一段时间的供给后，购买力完全被消耗，沽出的须以更低价才能找到买家，因此便形成窗口。假如窗口发生前有大的交易量，而窗口发生后成交量却相对的减少，则有一半的可能不久窗口将被封闭，若窗口发生后成交量并未随着股价的远离窗口而减少，反而加大，则短期内窗口将不会被封闭。突破性窗口如图 3 – 10 所示。

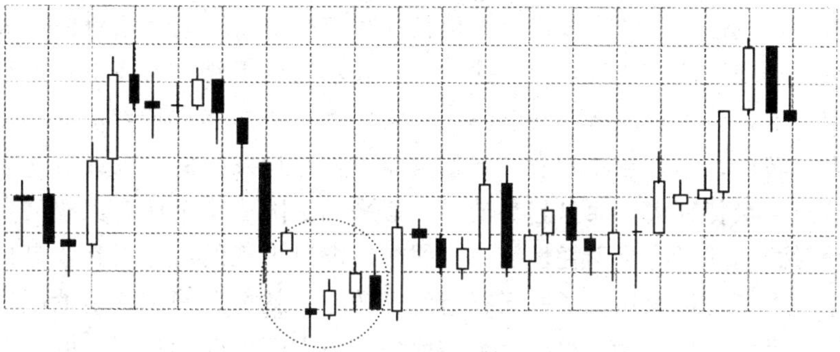

图 3 – 10　突破窗口

3. 持续性窗口。在上升或下跌途中出现窗口，可能是持续性窗口。这种窗口不会和突破窗口混淆，任何离开型态或密集交易区域后的急速上升或下跌，所出现的窗口大多是持续性窗口。这种窗口可帮助我们估计未来后市波幅的幅度，因此亦称之为量度性窗口。其量度的方法是从突破点开始，到持续性窗口始点的垂直距离，就是未来股价将会达到的幅度。或者我们可以说：股价未来所走的距离，和过去已走的距离一样。持续性窗口如图 3－11 所示。

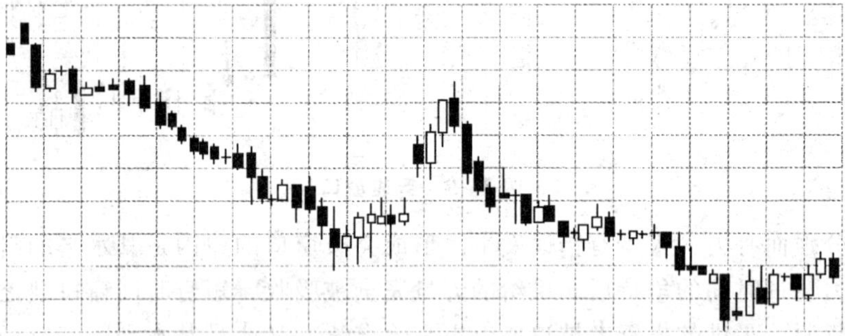

图 3－11　持续性窗口

4. 消耗性窗口。和持续性窗口一样，消耗性窗口是伴随快的，大幅的股价波幅而出现。在急速的上升或下跌中，股价的波动并非是渐渐出现阻力，而是愈来愈急。这时价格的跳升（或跳位下跌）可能发生，此窗口就是消耗性窗口。通常消耗性窗口多在恐慌性抛售或消耗性上升的末段出现。消耗性窗口的出现，表示股价的趋势将暂告一段落。如果在上升途中，即表示快将下跌；若在下跌趋势中出现，就表示即将回升。不过，消耗性窗口并非意味着市场必定出现转向，尽管意味着有转向的可能。在窗口发生的当天或后一天若成交量特别大，而且趋势的未来似乎无法随成交量而有大幅的变动时，这就可能是消耗性窗口，假如在窗口出现的后一天其收盘价停在窗口之边缘形成了一天行情的反转时，就更可确定这是消耗性窗口了。消耗性窗口很少是突破前一型态大幅度变动过程中的第一个窗口，绝大部分的情形是它的前面至少会再现一个持续窗口因此可以假设，在快速直线上升或下跌变动中期出现的第一个窗口为持续窗口，但随后的每一个窗口都可能是消耗性窗口，尤其是当这个窗口比前一个空距大时，更应特别注意。持续窗口是股价大幅变动中途产生的，因而不会于短时期内封闭，但是消耗性窗口是变动即将到达终点的最后现象，所以多半在 2～5 天的短期内被封闭。消耗性窗口如图 3－12 所示。

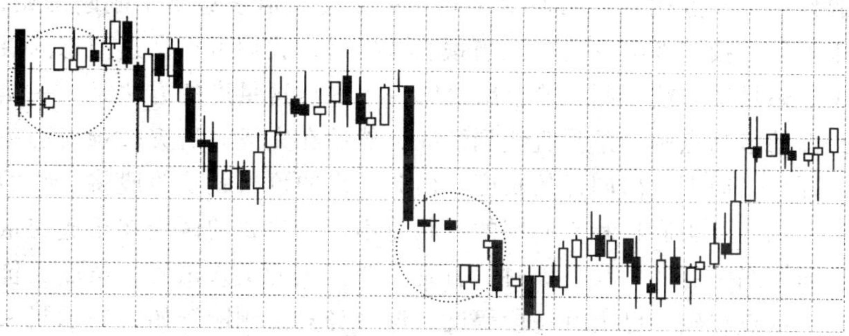

图 3－12　消耗性窗口

（五）形态分析

1. 双峰反转。双峰反转是指在汇价顶部或底部形成的两个波峰，也就是双重顶和双重底，人们常称之为“M”型“W”型反转。双峰反转形态并不一定意味着汇价的反转，也有可能在汇价回落到颈线的过程中受到支撑线的支撑而上涨。这时汇价在支撑线和前面两个高点之间的区域内运动，形成三重顶、三角形等多种形态，但这种可能性很小。两个峰之间距离越远，也就是形成两顶底所持续的时间越长，则将来双重顶反转的潜力越大，反转后的波动也就越剧烈。双峰形态突破后的涨（跌）幅是形态本身颈高的 1～3 倍。双峰反转形态如图 3－13 所示。

图 3－13　双峰反转形态

2. 头肩顶和头肩底。头肩顶是一个长期性趋势的转向型态，通常会在牛市的尽头出现。头肩反转形态一共出现三个峰，中间的峰部比另外两个峰部都高，所以叫做头部。左右两个峰值较低，称之为肩部。当头肩顶颈线击破时，就是一个真正的沽出讯号，虽然股价和最高点比较，已回落了相当的幅度，但跌势只是刚刚开始，未出货的投资者继续沽出。当颈线跌破后，我们可根据这型态的最少跌幅量度方法预测股价会跌至哪一水平。这量度的方法是——从头部的最高点画一条垂直线到颈线，然后在完成右肩突破颈线的一点开始，向下量出同样的长度，由此量出的价格就是该股将下跌的最小幅度。头肩顶和头肩底的形状差不多，主要的区别在于成交量方面。当头肩底颈线突破时，就是一个真正的买入讯号，虽然股价和最低点比较，已上升一段幅度，但升势只是刚刚开始，尚示买入的投资者应该继续追入。其最少升幅的量度方法是从头部的最低点画一条垂直线相交于颈线，然后在右肩突破颈线的一点开始，向上量度出同样的高度，所量出的价格就是该股将会上升的最小幅度。另外，当颈线阻力突破时，必须要有成交量激增的配合，否则这可能是一个错误的突破。不过，如果在突破后成交逐渐增加，型态也可确认。一般来说，头肩底型态较为平坦，因此需要较长的时间来完成。在升破颈线后可能会出现暂时性的回跌，但回跌不应低于颈线。如果回跌低于颈线，又或是股价在颈线水平回落，没法突破颈线阻力，而且还跌低于头部，这可能是一个失败的头肩底型态。头肩底是极具预测威力的型态之一，一旦获得确认，升幅大多会多于其最少升幅的。头肩顶和头肩底形态如图 3－14 所示。

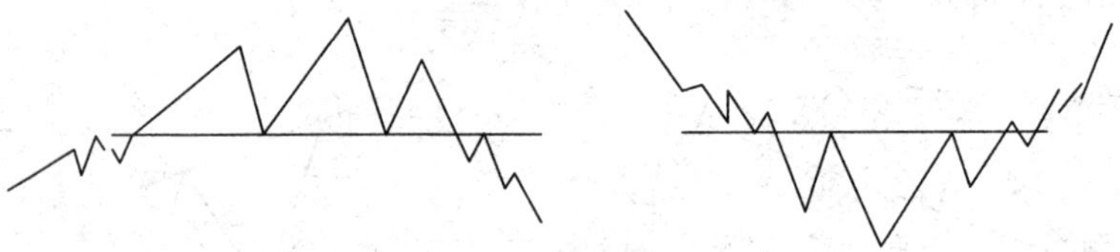

图 3－14 头肩顶和头肩底形态

3. 三重顶（底）。任何头肩型，特别是头部超过肩部不够多时，可称为三重顶（底）型。三重顶型态也和双重顶十分相似，只是多一个顶，且各顶分得很开、很深。成交量在上升期间一次比一次少。三重底则是倒转的三重顶，分析含义一样。三重顶的第三个顶，成交量非常小时，即显示出下跌的征兆，而三重底在第三个底部上升时，成交量大增，即显示出股价具有突破颈线的趋势。三重顶和三重底形态如图 3－15 所示。

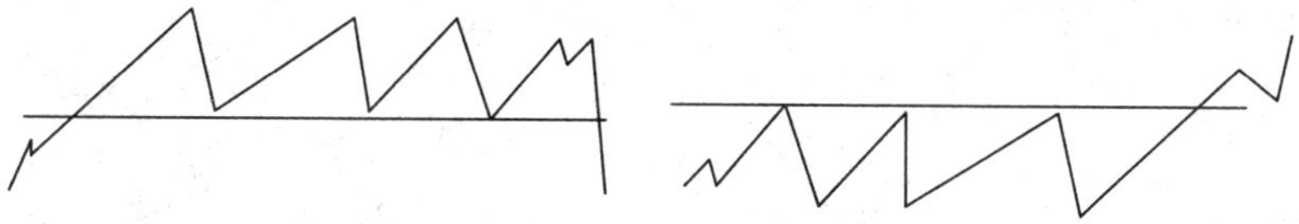

图 3－15 三重顶和三重底形态

4. 对称三角形。成交量在对称三角形成的过程中不断减少，正反映出好淡力量对后市犹疑不决的观望态度，使得市场暂时沉寂。一般情形之下，对称三角形是属于整理型态，即股价会继续原来的趋势移动。对称三角型的最少升幅量度方法是当股价往上突破时，从型态的第一个上升高点开始画一条和底部平等的直线，我们可以预期股价至少会上升到这条线才会遇上阻力。至于股价上升的速度，将会以型态开始之前同样的角度上升。因此我们从这量度方法估计到该股最少升幅的价格水平和所需要的完成时间。形态的最少跌幅，量度方法也是一样。对称三角形如图 3－16 所示。

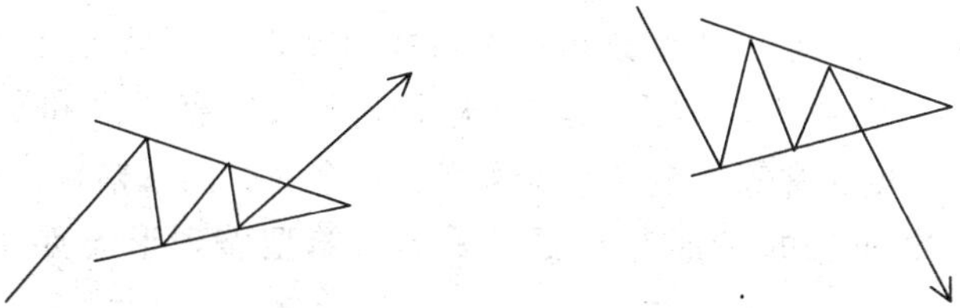

图 3－16 对称三角形形态

5. 上升三角形和下降三角形。上升三角形和下降三角形都属于整理形态。上升三角形在上升过程中出现，暗示有突破的可能，下降三角形正相反。成交量在三角形的形成过程中不断减少，直至突破时才有大成交量配合。上升三角形在突破顶部水平的阻力线时，有一个短期买入讯号，下降三角形在突破下部水平阻力线时有一个短期沽出讯号。但上升三角形在突破时须伴有大成交量，而下降三角表突破时不必有大成交量来证实。值得一提时，此二型态虽属于整理形态，有一般向上向下规律性，但亦有可能朝相反方向发展。应结合成交量等技术指标相互验证。上升三角形和下降三角形如图 3 – 17 所示。

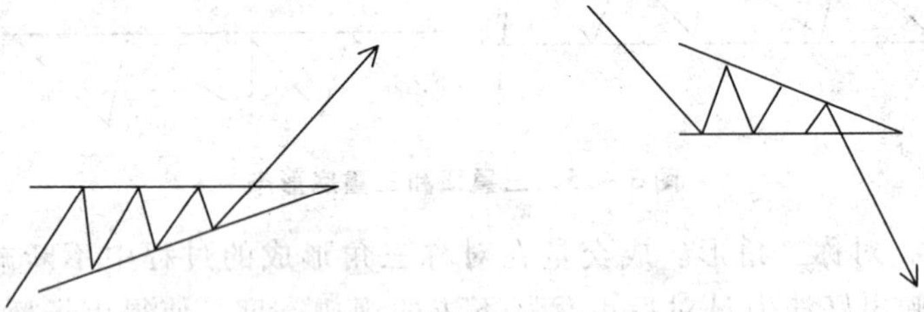

图 3 – 17 上升三角形和下降三角形形态

6. 箱形整理。矩形是股价由一连串在二条水平的上下界线之间变动而成的型态。股价在其范围之内出现上落。价格上升到某水平时遇上阻力，掉头回落，但很快地便获得支持而升，可是回升到上次同一高点时再一次受阻，而挫落到上次低点时则再得到支持。这些短期高点和低点分别以直线连接起来，便可以绘出一条通道，这通道既非上倾，亦非下降，而是平行发展，这就是矩形形态。矩形是整理形态，在升市和跌市中都可能出现，长而窄且成交量小的矩形在原始底部比较常出现。突破了上下限后有买入和卖出的讯号，涨跌幅度通常等于矩形本身宽度。一个高、低波幅较大的矩形，较一个狭窄而长的矩形型态更具威力。箱型整理形态如图 3 – 18 所示。

7. 旗形。旗形走势的型态就像一面挂在旗杆顶上的旗帜，这型态通常在急速而又大幅的市场波动中出现，股价经过一连串紧密的短期波动后，形成一个稍徽与原来趋势呈相反方向倾斜的长方形，这就是旗形走势。旗形走势又可分作上升旗形和下降旗形。旗形是个整理形态。即型态完成后股价将继续原来的趋势方向移动，

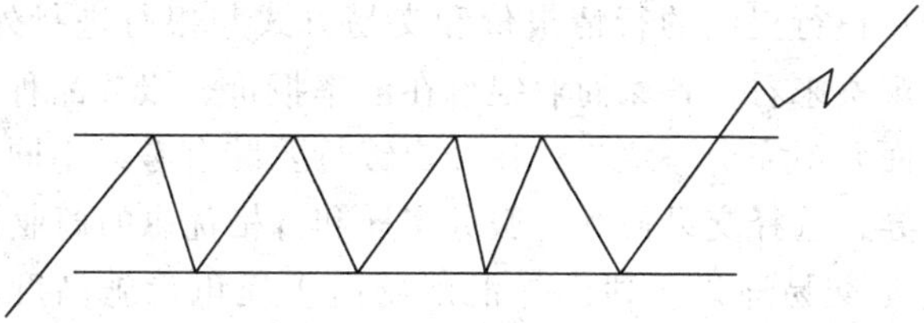

图 3-18 箱型整理形态

上升旗形将有向上突破，而下降旗形则是往下跌破，旗形有一个时间标准，即旗形整理时间一般在 7~14 日左右。突破旗形后，上涨的幅度一般都不会少于旗形之前紧邻旗形的那波行情的空间。旗形形态如图 3-19 所示。

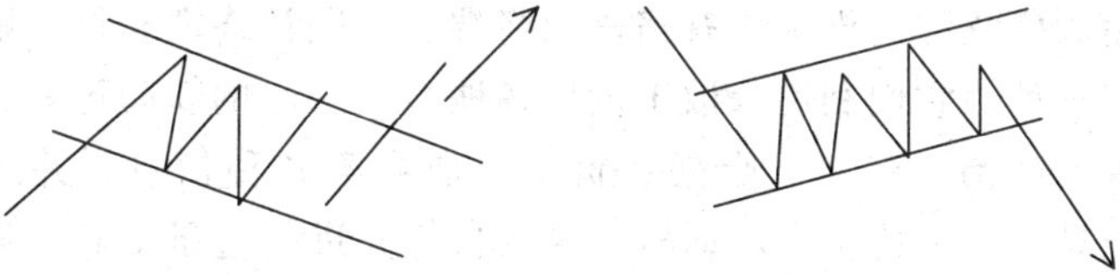

图 3-19 旗形形态

五、外汇投资准备及其交易

目前，中国银行的个人外汇理财产品主要有个人保证金外汇买卖“双向宝”；中国工商银行的个人外汇理财产品主要有个人实盘外汇买卖的“汇市通”和个人外汇理财产品“汇财通”；中国建设银行的个人外汇理财产品主要有将金融衍生工具与传统金融产品相结合的“汇得盈”；中国招商银行的个人外汇理财产品主要有个人实盘外汇买卖“外汇通”；交通银行的个人外汇理财产品主要有外汇实盘买卖“外汇宝”和可以进行双向交易的“满金宝”；中国农业银行的个人外汇理财产品主要有实盘外汇买卖“外汇宝”。凡个人具备一定的外汇储备，在银行开立外汇买卖账户，办理有关交易的手续，即可进行个人外汇买卖，即俗称的“炒汇”。目前，国内银行开办的个人外汇买卖业务均为即期实盘外汇交易，个人外汇交易者按开户银行提供的行情报价和交易方式与银行进行外汇交易。但就实际观察来看，各家商业银行在汇率报价、服务品种及其交易方式等方面并不完全一致。选择开户银行要综合考虑不同银行在服务上的差异，选择交易便利、服务多样和价格优惠的商业银行。

1. 外汇交易通讯手段。外汇市场由于通讯设施高度发达，再加上各国金融市场的紧密连接和交易技术的日益完善，已经发展成为一个高效率的市场。因此，市场上出现任何微小的盈利机会，都会立刻引起资金大规模的实际移动，从而迅速使这种盈利机会消失。在这种情况下，谁最先获得有关能够影响外汇市场供求关系和预期心理的新闻或者消息，谁就有可能趁其他市场参与者尚未了解实情之前立即做出反应并从中获得盈利或者阻止亏损。目前，全世界运用最广泛的通讯手段有路透社终端、美联社终端和德励财经咨询终端三种。它们利用分散于世界各地金融中心的新闻记者，广泛采集有关政治、经济、金融、贸易、证券等各种信息，并通过卫星、交易机、电传机、电话机、录音机等先进的通讯工具，以最快的速度向用户提供服务的信息终端。

2. 汇评。汇评是指对影响汇率未来走势的因素进行分析评价，并对汇率的走势做出预测判断的评论。汇评是分析预测汇率走势的常见载体。建立经济指标综合信息库。网上有不少外汇交易专业网站提供经济数据汇总的信息。汇评信息在网上十分丰富，汇评的种类与风格多种多样。汇评信息库主要有：外汇通银行汇评；环球外汇网汇评；中国外汇超市网汇评；中国外汇论坛网站汇评；中金在线网站汇评；交通银行网站汇评。

3. 建立经济指标综合信息库。提供经济信息的网站主要有：新浪财经；和讯；腾讯财经；网易财经；凤凰财经；搜狐财经；金融界；华讯财经；FX168；汇博资讯；财经日历；外汇通。当然，许多专业的外汇交易软件还会提供经济数据信息。

4. 比较交易价格。即比较各银行所报买卖价的点差，点差越小对交易者越有利。银行报价的原则是低买高卖，即在国际金融市场即时行情的基础上加减一定的点数而成。个人外汇交易业务对于银行来说属于中间业务，银行不收取手续费，其利润来源于买卖价差。因此，点差越大，银行从外汇交易中赚取的利润就越高，对客户显然不利。银行为不同客户提供的报价也不相同，资金量大的客户通常可以拿到较优惠的报价。银行员工可以帮助外汇交易者根据自己的外汇量的大小，比较不同银行的点差来选择本银行开户。

5. 比较服务功能。包括营业时间、可交易的币种以及提供的附加服务等。由于我国与国际主要外汇交易市场存在时差，不同银行在交易时间上可能有所差异，特别是周一的开市时间和周末闭市时间有先有后。提供交易时间长的银行有利于外汇买卖，可以把握的机会相对更多；而在可交易的币种方面，银行可提供的外汇交易币种越多，投资者选择的余地就越大，盈利与减少风险的机会自然也就增多。

6. 比较交易平台。目前外汇交易操作方式有柜台交易、电话交易、终端交易、网上交易等方式。不同银行均有自己的交易平台。交易平台行情的实时性、操作的便利性、界面的友好性、功能是否多样以及交易指令是否完备都是选择开户银行时客户要考虑的因素。

7. 比较辅助服务。如能否及时将买卖收入转到客户的外币储蓄账户或者银行卡上，从而使客户的资金能够及时生息，提高客户的资金效益；能否提供外汇交易资讯和行情分析系统，其内容是否丰富，是否能够满足客户的多种需求；银行是否能够提供经常性的外汇交易讲座、咨询及其沙龙活动。

8. 外汇交易开户。目前国内银行开办的外汇买卖业务为个人实名交易。投资者开立的个人外币存款账户必须与其合法有效的身份证明相一致。居民凭居民身份证、军官证或士兵证；非居民凭有效身份证明（或护照）。国内外汇交易是即期实盘交易，称外汇宝交易。所办的交易账户其实就是外币现钞或现汇存款账户，而且多是一折多币的“一本通”账户，即本外币存款、现钞现汇一折通用。投资者还可以办理借记卡。

9. 交易。投资者个人以实时报价完成外汇买卖交易，成交汇率为当前市场汇率。交易者只需要输入买卖的币种、交易的金额、然后确定交易即可。系统自动按即时行情成交。委托买卖：交易者自行设定交易汇率，当市场汇率的变动达到交易者设定的价位范围时成交。有些交易平台中又称委托买卖为挂单交易或者挂单委托。常见的委托买卖有获利委托、止损委托、双向委托和追加委托。其中，获利委托是委托较市场好的汇价，当市场汇率达到指定价位时按市场汇率完成交易；止损交易是委托较市场差的汇价，当市场汇率达到指定价位时按照市场汇率成交；双向委托由获利委托和止损委托两部分组成，即该委托可以同设获利价与止损价，当市场汇率达到指定价位，委托的一半将被执行，同时，剩余部分的委托将被取消；追加委托是一种假设原委托已经完成的委托，在与其相关联的原委托成交后随即生效并投放市场，其交易方向与原委托的交易方向相反，卖出金额为原委托的买入金额，而原委托可以是获利委托、止损委托，追加的委托也可以是获利委托与止损委托。

投资者可以进行外汇交易账户明细查询：查询当日成交明细、历史成交明细、委托明细以及账户余额情况。

第四章　股票投资理财

股票被称作智者游戏，其中变幻莫测，风险、刺激与高额的利润回报并存，是一种勇敢者的游戏。近来经济持续减速，股市持续震荡下跌，许多投资者一直在期待中央放松货币救市。但央行几次降低存款准备金率和基准利率，都没有引发股市反弹。最根本的原因就是市场担心经济形势和上市公司盈利继续恶化。根据数据统计，从 1993 - 2012 年，过去 20 年新股发行市盈率经历了 3 个大的阶段：1993 - 1998 年 6 年市盈率只有 10 ~ 14 倍；2002 - 2008 年 7 年市盈率 17 ~ 29 倍；2009 年起在新股发行急剧扩张的同时新股发行市盈率也在急剧提高，2009 至 2011 年分别高达 53、59 和 46 倍左右，许多新股市盈率甚至高达 70、80 倍甚至上百倍。今年以来新股发行市盈率明显回落，但依然高达 30 倍以上。这样高的市盈率转嫁到二级市场，给二级市场带来了极大的风险，是二级市场很多年都难以消化的。其直接后果就是二级市场只能靠持续震荡下跌来消化这些风险。

截至 2011 年初，沪、深交易所上市公司 2063 家，总市值 26. 54 万亿元，流通市值 19. 31 万亿元，分别较 2005 年底增长 0. 5 倍、7. 2 倍和 17. 2 倍；投资者开户数 1. 89 亿户，较 2005 年底增长 1. 6 倍；证券业机构总资产 2. 05 万亿元，较 2005 年底增长 3. 36 倍，机构抗风险能力明显提升。中国股民数量逐年攀升，截至 2011 年 3 月，深市 A 股开户数为 2327 万户，其中个人账户 23158 万户，机构账户 114 万户。上海证券交易所个人账户数为 227223 万户，机构账户 755 万户。随着农民朋友收入的不断增长，会有更多的人走近股票理财。

一、股票投资基础知识准备

（一）股票的主要特征

股票是股份公司在筹集资本时向出资人公开或私下发行的、用以证明出资人的股本身份和权利，并根据持有人所持有的股份数享有权益和承担义务的凭证。股票是一种有价证券，代表着其持有人（股东）对股份公司的所有权，每一股同类型股票所代表的公司所有权是相等的，即“同股同权”。股票可以公开上市，也可以不上市。在股票市场上，股票也是投资和投机的对象。股票作为一种有价证券，具有如下主要特征：

1. 不可偿还性。股票是一种无偿还期限的有价证券，投资者认购了股票后，就不能再要求退股，只能到二级市场卖给第三者。股票的转让只意味着公司股东的改变，并不减少公司资本。从期限上看，只要公司存在，它所发行的股票就存在，股票的期限等于公司存续的期限。

2. 参与性。股东有权出席股东大会，选举公司董事会，参与公司重大决策。股票持有者的投资意志和享有的经济利益，股票通常是通过行使股东参与权来实现的。股东参与公司决策的权利大小，取决于其所持有股份的多少。从实践中看，只要股东持有的股票数量达到左右决策结果所需的实际多数时，就能掌握公司的决策控制权。

3. 收益性。股东凭其持有的股票，有权从公司领取股息或红利，获取投资的收益。股息或红利的大小，主要取决于公司的盈利水平和公司的盈利分配政策。股票的收益性，还表现在股票投资者可以获得价差收入或实现资产保值增值。通过低价买入和高价卖出股票，投资者可以赚取价差利润。

4. 流通性。股票的流通性是指股票在不同投资者之间的可交易性。流通性通常以可流通的股票数量、股票成交量以及股价对交易量的敏感程度来衡量。可流通股数越多，成交量越大，价格对成交量越不敏感（价格不会随着成交量一同变化），股票的流通性就越好，反之就越差。股票的流通，使投资者可以在市场上卖出所持有的股票，取得现金。通过股票的流通和股价的变动，可以看出人们对于相关行业和上市公司的发展前景和盈利潜力的判断。那些在流通市场上吸引大量投资者、股价不断上涨的行业和公司，可以通过增发股票，不断吸收大量资本进入生产经营活动，收到了优化资源配置的效果。

5. 风险性。股票在交易市场上作为交易对象，同商品一样，有自己的市场行情和市场价格。由于股票价格要受到诸如公司经营状况、供求关系、银行利率、大众心理等多种因素的影响，其波动有很大的不确定性。正是这种不确定性，有可能使股票投资者遭受损失。价格波动的不确定性越大，投资风险也越大。因此，股票是一种高风险的金融产品。

（二）股票投资种类

1. 按发行范围分类。我国上市公司的股票有 A 股、B 股、H 股、N 股和 S 股等的区分。这一区分主要依据股票的上市地点和所面对的投资者而定。

A 股的正式名称是人民币普通股票。它是由我国境内的公司发行，供境内机构、组织或个人（不含台、港、澳投资者）以人民币认购和交易的普通股股票。

B 股的正式名称是人民币特种股票。它是以人民币标明面值，以外币认购和买卖，在境内（上海、深圳）证券交易所上市交易的。它的投资人限于外国的自然人、法人和其他组织，香港、澳门、台湾地区的自然人、法人和其他组织，定居在国外的中国公民，中国证监会规定的其他投资人。现阶段 B 股的投资人，主要是上述几类中的机构投资者。B 股公司的注册地和上市地都在境内，只不过投资者在境外或在中国香港、澳门及台湾。

H 股，即注册地在内地、上市地在香港的外资股。香港的英文是 Hong Kong，取其字首，在港上市外资股就叫做 H 股。依此类推，纽约的第一个英文字母是 N，新加坡的第一个英文字母是 S，纽约和新加坡上市的股票就分别叫做 N 股和 S 股。

2. 按投资主体分类。据投资主体的不同，股权设置有四种形式：国家股、法人股、个人股、外资股。

国家股是指以国有资产向有限公司投资形成的股权。国家股股权，也包含国有企业向股份有限公司形式改制变更时，现有国有资产折成的股份。

法人股是企业法人以其依法可支配的资产向公司投资形成的股份，或具有法人资格的事业单位和社会团体以国家允许用于经营的资产向公司投资形成的股份。

公民个人以自己的合法财产投资于股份制企业的股份。在中国，有两种：一种是股份制企业内部职工认购本企业的股份，称为“职工股”；另一种是股份制企业向社会公众招募的个人股，这种个人股又称为“私人股”。

外资股是指股份公司向外国和我国香港、澳门、台湾地区投资者发行的股票。它是我国股份公司吸收外资的一种方式。外资股按上市地域可以分为境内上市外资股和境外上市外资股。

3. 按股东的权利分类。按股东的权利可分为普通股、优先股及两者的混合等多种。普通股的收益完全依赖公司盈利的多少，因此风险较大，但享有优先认股、盈余分配、参与经营表决、股票自由转让等权利。优先股享有优先领取股息和优先得到清偿等优先权利，但股息是事先确定好的，不因公司盈利多少而变化，一般没有投票及表决权，而且公司有权在必要的时间收回。优先股还分为参与优先和非参与优先、积累与非积累、可转换与不可转换、可回收与不可回收等几大类。

4. 按股票票面形式分类。记名股股票在发行时，票面上记载有股东的姓名，并记载于公司的股东名册上。记名股票的特点就是除持有者和其正式的委托代理人或合法继承人、受赠人外，任何人都不能行使其股权。另外，记名股票不能任意转让，转让时，既要将受让人的姓名、住址分别记载于股票票面，还要在公司的股东名册上办理过户手续，否则转让不能生效。显然这种股票有安全、不怕遗失的优点，但转让手续繁琐。这种股票如需要私自转让，例如发生继承和赠予等行为时，必须在转让行为发生后立即办理过户等手续。

无记名股在股票上不记载股东的姓名。其持有者可自行转让股票，任何人一旦持有便享有股东的权利，无须再通过其他方式、途径证明有自己的股东资格。这种股票转让手续简便，但也应该通过证券市场的合法交易实现转让。

面值股有票面金额股票，简称金额股票或面额股票，是指在股票票面上记载一定的金额，股票交易如每股人民币 100 元、200 元等。金额股票给股票定了一个票面价值，这样就可以很容易地确定每一股份在该股份公司中所占的比例。

无面值股也称比例股票或无面额股票。股票发行时无票面价值记载，仅表明每股占资本总额的比例。其价值随公司财产的增减而增减。因此，这种股票的内在价值总是处于变动状态。这种股票最大的优点就是避免了公司实际资产与票面资产的背离，因为股票的面值往往是徒有虚名，人们关心的不是股票面值，而是股票价格。发行这种股票对公司管理、财务核算、法律责任等方面要求极高，因此只有在美国比较流行，而不少国家根本不允许发行。

（三）股票投资所涉及的相关费用

我国的证券投资者在委托买卖证券时应支付各种费用和税收，这些费用按收取机构可分为证券商费用、交易场所费用和国家税收。

投资者在我国券商交易上交所和深交所挂牌的 A 股时，需交纳的各项费用主要有：委托费、佣金、印花税、过户费等。

委托费，这笔费用主要用于支付通讯等方面的开支。一般按笔计算，交易上海股票时，上海本地券商按每笔 1 元收费，异地券商按每笔 5 元收费；交易深圳股票时，券商按 1 元收费。

佣金，这是投资者在委托买卖成交后所需支付给券商的费用。

上海股票及深圳股票均按实际成交金额的1‰向券商支付，上海股票、深圳股票成交佣金起点为5元，大宗交易可适当降低。

印花税，投资者在卖出成交后支付给财税部门的税收。上海股票及深圳股票均按实际成交金额的1‰支付，此税收由券商代扣后由交易所统一代缴。

过户费，这是指股票成交后，更换户名所需支付的费用。由于我国两家交易所不同的运作方式，上海股票采取的是“中央登记、统一托管”，所以此费用只在投资者进行上海股票支付此费用，深股交易时无此费用。此费用按成交股票数量（以每股为单位）的1‰支付，不足1元按1元收。

转托管费，这是办理深圳股票、基金转托管业务时所支付的费用。此费用按户计算，每户办理转托管时需向转出方券商支付30元。

（四）股票投资相关的机构

1. 证券公司。证券公司又称证券商，是指依照公司法规定和经国务院监督管理机构批准从事证券经营业务的有限责任公司或股份有限公司。证券公司的主要业务有证券承销、经纪、自营、投资咨询以及购并、受托资产管理和基金管理等。证券公司一般分为综合类证券公司和经纪类证券公司。

2. 证券服务机构。证券服务机构是指依法设立的从事证券服务业务的法人机构，主要包括证券登记结算公司、证券投资咨询公司、会计师事务所、资产评估机构、律师事务所和证券信用评级机构等。

3. 证券交易所。根据我国证券法的规定，证券交易所是提供证券集中竞价交易场所、不以营利为目的的法人。其主要职责有：提供交易场所与设施；制定交易规则；监管在该交易所上市的证券以及会员交易行为的合规性、合法性，确保市场的公开、公平和公正。

4. 证券业协会。证券业协会是证券业的自律性组织，是社会团体法人。证券业协会的权力机构为由全体会员组成的会员大会。

根据我国证券法的规定，证券公司应当加入证券业协会。证券业协会应当履行协助证券监督管理机构组织会员执行有关法律，维护会员的合法权益，为会员提供信息服务，制定规则，组织培训和开展业务交流，调解纠纷，就证券业的发展开展研究，监督、检查会员行为及证券监督管理机构赋予的其他职责。

5. 证券监管机构。在我国，证券监管机构是指中国证券监督管理委员会（简称“中国证监会”）及其派出机构。中国证监会是国务院直属的证券管理监督机构，按照国务院授权和依照相关法律法规对证券市场进行集中、统一监管。它的主要职责是：负责行业性法规的起草，负责监督有关法律法规的执行，负责保护投资者的合法权益，对全国的证券发行、证券交易、中介机构的行为等依法实施全面监管，维持公平而有序的证券市场。

（五）股价指数

1. 上证综合指数。上海证券交易所从 1991 年 7 月 15 日起编制并公布上海证券交易所股价指数，它以 1990 年 12 月 19 日为基期，以全部上市股票为样本，以股票发行量为权数，按加权平均法计算。

随着上市股票品种逐渐增加，上海证券交易所在这一综合指数的基础上，从 1992 年 2 月起分别公布 A 股指数和 B 股指数；从 1993 年 5 月 3 日起正式公布工业、商业、地产业、公用事业和综合五大类分类股价指数。其中上证 A 股指数以 1990 年 12 月 19 日为基期，上证 B 股指数以 1992 年 2 月 21 日为基期，分别以全部上市的 A 股和 B 股为样本，以发行量为权数进行加权计算。上证分类指数以 1993 年 5 月 1 日为基期，按同样方法计算。

2. 深证综合指数。深圳证券交易所综合指数包括：深证综合指数、深证 A 股指数和深证 B 股指数。它们分别以在深圳证券交易所上市的全部股票、全部 A 股、全部 B 股为样本股，以 1991 年 4 月 3 日为综合指数和 A 股指数的基期，以 1992 年 2 月 28 日为 B 股指数的基期，基期指数定为 100，以指数股计算日股份数为权数进行加权平均计算。当有新股票上市时，在其上市后当天纳入指数计算。

3. 上证成份股指数。上证成份股指数，简称上证180指数。上证成份股指数的样本股共有180只股票，选择样本股的标准是遵循规模（总市值、流通市值）、流动性（成交金额、换手率）、行业代表性三项指标，即选取规模较大、流动性较好且具有行业代表性的股票作为样本。上证180指数是1996年7月1日起正式发布的上证30指数的延续，从2002年7月1日起正式发布，基点为2002年6月28日上证30指数的收盘点数3299.05点。

4. 上证50指数。上海证券交易所发布了上证50指数，以2003年12月31日为基日，以该日50只成份股的调整市值为基期，基期指数定为1000点。上证50指数采用派许加权方法，按照样本股的调整股本数为权数进行加权计算。

5. 深证成份股指数。深证成份股指数由深圳证券交易所编制，通过对所有在深圳证券交易所上市的公司进行考察，按一定标准选出40家有代表性的上市公司作为成份股，以成份股的可流通股数为权数，采用加权平均法编制而成。深证成份股指数包括深证成份指数、成份A股指数、成份B股指数等。成份股指数以1994年7月20日为基日，基日指数为1000点。

深圳证券交易所选取成份股的一般原则是：有一定的上市交易时间；有一定的上市规模，以每家公司一段时期内的平均可流通股市值和平均总市值作为衡量标准；交易活跃，以每家公司一段时期内的总成交金额和换手率作为衡量标准。

6. 深证100指数。深圳证券信息有限公司于2003年初发布深证100指数。深证100指数成份股的选取主要考察A股上市公司流通市值和成交金额两项指标，从在深交所上市的股票中选取100只A股作为成份股，以成份股的可流通A股数为权数，采用派许综合法编制。根据市场动态跟踪和成份股稳定性原则，深证100指数将每半年调整一次成份股。深证100指数以2002年12月31日为基准日，基准指数定为1000点，从2003年第一个交易日开始编制和发布。

每个交易日集合竞价开市后用成份股的开市价计算开市指数，其后在交易时间内用成份股的实时成交价计算实时指数，收市后用成份股的收市价计算收市指数。成份股当日无成交的，取上一交易日收市价。成份股暂停交易的，取最近成交价。根据不同情况，在开市前对指数实时计算公式中的有关数据项分别或同时进行调整。

（六）股票交易时间

交易日：周一至周五（法定节日除外）9:15 至 9:25 集合竞价，9:30 至 11:30 前市，连续竞价，13:00 至 15:00 后市，连续竞价（14:57 至 15:00 深圳为收盘集合竞价）。

大宗交易的交易时间为本所交易日的 15:00 至 15:30，本所在上述时间内受理大宗交易申报。大宗交易用户可在交易日的 14:30 至 15:00 登陆本所大宗交易电子系统，进行开始前的准备工作；大宗交易用户可在交易日的 15:30 - 16:00 通过本所大宗交易电子系统查询当天大宗交易情况或接收当天成交数据。

二、股票买卖基本程序

（一）开户

新股民欲进入股市，首先要开设两个账户（卡）一个是交易所发行的、用以存放股票的股票账户（卡），另一个是券商发放的、用于存放资金的资金账户（卡）。股票账户是投资者进入市场的通行证，只有拥有它，才能进场买卖证券。股票账户是投资者进入市场的通行证，只有拥有它，才能进场买卖证券。股票账户在深圳又叫股东代码卡和股东卡。同时，股民的资金也不是买股票时就交给券商，卖出后就立即提走，一般也是存放在券商处，所以股民还需在证券公司开设一个资金账户（卡），以便股民资金的进出和保管。实际上，股票账户（卡）、资金账户（卡）是股民的两种金融资产存在形态，其中资金账户（卡）与银行账户（卡）之间的互动构成“银证转账”；股票账户与资金账户之间的互动关系表现为股民买卖股票的过程。

1. 办理证券账户卡。证券账户是指证券登记机构为了对证券投资行为进行准确、有效的记载，清算、交割而给证券投资者设立的专门账户。每个证券账户配发一个股东代码，每个代码（也就是每一个证券账户的号码）只对应一位投资者。每一笔交易都要将证券账户号码（或称股东代码）连同买卖委托一齐报入证券交易所，证券交易所凭这个号码来识别到底谁持有了、持有多少及何种股票。

证券账户卡是证券登记机构发出的、证明投资者开立了某个证券账户的有效凭证。投资者可凭证券账户卡和本人有效身份证到指定的证券交易营业部门办理证券的交易、分红、派息、登记过户等事宜（股票过户登记随着股票交易成功而自动被证券交易所记录，投资者并不需要在完成交易后专门向某个机构声称自己拥有股权）。

无论是深圳证券账户卡还是上海证券账户卡，一张证券账户卡可以在全国任何一家交易所会员券商处开户，两者所不同的是：深圳证券账户卡可以在多家证券营业部开户并可同时交易；而上海证券账户卡必须办理指定交易，在办理指定交易后只能在指定的一家证券营业部使用，转换证券交易营业部时，还需要办理变更指定交易手续。

投资者如需入市，应事先开立证券账户卡。分别开立上海证券账户卡和深圳证券账户卡。

投资者可以到上海证券中央登记结算公司在各地的开户代理机构处，办理有关申请开立证券账户手续，带齐有效身份证件和复印件。

开户费用：A 股个人纸卡 40 元/户，个人磁卡本地 40 元/户，异地 70 元/户，机构 400 元/户；B 股个人 15 美元/户，机构 75 美元/户。

2. 开设资金账户。资金账户是投资者买卖股票时进行资金清算的账户。这个账户要到证券营业部办理。

目前我国有深圳证券交易所和上海证券交易所两家。投资者买卖证券应直接通过交易所的会员，也就是一般所说的证券公司进行。目前深沪证券交易所的会员有 100 多家，会员所属的证券营业部有3000多家，分布在全国各地。农民朋友可以根据自己的实际情况选择证券营业部。选定证券营业部以后，即可在此家营业部开立账户。投资者开立资金账户要经过以下几个步骤：

第一步，到证券部规定的银行开立一个活期存折（原来已开立的活期存折仍然有效），存入若干人民币作为证券部开设交易账户的保证金。

第二步，带本人身份证（若委托他人代办，代办人还需要带自己的身份证）、证券账户卡、活期存折到自己选定的证券部。

第三步，与证券部签署各一式二份的代理证券交易合约及指定交易协议书。如要办理电话转入、转出保证金，还要与证券部、开户银行三方签署一式三份的证券保证金资助转账系统协议书。

第四步，证券部发给投资者交易账户卡。

第五步：投资者办理网上交易。

3. 开通“银证通”。银证通又称“存折炒股”，是指商业银行的储户以活期存款账户作为证券买卖保证金账户和清算账户，以银行的电话银行系统作为股票交易委托系统，通过证券营业部的席位进入证券交易所买卖证券的业务。

开通“银证通”需要到银行办理相关手续。开户步骤如下：

第一步，银行网点办理开户手续：持本人有效身份证、银行同名储蓄存折（如无，可当场开立）及深沪股东代码卡到已开通“银证通”业务的银行网点办理开户手续。

第二步，填写表格：填写证券委托交易协议书和银券委托协议书。

第三步，设置密码：表格经过校验无误后，当场输入交易密码，并领取协议书客户联。即可查询和委托交易。

（二）账户挂失与销户

农民朋友在上交所买卖证券，如果不慎丢失证券账户卡，必须通过事先指定的一家会员进行委托申报，并由该会员履行清算交收义务。

深圳实行转托管，即深交所投资者可以以同一证券账户在多个证券营业部买入证券，但必须在原买入证券的营业部委托卖出该证券，也就是说，投资者在办理账户挂失和销户时必须在买卖证券的营业部办理挂失转户手续。未办理指定交易的投资者，可选择一家证券营业部办理挂失转户手续。

证券账户挂失转户的流程是：

第一步，向所在证券营业部报失，办理证券账户冻结手续。

第二步，凭证券营业部出具的挂失证明到开户代理机构开立新的证券账户，并在该证券营业部办理新账户的指定交易。

第三步，委托指定交易的证券营业部办理账户挂失转户手续，可以在挂失后的第三个交易日起通过新的证券账户卖出原账户内的证券。

投资者已经办理挂失的证券账户内如还留存内部职工股等证券的，投资者凭上海证券交易所证券账户挂失申请书及身份证件办理原账户的解冻手续，然后再办理转户手续。原挂失证券账户如办理过指定交易，投资者须通过该账户指定的交易的证券营业部办理证券转户手续；如未办理过指定交易，投资者应通过拟转入账户指定交易的证券营业部办理证券转户手续。

如果因各种原因不再使用证券账户，投资者可凭本人身份证和证券账户卡到指定交易的证券营业部办理（未指定的必须先办理指定交易）证券账户销户手续。投资者在办理证券账户销户前，必须卖出该账户中的所有证券。

（三）投资委托

委托是指证券经纪商按股票投资人的委托，代理投资人买卖证券，并从中收取佣金的交易行为。按规定，投资者是不可以直接到证券交易所买卖股票的，必须委托证券公司代理交易，证券公司在证券交易所拥有交易席位。所以，农民朋友，你要炒股，作为投资人，你就是委托人，而有权进行证券交易的证券公司即是受托人。

1. 委托的内容。当委托人向证券商办理委托时，必须详细说明下述内容：买卖股票的名称、买进或卖出、买卖股票的价格。证券交易所对所有的股票和基金都实行涨跌停板制度，其幅度为正负

10%。当股票价格达到 + 10% 时，称为涨停板，价格达到 - 10% 时，否则视为无效委托。有效价格范围就是该支证券最高限价、最低限价之间的所有价位。限价超出此范围的委托为无效委托，系统作自动撤单处理。由于涨停的幅度采用四舍五入的计算方法，处于涨跌停板状态的股价有时会出现 10% 左右的幅度，而不正是 10% 整数，这是正常的。新股上市当天的价格虽然不受 10% 涨跌停板的限制，但要遵守其他一些规则。

2. 委托的方式。委托的方式有四种：柜台递单委托、电话自动委托、电脑自动委托和远程终端委托。柜台递单委托是指带上自己的身份证和账户卡，到已开设资金账户的证券营业部柜台填写买进或卖出股票的委托书，然后由柜台的工作人员审核后执行。电脑自动委托是指在证券营业部大厅的电脑上亲自输入买进或卖出股票的代码、数量和价格，由电脑来执行你的委托指令。电话自动委托就是用电话拨通开设资金账户的证券营业部柜台的电话自动委托系统，用电话上的数字和符号键输入想买进或卖出股票的代码、数量和价格，从而完成买进或卖出指令。远程终端委托就是指通过与证券柜台电脑系统联网的远程终端或互联网下达买进或卖出指令。

除了柜台递单委托方式是由柜台的工作人员确认委托者的身份外，其余 3 种委托方式则是通过委托者的交易密码来确认委托者的身份，所以一定要好好保管自己的交易密码，以免泄露，给自己带来不必要的损失。当确认身份后，便将委托进行合法性的检测，然后按竞价规则，确定成交价，自动撮合成交。不能成交的委托按“价格优先”的原则排队，等候与其后进来的委托成交。当天不能成交的委托自动失效，第二天用以上的方式重新委托。

3. 委托的程序。当你开立证券账户后，并不意味着就马上进行证券买卖，你还必须办事好以下事项：选择一家证券营业部，作为自己买卖证券的代理人，并与它签订指定交易协议、证券买卖代理协议和其他协议，明确双方的责任和权利。签订完协议之后，在你选择的证券营业部开立资金账户，并存入足够的资金，这样你便可开始进行证券买卖了，此时，才意味着投资者和证券经纪商建立了经纪关系。投资者的委托，通常应在规定的交易营业时间内办理。委托一般当天有效，即委托有效期为委托申报开始至当天闭市结束。

如果投资者的委托没有全部成交，投资者的委托仍可继续执行，直到有效期结束。按照投资者的委托要求已经成交的委托，投资者应该对成交结果给予承认，并按期履行交割手续，否则投资者便违约了。在委托未成交之前，投资者有权变更或撤销委托。变更委托，视同重新办理委托。只有在办理上述事项后，投资者才可以正式进行证券交易。

4. 委托的具体要求。出具证件为了保证委托的真实性，防止不法分子扰乱交易秩序，保护投资者权益，多数券商要求投资者递交委托单时出具股票账户和身份证。确认证券代码委托时不要光填写证券名称，还必须准确填写证券代码，所以委托时，必须确认代码。如代码有误，即使名称写对也容易出问题。

委托当日有效一般情况下，一个委托指令的有效期是从委托之时起，到当日交易所营业终了（停盘收市）前的时间内。

5. 委托数量。委托数量为一个交易单位的整数倍，交易单位一般为100股，不接受零股委托。

6. 委托的价格指令。投资者在委托前应权衡利弊，选择市价委托，限价委托和停损价委托这三种委托策略中的一种。

市价委托，市价是最普遍、最容易执行的一种委托指令，即投资者向证券经纪人发出按当时市场价格买卖某种证券的指令。证券经纪人在接到投资指令后立即以当时的市场价格买入或卖出投资者指定数量的某种证券。

限价委托是指投资者要求经纪商在执行委托指令时必须按限定的价格或比限定价格更有利的价格买卖证券。投资者向券商发出买卖某种股票的指令时，不仅提出买卖的数量，而且对买卖的价格做出限定，即在买入股票时，限定一个最高价，只允许券商按其规定的最高或低于最高价的价格成交；在卖出股票时，限定一个最低价，只允许券商按其规定的最低价或高于最低价的价格成交。也就是说，必须以限定价格或低于限定价格买进证券，以限定价格或高于限定价格卖出证券。

如，一份委托单规定购买某公司股票一手，限价每股200元，如当时市价为200元或198元，经纪商当然就可以按单买进；如果当时市价是210元或更高，这张委托单经纪商就不能执行，因为行情不符合要求。卖出也是如此。如果一张出售某公司股票一手的委托单，委托人限价每股100元，如当时市价为100元或101元，当然可以出售；如果当时市价是98元或97元，这笔交易就不能进行，所以，限价就是委托人对某种证券所愿意付出的最高买价或所能接受的最低的卖价，过了这个界限委托单就失效。

7. 撤单。当证券商接受投资者买入股票的委托后，就要按照投资者的要求购买股票，因此，这部分资金就必须锁定在该用途上，即使不能成交，也只有等到第二天该合同自动作废以后，这部分资金才能解冻出来。卖股票时也一样，当证券商接受投资者卖出股票的委托后，就要按照投资者的要求去卖出该股票，因此，这部分股票当天必须被锁定，即使不能成交，也只有等到第二天该合同自动作废以后，这部分股票才能解冻出来。如果投资者在当天要动用被锁定的资金或股票，就必须先通过撤单撤销该委托，才能动用被锁定的资金或股票，如果投资者在完成撤单之前，原来的委托已经成交，就不能撤单。

（四）办理电话委托

1. 电话委托开户手续。

第一步，投资者携本人身份证，证券账户卡，亲自到自己选中的证券营业部柜台办理开户手续，一般证券营业部都开有办理电话委托的转柜。

第二步，在柜台领取电话委托开户申请表，正确填写个人有关资料。然后在券商提供的两份电话委托协议书上签字，交齐证件材料的复印件，待营业员将手续办全，取回自己的证件和一份电话委托交易协议书及操作说明书，这就完成了电话委托开户的全过程。

开立电话委托服务项目的客户一般离券商的营业场所较远，不便每次成交后做交割，这时候客户可以采用系统提供的查询功能来核实自己的资金余额。营业部通常会为客户保留当月的历史交割单，并为客户打印资金、股票交易情况的明细对账单。

2. 电话委托操作方法。客户拨通电话后即可进行委托服务，为节省电话委托系统得资源占用，每项输入等待时间超过5秒，客户仍无按键反应，系统就按超时处理，终止此次服务。

客户通过电话进行委托时，可以采用提前输入功能（即在语音提示未全部讲完时输入要委托的代码、价格或数量），系统在每笔委托的最后都要给客户复述整笔委托单，使客户有最后确认的机会。

同时，对确认的委托单将回复给客户一个委托合同号，依此合同号，客户可以进行当日委托单、也可以进行当日或历史的委托单成交查询。

在委托过程中，客户如发现自己的输入不正确，可以随时挂机，自行中断此次委托。

（五）开办网上委托

网上证券交易是指投资者利用因特网资源获取证券的即时报价、分析市场行情，并通过因特网委托下单，实现实时交易。

网上证券交易是最近几年才发展起来的一种新的交易方式，投资者对其有一个逐渐认识和适应的过程。但随着因特网技术的分速发展，证券电子商务和电脑应用的日益普及，网上证券交易日渐显示其旺盛的生命力和广阔的发展前景。尤其是电脑性能的不断提高、价格的不断下降国家对通讯业的重点投入和国内网络技术的不断提高，因特网出口带宽日益提高、因特网接入方式多种多样、网络接入商日益增多、上网费用逐步降低，加上电脑操作的日益简单化，网上证券交易将在今后得到迅速普及，投资者学习网上证券交易的有关知识十分必要。从我国证券交易手段日益智能化也可看到这一点，先从原来的柜台递单委托逐步发展为电话自动委托、电脑自动委托等，交易智能化程度的提高对投资者把握机会，提高效率均大有裨益。

证券投资者上网查询证券类信息更快、信息量更大、费用成本更低。证券投资制胜很大程度取决于及时、准确、全面地把握各种有效信息。中小投资者由于不能及时、有效地掌握各种信息，在证券投资中往往处于劣势。因特网是一个无限的信息库，汇集着来自新闻媒体，权威机构、研究机构的每日最新财经证券类信息，对证券市场的大势分析及个股研究等。

网上各类证券资讯往往经过了认真筛选和分类，投资者只要上网就能随时随地获得这些有价值的信息，并根据自己的喜好和判断力进行投资决策，就显得更为简单、方便和系统化，再也没有必要听股评、买报纸河道营业部去看行情了，时间成本和费用成本迅速降低。

此外，还可以通过上网参加更多的互动交流，包括与证券投资分析专家的交流和客户之间的交流。互联网的高度交互能力，有效地促进证券投资咨询向专业化、个性化和多元化发展。证券公司可将专家的深度研究产品衍生为咨询产品，通过文字、声音和图像等形式与客户进行交流。客户的特定投资咨询需求也可通过各种方式反馈给证券的研究机构或客户服务中心，个性化服务特征得到有效实现。客户之间及时进行交流，很好地实现了资源信息的共享。

证券交易更加便捷。互联网的无限延伸性有效地突破了证券投资的时空限制，投资者在证券营业部开户并开通网上交易之后，即可足不出户接收证券信息，并直接通过网上实现证券委托下单、资金和股票余额；或者说只要有一台电脑和一条无限上网，或一条电话线，就可以通过当地电话拨号上网进行行情接收和网上交易，并在网上获取成交回报情况。这无疑能够更大程度地把握市场投资机会，增加投资成功的可能性，并取得更为理想的投资回报。网上交易的办理步骤为：

第一步，先到证券公司开户柜台开立股东账户。

第二步，在开户柜台签订网上交易委托协议书，认可风险揭示书。

第三步，由开户柜台为投资者在交易系统中开通网上交易功能。

第四步，由远部为投资者进行网上交易的安装、操作教学演示，教会投资者在自己家的电脑上下载、安装、操作网上交易程序。

第五步，如果自己安装确有困难，远程部将为投资者上门安装。

（六）传递指令

券商接受委托后，立即用电话或电脑与该券商驻交易所的交易员进行联系，传达委托人的指令（电脑自助委托则没有此步骤）。在这一步骤中，券商充当了证券交易所与股民之间的媒介。

（七）报价、竞价与成交

券商的计算机系统接到指令后，即时贮存并编号，以最有利于委托人并能成交的价格进行报价。然后进行各种报价的互相配对即竞价。只要将指令输入计算机终端，通过计算机将报价传入交易所的电脑主机，由主机自动配对交易，一旦成交，就发出信号，通知成交结果。

1. 竞价成交。在证券交易所交易的所有的证券均按照价格优先、时间优先的原则进行竞价成交。所有的买卖申报电脑交易主机按照公平、公正的原则自动撮合成交，并通过交易所的卫星和地面光缆通讯系统，即时将行情向市场公开。

2. 集合竞价。目前，我国上海、深圳证券交易所采用的竞价方式有两种，即集合竞价和连续竞价。所谓集合竞价，就是从交易日每天的9:15开始，投资人可以根据前一天的收盘价和当日股市的预测来输入股票价格，而在这段时间里输入计算机主机的所有价格都是平等的，不需要按照时间优先和价格优先的原则交易，而是按最大成交量的原则来定出股票的价位，这个价位就被称为集合竞价的价位，而这个过程被称为集合竞价。直到9:25分以后，投资人就可以看到证券公司的行情显示屏上各种股票集合竞价的成交价格和数量。有时各种股票因买入人给出的价格低于卖出人给出的价格而不能成交，那么，9:25 分后大盘上该股股票的成交价一栏就是空的。当然，有时有的公司因为要发布消息或召开股东大会而停止交易一段时间，那么集合竞价时该公司股票的成交价一栏也是空的。因为集合竞价是按最大成交量来成交的，所以对于普通股民来说，在集合竞价时间，只要打入的股票价格高于实际的成交价格就可以成交了。所以，通常可以把价格打得高一些，也并没有什么危险，因为所有在集合竞价成交的委托。无论委托价格高低，其成交价均为开盘价。因为普通股民买入股票的数量不会很大，不会影响到该股票集合竞价的价格，只不过此时资金卡上必须有足够的资金。集合竞价成交的四个步骤是：

第一步，确定有效委托。在有涨跌限制的情况下，有效委托是这样确定的：根据该证券上一交易日收盘价以及确定的涨跌幅度来计算当日的最高限价、最低限价。有效价格范围就是该只股票最高限价、最低限价之间的所有价位。限价超出此范围的委托为委托，系统作自动撤单处理。

第二步，选取成交价位。首先，在有效价格范围内选取使所有委托产生最大成交量的价位。如有两个以上这样的价位，则依以下规则选取成交价位：一是高于选取价格的所有买委托和低于选取价格的所有卖委托能够全部成交。二是与选取价格相同的委托的一方必须全部成交。如满足以上条件的价位仍有多个，深市则选取离昨市价最近的价位；沪市则将这几个满足以上条件的价位相加，再除以其个数。

第三步，集中撮合处理。所有的买委托按照委托限价由高到低的顺序排列，限价相同者按照进入系统的时间先后排列；所有的卖委托按委托限价由低到高的顺序排列，限价相同者按照进入系统的时间先后排列。依序逐笔将排在前面的买委托与卖委托配对成交，即按照“价格优先，同等价格下时间优先”的成交顺序依次成交，直至成交条件不满足为止，即不存在限价高于等于成交价的叫买委托或限价低于等于成交价的卖委托。所有成交都以同一成交价成交。

第四步，行情揭示。如该只股票的成交量为零，则将成交价位揭示为开盘价、最近价、最高价、最低价，并揭示出成交量、成交金额。剩余有效委托中，实际的最高叫买价揭示为叫买揭示价，若最高叫买价不存在，则叫买揭示价揭示为空；实际的最低叫卖价揭示为叫卖揭示价，若最低叫卖价不存在，则叫卖揭示价揭示为空。集中竞价中未能成交的委托，自动进入连续竞价。

3. 连续竞价。所谓连续竞价，即是指对申报的每一笔买卖委托，由电脑交易系统按照以下两种情况产生成交价：一是最高买进申报与最低卖出申报相同，则该价格即为成交价格。二是买入申报高于卖出申报时，或卖出申报低于买入申报时，申报在先的价格即为成交价格。

上海、深圳证券交易所在正常交易时间即每周一至周五上午9:30~11:30，下午13:00~15:00时采取连续竞价方式，直至收市。连续竞价期间每一笔买卖委托进入电脑自动撮合系统后，当即判断并进行不同的处理，能成交者予以成交，不能成交着等待机会成交，部分成交者则让剩余部分继续等待，按照我国目前的有关规定，在无撤单的情况下，委托当日有效，若遇到股票停牌期间的委托无效。

（八）清算交割

投资者在委托证券经纪人买卖各种证券之后，就要及时办理证券交割。证券交割时间的长短由证券交易系统的技术先进程度所决定。目前的证券交易多采用计算机联网系统，所以政权交易的时间都比较短，一般在证券成交的当日收盘后即可完成证券交割。

证券清算业务，主要是指在每一营业日中每个证券经营机构成交的证券数量与价款分别予以轧抵，对证券和资金的应收或应付净进行计算的处理过程。在证券交易过程中，当买卖双方达成交易后应在事先约定的时间内履付合约，买方需交付一定款项获得相应价款，这一钱货两清的过程成为交割。

清算交割实际上包含两种情况：其一为证券商与交易所之间的清算交割。证券商一般都必须在证交所所属的清算公司或其委托银行处开设专门清算账户，由清算公司集中清算，并以内部划账、转账等方式交割净余额股票或价额。其二为委托人与证券商之间的清算交割，即买者制服先进而获得股票，卖者交付股票而取得现金。由于委托人已在证券商处开设证券账户与现金账户，故这种清算交割不必由当事人出面进行实物交割，而是由电脑自动完成。

1. 清算与交割的区别。两者最根本的区别在于：清算是对应收应付证券及价款的轧抵计算，其结果是确定应收应付净额，而并不发生财产实际转移；交割是对应收应付净额的交收，发生财产实际转移。

从处理单位来看，清算一般以同一清算期内证券经营机构的每一个交易席位作为清算单位，即每个营业日对证券经营机构的每一个交易席位作一次清算；如果该证券经营机构拥有多个席位，则由证券经营机构再将相应席位清算数据汇总后同结算公司集中办理交割事宜。

2. 交割日期。按交割日期不同，交割可分为五种：一是当日交割，又称 T+0 交割。即买卖双方在成交当天完成付款交割手续，这种方式可以是买卖双方较快地得到股票和现金。在 T+0 交割方式下，投资者买进股票成交后，可以马上卖出；卖出股票成交后，可以马上买进。二是次日交割，也称 T+1 交割。即在成交后的下一个营业日才能办理成交的交割手续。三是例行交割，即买卖双方在成交之后，按照证券交易所的规定或惯例履行付款交割。四是选择交割，即买卖双方自主选择交割日期，这种交割方式通常在场外交易中使用。五是发行日交割，这种交割方式使用于新股发行。

我国目前实行 T+1 的交割制度，农民朋友所查询到的账户上的资金余额及股票均为可用数，不包括因委托买入而冻结的现金余额、因委托卖出而冻结的股票数量当日买入成交的股票数量。但股票卖出成交后的资金会及时存入资金所在的余额中，这部分资金可于当日使用。即当日买进不能当日卖出；当日卖出后资金到账，可于当日再次买进，从差价中获取利润。

三、股票投资基本面分析

(一) 宏观分析

大家都知道，股市是国家经济状况的晴雨表，作为一名股民，要想在股市上大有作为，就必须时刻关注国家大事，关注国家的宏观经济形势。

1. 政治因素。股票市场发生直接或间接影响的政治方面的原因，如国际的政治形势，政治事件，国家之间的关系，重要的政治领导人的变换等等，这些都会对股价产生巨大的、突发性的影响。这也是基本面中应该考虑的一个重要方面。

2. 经济因素。有句话叫“大河有水小河满，大河无水小河干”。经济增长状况是股市基础性因素。经济增长状况决定了股市的方向，走高走低，还是徘徊不前。经济增长状态有丰富的内涵，它不仅包括目前的经济发展水平，也包含经济发展迅速。反映经济增长状态的经济指标数据主要有：国民生产总值增长速度及周期状况，物价指数波动趋势，商品销售总额与市场气度，对外贸易状况，人均国民收入水平及增长状况。

3. 货币政策分析。与股市关系十分密切，它与股市调控政策相似，对股价指数及股市供求关系具有直接影响力。货币利率政策虽然与股市管理政策一样，能直接影响股市供求状况，特别是影响股市资金面状况，利率调低，资金成本较低，盈利相对增加，股价必然随之上涨：反之，利率提高，信用紧缩，资金筹措困难，企业负担加重，股价也因之下跌。

4. 通货膨胀。在通货膨胀时期，市场价格水平上涨，产品按较高的价格出售。这样，企业的名义利润增加，并能减轻企业偿还债务的负担。因此，价格上升对这些企业的股价产生有利影响，但对于需大量依赖原材料的企业来说，原材料价格上升或进口原材料价格因世界通胀而大幅上涨，则会对企业股价产生不利影响。轻微的通胀水平对股市影响有限。

5. 汇率。汇率变动对一国经济的影响是多方面的。一般地说，本国货币升值不利于出口却有利于进口，而乏值正好相反。如果汇率调整对未来经济发展和外贸收支平行利多弊少，人们对经济发展前景看好，股价就会上升，反之，股价就会下跌。

6. 税收。国家对企业的税收政策和证券市场的课税规定往往会影响投资者买卖股票的决策。税种和税率的变化有益于企业的利润分配时，股价就会上升，反之则会下跌。因此，税率的调整一股都会造成股价的波动。

（二）微观分析

1. 公司的概况。包括公司的成立及历史，在社会上的信誉度和知名度，公司主要管理者和经营者的素质及水平，如董事长，总经理的声誉，学识经验和管理能力，公司的组织机构是否健全，管理有无效率，人际关系是否融洽等。

2. 公司的经营特征。公司属于商业企业还是工业生产企业，公司在行业中的地位，产品的性质和结构，销售方式是内销还是外销，技术密集型还是劳动密集型，批量生产还是个别生产，产品的生命周期，在市场上有无替代产品，产品的竞争力，销售能力和销售网络的状况等。

3. 企业经营管理情况。上市公司经营管理状况的好坏与股票的价格成正比，依照各国法律，凡能反映上市公司的收益状况和财务状况的重要指标都必须定期向社会公开，它包括：企业的年收入，利润总额，净利润等。

（三）心理因素分析

人们常说："买股票是买未来"，也就是说，在买股票之前，人们总是预期该种股票的价格将会上涨，所以股票这种商品有着很强的心里因素存在。当大多数人认为股票的价格将要上涨时，它往往要上升很大的幅度，远远超过公司企业效益所能带来的好处。这里面固然有主力拉抬的成为，但和大多数人的从众心里也有很大的关系。

（四）行业因素分析

在宏观经济运行态势良好、速度增长、效益提高的情况下，有些部门的增长与国民生产总值、国内生产总值增长同步，有些部门则高于或低于国民生产总值或国内生产总值的增长。投资者除需了解宏观政治经济背景之外，还需要各行业的一般特征、经营状况和发展前景有进一步的了解，这样才能更好地进行投资决策。各种行业都有其生命周期，一个典型的生命周期包含四个发展阶段：

1. 初创期。在行业的初创期，新行业一般都运用当时最先进或较先进的机器设备和工艺技术。由于技术创新，整个行业成长速度及利润会逐步提高；行业利润的不断提高使得许多新公司加入，参与竞争，只有少数技术精良、实力雄厚的大公司能生存。在行业的初创期，由于竞争激烈，公司利润增长不稳定，造成上市公司股价波动幅度较大，投机性较强。

2. 扩张期。在行业中，少数几个财力雄厚、经营效益较好、技术进步较快的公司垄断了市场，这些公司的销售额、销售收入和营业利润在继续增长，税后利润稳定上升，这时，上市公司股价不断上升。

3. 稳定期。在这个时期，产品的销售额在缓慢上升，但产品价格逐步降低，因而公司利润也不断下降，从而使行业内的公司数逐渐减少。这时，公司股价会由于公司利润下降而缓慢下降。

4. 停滞期。这是行业生命周期的最后阶段，整个行业成长缓慢，或开始衰退。由于竞争激烈，利润微薄，不少行业或产品因过时而遭淘汰。此时，上市公司股价下降，股票投资者由于公司利润下降而缓慢下降。

（五）公司因素分析

1. 公司总体战略分析。首先要考虑公司总体战略的类型及其对公司的定位是否正确。一般而言，投资者最感兴趣的总是那些采取进攻型战略的公司，但投资者需要主义的是并非所有公司都适合进攻型战略。如果公司并不具备进攻型战略所需的内部条件和外部环境在行业中没有明显的竞争优势，仅凭公司领导层的主观冲动和热情而规定的战略则是一中盲动，反而具有更大的风险性，相反，对于防守型和撤退型公司，其投资价值虽不高，但并非完全没有投资价值。采取防守型战略的公司可以为投资者。

2. 公司产品及市场分析。对产品的市场占有状态进行分析可用市场占有率和产品覆盖率来说明。产品市场占有率 = 产品销售量/同种产品的市场销售总量；产品市场覆盖率 = 产品行销地区/同种产品行销地区总数；市场占有率和市场覆盖率都低，表明公司产品前途不佳。

（六）公司财务分析

财务分析的过程是对财务会计信息进行加工利用的过程。信息的使用者不同，其财务分析的目的、重点和运用的方法就不相同。在探讨财务分析的具体方法之前，有必要了解财务分析的目的、要求和类型等。

公司财务分析的基本依据就是财务报表。财务报表主要包括资产负债表、利润表、现金流量表和股东权益变动表。

1. 资产负债表。资产负债表反映股份有限公司在某一定特定日期财务状况的财务报表。它是依据"资产 = 负债 + 股东权益"这个基本平衡公式编制而成，它主要包括三方面内容：上市公司资产及其主要构成；上市公司负债及其主要构成；上市公司股东权益及其构成。资产负债表的格式如表 4－1 所示。农民朋友可以通过资产负债表查看相关项目，分析公司的财务情况。

表 4－1　　×××股份有限公司资产负债表　　单位：元

资产	2011－12－31	2010－12－31	负债和股东权益	2011－12－31	2010－12－31
流动资产			流动负债		
货币资金	15227911967	5469760525	短期借款	308019787	70000000
交易性金融资产		721354	应付票据	500000	
应收账款			应付账款	2721142885	2414353220
其他应收款	470286457	370162383	预收账款	29830433014	9798537485
预付款项	12234994544	6969429991	应付职工薪酬	136561763	17408527
应收票据	5000000		应交税费	－974886522	－356388852

续表

资产	2011－12－31	2010－12－31	负债和股东权益	2011－12－31	2010－12－31
应收账款	467048571	205546112	应付利息	144493457	150512323
应收股利			应付股利		3000000
存货	60098919702	40195618482	其他应付款	2376757582	3173145262
流动资产合计	88504161242	53211238848	1年内到期的费流动负债	3690595000	4244150000
非流动资产			流动负债合计	38233616966	19514717965
发放贷款及垫款	69971107	48076488	非流动负债		
长期应收款			长期借款	20249781839	14048461894
长期股权投资	246459400	45751230	应付债券	4261882637	4252652325
固定资产原值	276185884	236737337	预计非流动负债		2097799
累计折旧	69971107	48076488	递延所得税负债	123893620	141090504
固定资产净值	206214777	188660849	非流动负债合计	24635558096	18444302522
固定资产减值准备			负债合计	62869175061	37959020487
固定资产	206214777	188660849	股东权益		
生产性生物资产			实收资本	3519721100	2452343186
在建工程			资本公积	14282156776	6800167127
无形资产	6501133	1287942	盈余公积金	419702992	251752100
商誉	2667155	2667155	未分配利润	6866618568	4574755187
长期待摊费用	6372063	8410471	外币报表折算差额	37666	348076
股权分置流通权			属于母公司股东权益合计	25088237101	14079365677

续表

资产	2011－12－31	2010－12－31	负债和股东权益	2011－12－31	2010－12－31
递延所得税资产	50960157	109082583	少数股东权益	1873311699	1593776582
非流动资产合计	1326562619	420923899	所有者权益合计	26961548800	15673142260
资产总计	89830723861	53632162747	负债所有者权益合计	89830723861	53632162747

资产负债表的基本结构是“资产＝负债＋所有者权益”。不论公司处于怎样的状态，这个会计平衡式永远是恒等的。左边反映的是公司所拥的资源，右边反映的是公司的不同权利对这些资源的要求。债权人对公司的全部资源又要求权，公司已全部资产对不同债权人承担偿付责任，偿付全部的负债之后，余下的才是所有者权益，即公司的资产净额。在分析资产负债表要素时，我们应首先注意对以下几项重点资产要素进行分析，具体包括：

流动资产分析，分析公司的现金、各种存款、交易性金融资产、各种应收款项、存货等。流动资产比往年提高，说明公司的支付能力与变现能力增强。

持有至到期投资、可供出售的金融资产和长期股权投资分析，主要是分析上市公司一年期以上的投资，如长期持有的债券和股票、基金投资，公司控股、实施多元化经营等。长期投资项目数额的增加，一般表明公司的成长前景看好。

固定资产分析，这是对事物形态资产进行的分析。资产负债表所列的各项固定资产数字，仅表示在持续经营的条件下，各固定资产尚未折旧、折旧的金额并预期于未来各期间陆续收回，因此，我们应该特别注意，折旧、折耗是否合理将直接影响到资产负债表、利润表和其他各种报表的准确性。很明显，少提折旧就会增加当期利润，而多提折旧则会减少当期利润。有些公司常常就此进行处理，调节利润。

无形资产及其商誉分析，主要分析商标权、著作权、土地使用权、非专利技术、专利权和商誉等。对商誉及其他无确指的无形资产一般不予列账，除非商誉是购入或合并时形成的。取得无形资产后，应登记入账并在规定期限内摊销完毕。

其次，要对负债要素进行分析，包括两方面：

流动负债分析，各项流动负债应按实际发生额记账，分析的关键在于要避免遗漏，所有的负债均应在资产负债表中反映出来。

长期负债分析，包括长期借款、应付债券、长期应付款项等。根据长期负债的不同形态分析、了解公司债权人的情况。

最后是股东权益分析，包括股本、资本公积、盈余公积和未分配利润四方面。分析股东权益，主要是了解股东权益中投入资本的不同形态及股权结构，了解股东权益中各要素的优先清偿顺序等。

2. 利润表。利润表是反映股份有限公司在一定期间生产经营成果的财务报表，又称损益表。投资者一般最为关心的是股份公司的获利能力，以及公司股利的分配政策。分析股份公司的获利能力主要看股份公司的利润表。利润表反映的是某股份有限公司当年的净利润的分配情况和年末分配利润的情况。它是依据“收入－费用＝利润”这一平衡公式编制而成的。利润表的格式如表4－2所示。

表4－2　　×××股份有限公司利润表　　单位：元

项　目	2010－12－31	2011－12－31
一、主营业务收入	22986607601	15519901076
营业收入	22986607601	15519901076
二、营业总成本	17767745048	11779030113
营业成本	14524055171	9188230897
营业税金及附加	2536427740	1545959869
销售费用	590781469	462402907
管理费用	456717182	311207518
财务费用	－66172904	－33216446
资产减值损失	－274063610	304445369
公允价值变动收益	－192967	－1152598

续表

项　目	2010-12-31	2011-12-31
投资收益	1632859	97089674
对联营企业和合营企业的投资收益	0	0
三、营业利润	5220302445	3836808040
营业外收入	194737769	196853480
营业外支出	35992752	10376690
非流动资产处置损失	35413	44172
利润总额	5379047462	4023284830
所得税费用	1371320230	979613172
四、净利润	4007727232	3043671658
归属于母公司所有者的利润	3519226529	2238861383
少数股东损益	488500703	804810275

利润表包括两个方面：一是反映公司的收入及费用，说明公司在一定时期内的利润或亏损数额，据以分析公司的经济效益及盈利能力，评价公司的管理业绩；另一部分反映公司财务成果的来源，说明公司的各种利润来源在利润总额中占的比例，以及这些来源之间的相互关系。对利润表进行分析，主要从两方面入手：

收入项目分析。公司通过销售产品、提供劳务取得各项营业收入，也可以将资源提供给他人使用，获取租金与利息等营业外收入。收入的增加，则意味着公司资产的增加或负债的减少。记入收入账的包括当期收讫的现金收入，应收票据或应收账款，以实际收到的金额或账面价值入账。

费用项目分析。要对成本费用的结构与变动趋势进行分析，分析各项费用占营业收入百分比，分析费用结构是否合理，对不合理的费用要查明原因。同时对费用的各个项目进行分析，看看各个项目的增减变动趋势，以此判定公司的管理水平和财务状况，预测公司的发展前景。

3. 现金流量表。现金流量表是反应股份有限公司在一定会计期间现金和现金等价物流入和流出的财务报表。现金流量表的作用主要表现在以下几个方面：

现金流量表可以提供股份公司的现金流量信息，从而有助于报表使用者对公司整体财务状况做出客观评价。在市场经营条件下，经营中的竞争异常激烈，公司要站稳脚跟，不但要想方设法把自己的商品推销出去，更重要的是要及时收回销货款，以便以后的经营活动能够顺利展开。除了经营活动以外，股份公司所从事的筹资和投资活动同样影响着现金流量，从而影响财务状况。如果公司所进行的投资没能取得相应的现金回报，就会对公司的财务状况（如流动性、偿债能力）产生不良影响。

现金流量表可以提供反映股份公司真实的偿债能力。以营运资金为基础编制的财务状况变动表有一定的局限性，因为营运资金是流动资产与流动负债的差额，流动资产中不但包括现金，还包括存货、应收账款等其他流动资产。假定一个公司的现金大幅度减少，应收账款和存货大量增加，这时公司营运资金不一定会减少，反而可能增加，从而给人一种假象，似乎企业的财务状况不错。但如果应收账款和存货的质量有问题，就会误导会计信息使用者。而现金流量信息则可以避免这种缺陷，投资者和债权人通过现金流量表可以对公司的支付能力、偿债能力以及公司对外部资金的需求情况做出更加可靠的判断。

现金流量表可以反应股份公司财务活动的合理性，预测公司未来发展趋势。股份公司各部分现金流量结构合理，现金流入、流出无重大异常波动，说明公司财务状况基本良好。一般说来，股份公司失败的原因及症状可在现金流量表中得到反应。比如，从投资活动流出的现金，筹资活动流入的现金和筹资活动流出的现金（主要是利息支出）中，可以分析企业是否过度扩大经营规模；通过比较当期净利润与当期现金流量，可以评价股份公司产生现金流量的能力是否偏低。

表4－3　　×××股份有限公司现金流量表　　单位：元

项　　目	2010－12－31	2011－12－31
一、经营活动产生的现金流量		
销售商品、提供劳务收到的现金	1221310000	1097690000
收到的税费返还	4610500	3498220
收到的其他与经营活动有关的现金	13034400	13122800
经营活动现金流入小计	1238950000	887277000
购买商品接受劳务支付的现金	888066000	725546000
支付给职工以及为职工支付的现金	94377300	109709000
支付的各项税费	55410200	62701300
支付的其他与经营活动有关的现金	70588800	79152800
经营活动现金流出小计	1108440000	1109270000
经营活动产生的现金流量净额	130508000	16502400
二、投资活动产生的现金流量		
处置固定无形和长期资产收回的现金	848588	3315460
收到其他与活动投资的现金	5689100	11880700
投资活动现金流入小计	6537690	15196200
购建固定资产、无形资产和长期资产支付的现金	186373000	231095000
投资所支付的现金	5876310	19200000
取得子公司及其他营业单位支付的现金净额	547199	
投资活动现金流出小计	192796000	250295000
投资活动产生的现金流量净额	－186259000	－235099000
三、筹资活动产生的现金流量		
取得借款收到的现金	78000000	343000000
收到其他与筹资活动有关的现金	6000000	
筹资活动现金流入小计	84000000	343000000
偿还债务支付的现金	131000000	144300000

续表

项　　目	2010－12－31	2011－12－31
分配股利、利润或偿付利息所支付的现金	32437500	42981100
筹资活动现金流出小计	1307120	187281000
筹资活动产生的现金流量净额	－79437500	155719000
四、现金及现金等价物净增加额		
净利润	124578000	84109200
资产减值准备	3107020	457396
固定资产折旧	48458300	54416100
无形资产摊销	2345210	2736550
处置固定无形和其他长期资产的损失（减：收益）	－134095	－902534
财务费用	12185300	19181600
投资损失（减收益）	－2117680	1604420
递延所得税资产减少	－4108860	－1804810
递延所得税资产增加	－50107	－33154
存货的减少（减增加）	－40548100	－92972300
经营性应收项目的减少	－99511400	－55793000
经营性应付项目的增加	89127300	9063870
其他	－2823080	－3560900
经营活动产生的现金流量净额	130508000	16502400
现金期末余额	395259000	332179000
现金期初余额	530683000	395259000
现金及现金等价物净增加额	－135424000	－63080000

对现金流量表主要从三个方面进行分析：

现金净流量与短期偿债能力的变化。如果本期现金净流量增加，表明公司短期偿债能力增强，财务状况得到改善；反之，则表明公司财务状况比较困难。当然，并不是现金净流量越大越好，如果公司的现金净流量过大，表明公司未能有效利用这部分资金，其实是一种资源浪费。

现金流入量的结构与公司的长期稳定。经营活动是公司的主营业务，这种活动提供的现金流量，可以不断用于投资，再生出新的现金来，来自主营业务的现金流量越多，表明公司发展的稳定性也就越强。公司的投资活动是为闲置资金寻找投资场所，筹资活动则是为经营活动筹集资金，这两种活动所发生的现金流量，都是辅助性的，服务于主营业务的。这一部分的现金流量过大，表明公司财务缺乏稳定性。

投资活动与筹资活动产生的现金流量与公司的未来发展。股民在分析投资活动时，一定要注意分析是对内投资还是对外投资。对内投资的现金流出量增加，意味着固定资产、无形资产等的增加，说明公司正在扩张，这样的公司成长性较好；如果对内投资的现金流量大幅增加，意味着公司正常的经营活动没有能够充分吸纳现有的资金，资金的利用效率有待提高；对外投资的现金流入量大幅增加，意味着公司现有的资金不能满足经营需要，从外部引入了资金；如果对外投资的现金流出量大幅增加，说明公司正在通过非主营业务活动来获取利润。

4. 股东权益变动表。股东权益变动表是反映股份有限公司股东权益的各个组成部分在某一会计期间增减变动及其结果的财务报表。股东权益变动表能够提供股份公司公司股本、资本公积、盈余公积及未分配利润的具体形成来源和分配去向，为投资者和相关利益人判断公司资本是否保值增值，资本形成是否合理提供了重要依据。股东权益变动表的格式如表 4 – 4 所示。

表 4 – 4　　× × ×股份有限公司股东权益变动表　　单位：元

项　目	本年金额				
	股本	资本公积	盈余公积	未分配利润	股东权益合计
一、上年年末余额	300000000	410000000	330000000	129100000	1169100000
加：会计政策变更					
前期差错更正					

续表

项　目	本年金额				
	股本	资本公积	盈余公积	未分配利润	股东权益合计
二、本年年初余额	300000000	410000000	330000000	129100000	1169100000
三、本年增减变动金额（减少以“-”号填列）	10000000	-8600000	30000000	126500000	157900000
（一）净利润				200000000	200000000
（二）直接计入股东权益的利得和损失		1400000			1400000
1. 可供出售金融资产公允价值变动净额		1400000			1400000
2. 权益法下被投资单位其他股东权益变动的影响					
3. 与计入股东权益项目相关的所得税影响					
4. 其他					
上述（一）和（二）小计					
（三）所有者投入和减少资本					
1. 所有者投入资本					
2. 股份支付计入股东权益的金额					
3. 其他					
（四）利润分配			30000000	-73500000	-43500000
1. 提取盈余公积			30000000	-30000000	
2. 对所有者（或股东）的分配				-43500000	-43500000
3. 其他					
（五）股东权益内部结转	10000000	-10000000			
1. 资本公积转增资本（或股本）	10000000	-10000000			
2. 盈余公积转增资本（或股本）					
3. 盈余公积弥补亏损					
4. 其他					
四、本年年末余额	310000000	401400000	360000000	255600000	1327000000

续表

项 目	上年金额				
	股本	资本公积	盈余公积	未分配利润	股东权益合计
一、上年年末余额	（略）	（略）	（略）	（略）	（略）
加：会计政策变更					
前期差错更正					
二、本年年初余额					
三、本年增减变动金额（减少以“－”号填列）					
（一）净利润					
（二）直接计入股东权益的利得和损失					
1．可供出售金融资产公允价值变动净额					
2．权益法下被投资单位其他股东权益变动的影响					
3．与计入股东权益项目相关的所得税影响					
4．其他					
上述（一）和（二）小计					
（三）所有者投入和减少资本					
1．所有者投入资本					
2．股份支付计入股东权益的金额					
3．其他					
（四）利润分配					
1．提取盈余公积					
2. 对所有者（或股东）的分配					
3．其他					
（五）股东权益内部结转					
1．资本公积转增资本（或股本）					

续表

项　目	上年金额				
	股本	资本公积	盈余公积	未分配利润	股东权益合计
2. 盈余公积转增资本（或股本）					
3. 盈余公积弥补亏损					
4. 其他					
四、本年年末余额					

5. 股票投资的常用分析指标。

每股收益这一指标反映企业普通股每股在一年中所赚得的利润。其计算公式为：每股收益 =（税后利润 - 优先股股利）÷发行在外的普通股平均股额。我国目前上市公司发行股票主要为普通股，一般每股面值 1 元，若直接以税后利润除以平均股本总额来计算，此时，这一指标即为“股本净利率”。每股获利额常被用来衡量企业的盈利能力和评估股票投资的风险。应该指出，这一指标往往只用于在同一企业不同时期的纵向比较，以反映企业盈利能力的变动，而很少用于不同企业之间的比较，因为不同企业由于所采用的会计政策的不同会使这一指标产生较大的差异。

所谓的市盈率，就是一个被用来评价股票投资报酬与风险的指标。其计算公式如下：市盈率 = 普通股每股市价 ÷ 每股获利额。将市盈率和每股获利额结合运用，可对股票未来的市价作出一定的估计。

股利发放率这一指标反映企业的股利政策。其计算公式如下：股利发放率 = 每股股利 ÷ 每股获利额。投资者这一指标的评价，很大程度上取决于投资者是作为短期投资还是中长期投资而定。

四、股票投资技术面分析

技术分析是指以市场行为为研究对象，以判断市场趋势并跟随趋势的周期性变化来进行股票及一切金融衍生物交易决策的方法的总和。

（一）技术分析的常用语

开（收）盘价：当天的第一笔（最后一笔）成交价格。最高（低）价：当天的最高（低）成交价。

多（空）头：在一个时期内看好（跌）股市。

高（低）开：当日开盘价在上一日收盘价之上（下）。

套牢：买入股票后，股价大幅下跌，损失严重而不想抛出股票。

割肉：高价买入股票后，被迫低价赔钱卖出。

反转：股价朝原来的相反方向移动，并且将创出新的高点或低点。

均线：在一个时间段里的平均成交价格。

量比：与昨日同时间段的成交连的比值。

超买（卖）：股价已经有较大的升（跌）幅，当前时间不适合买（卖）。

盘整（突破）：股价一段时间内变动幅度小（大）。

（二）技术分析的常用理论

1. 道氏理论。道氏理论断言，股票会随市场的趋势同向变化以反映市场趋势和状况。股票的变化表现为三种趋势：主要趋势、中期趋势及短期趋势。

主要趋势持续一年或以上，大部分股票将随大市上升或下跌，幅度一般超过20%。中期趋势与基本趋势完全相反的方向，持续期超过三星期，幅度为基本趋势的三分之一至三分之二。短期趋势只反映股票价格的短期变化，持续时间不超过6天。

2. 波浪理论。艾略特波浪理论是股票技术分析的一种理论。认为市场走势不断重复一种模式，每一周期由5个上升浪和3个下跌浪组成。艾略特波浪图的格式如图4－1所示。

第一浪：主波浪开始，因为由空转多，多头力量较弱，是5浪中最短的。

第二浪：因为多方力量较弱，市场又被空方打压下跌，但跌不过1浪的低点。

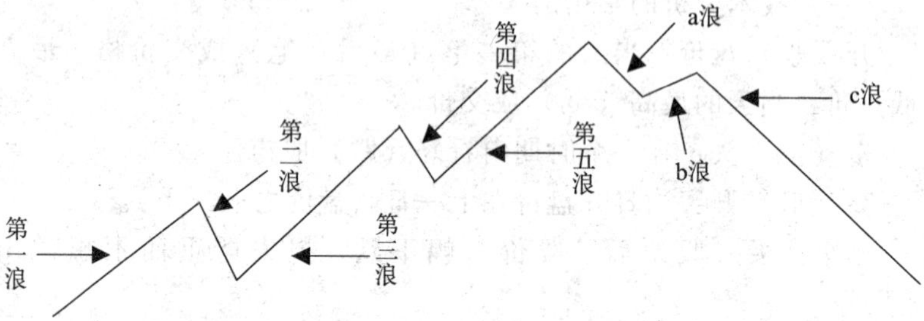

图4－1　艾略特波浪图

第三浪：主波浪最为强劲的一浪，升幅大、持续时间长、量能逐渐放大，买入信号。

第四浪：强势中的回调，回调的幅度不能低于1浪的高点。

第五浪：升幅小于3浪、强势弱于3浪，股价已接近于顶点了。

a浪：多方力量已耗殆尽，由多转空，多头力量较弱，预示着牛市已告结束。

b浪：多方剩余力量在抵抗，市场出现较短的上升行情，但是昙花一现。

c浪：多方最终抵挡不住空方的打压，一段破坏性的下跌浪开始，跌幅较大，其低点可达4浪的低点，趋势开始走坏。

3. 江恩理论。江恩理论认为股票、期货市场里也存在着宇宙中的自然规则，市场的价格运行趋势不是杂乱的，而是可通过数学方法预测的。它的实质就是在看似无序的市场中建立了严格的交易秩序，可以用来发现何时价格会发生回调和将回调到什么价位。通过江恩理论，我们可以比较准确的预测市场价格的走势与波动，成为股市的赢家

（三）技术分析的常见图形

在股票市场技术分析中，图形是最直观的分析工具，要想成为一名成功的投资者，认识图形并根据图形作出投资决策是非常重要的。

1. 线型图。在分析股价的各种图形中，线型图是一种最简单明了而用途广泛的股价走势图。线型图横轴表示交易的时间，纵轴分为上下两部分，上半部分表示股票的成交价格，下半部分表示股票的成交量。线型图的格式如图 4－2 所示。

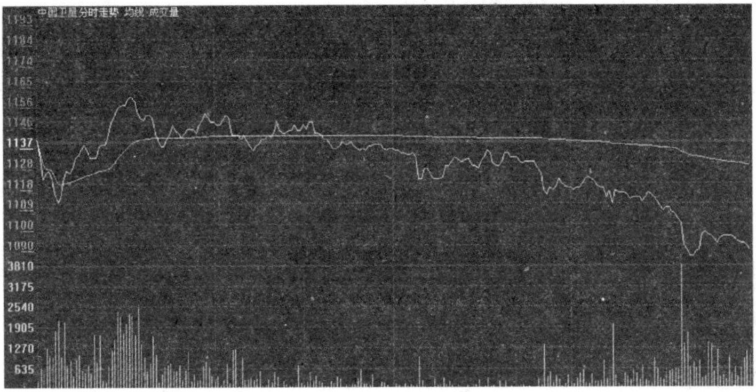

图 4－2 线型图示

由图 4－2 可见，9：30 时，价位 11.38 元，均价 11.35 元，成交量 902 手；13：30 时价位 11.30 元，均价 11.39 元，成交量 63 手。

2. K 线图。股市中经常使用的另一种图标为 K 线图。如图 4－3 所示。

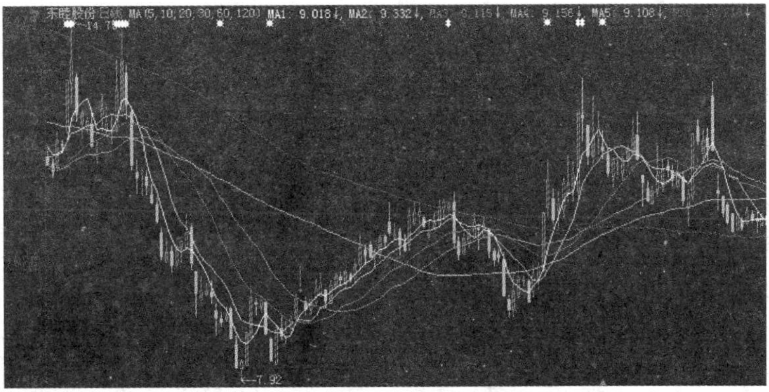

图 4－3 K 线图

通过K线图可以看到任意一个交易日的四个股票价格，即开盘价、最高价、最低价和收盘价。如2012年6月20日，股票的开盘价是10.77元，最高价10.78元，最低价10.36元和收盘价10.41元。

（四）技术分析的常用指标

1. 移动平均线（MA）。移动平均线（MA）是以道·琼斯的“平均成本概念”为理论基础，采用统计学中“移动平均”的原理，将一段时期内的股票价格平均值连成曲线，用来显示股价的历史波动情况，进而反映股价指数未来发展趋势的技术分析方法。它是道氏理论的形象化表述。

黄金交叉以5日移动平均线和10日移动平均线为例，将每日的5日移动平均线相连，得出一条运行曲线。将10日移动平均线相连，得出另一条运行曲线。在底位5日移动平均线上穿10日移动平均线产生的交叉点，叫黄金交叉，这通常就是较好的买入点，即进货点。

死亡交叉以5日移动平均线和10日移动平均线为例，5日移动平均线在高位从上向下穿10日移动平均线，所得到的交叉点叫死亡交叉。死亡交叉出现时，通常是个较好的出货点。意味着明确的离场信号。

2. MACD称为指数平滑异同移动平均线。MACD称为指数平滑异同移动平均线是从双移动平均线发展而来的，由快的移动平均线减去慢的移动平均线。当MACD从负数转向正数，是买的信号。当MACD从正数转向负数，是卖的信号。当MACD以大角度变化，表示快的移动平均线和慢的移动平均线的差距非常迅速的拉开，代表了一个市场大趋势的转变。MACD是Geral Appel于1979年提出的，它是一项利用短期（常用为12日）移动平均线与长期（常用为26日）移动平均线之间的聚合与分离状况，对买进、卖出时机作出研判的技术指标。

（五）K线分析

K线又称日本线，据说起源于200年前的日本，是日本古代米市场计算米价每日涨跌所使用的分析方法，后来才应用股票市场上。经过上百年的运用和变更，目前已形成了一套完善的K线分析理论。技术分析中的重要流派—K线派就是专门以研究K线的形状和组合为基础而形成的。

股票市场上，买方和卖方永远是站在对立的两边，K线就是将买卖双方实战结果即买方与卖方力量的增减和转化过程，用图形表示出来。一条K线记录的是某一种股票一天价格变动的情况。如果把每天的K线按时间顺序排列在一起，就构成了这个股票上市以来每天价格变动的K线图，看起来一目了然。

1. K线的基本种类。根据K线的计算周期可将其分为日K线、周K线、月K线和年K线。周K线是指以周一的开盘价，周五的收盘价，全周最高价和全周最低价来画的K线图。月K线则以一个月的第一个交易日的开盘价，最后一个交易日的收盘价和全月最高价与全月最低价来画的K线图，同理可以推得年K线定义。周K线，月K线常用于研判中期行情。对于短线操作者来说，众多分析软件提供的5分钟K线、15分钟K线、30分钟K线和60分钟K线也具有重要的参考价值。

根据开盘价与收盘价的波动范围，可将K线分为极阴、极阳，小阴、小阳，中阴中阳和大阴、大阳等线型。极阴线和极阳线的波动范围在0.5%左右；小阴线和小阳线的波动范围一般在0.6%～1.5%；中阴线和中阳线的波动范围一般在1.6%～3.5%；大阴线和大阳线的波动范围在3.6%以上。

2. 典型的单个K线。大阳线表示最高价与收盘价相同，最低价与开盘价一样。上下没有影线。从一开盘，买方就积极进攻，中间也可能出现买方与卖方的斗争，但买方发挥最大力量，一直到收盘。买方始终占优势，使价格一路上扬，直至收盘。表示强烈的涨势，股市呈现高潮，买方疯狂涌进，不限价买进。握有股票者，因看到买气的旺盛，不愿抛售，出现供不应求的状况。

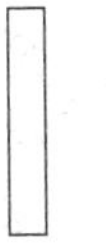

大阴线表示最高价与开盘价相同，最低价与收盘价一样。上下

没有影线。从一开始，卖方就占优势。股市处于低潮。握有股票者不限价疯狂抛出，造成恐慌心理。市场呈一面倒，直到收盘、价格始终下跌，表示强烈的跌势。

先跌后涨型这是一种带下影线的红实体。最高价与收盘价相同，开盘后，卖气较足，价格下跌。但在低价位上得到买方的支撑，卖方受挫，价格向上推过开盘价，一路上扬，直至收盘，收在最高价上。总体来讲，出现先跌后涨型，买方力量较大，但实体部分与下影线长短不同，买方与卖方力量对比不同。实体部分比下影线长。价位下跌不多，即受到买方支撑，价格上推。破了开盘价之后，还大幅度推进，买方实力很大。实体部分与下影线相等，买卖双方交战激烈，但大体上，买方占主导地位，对买方有利。实体部分比下影线短。买卖双方在低价位上发生激战。遇买方支撑逐步将价位上推。但从图中可发现，上面实体部分较小，说明买方所占据的优势不太大，如卖方次日全力反攻，则买方的实体很容易被攻占。

下跌抵抗型这是一种带下影线的黑实体，开盘价是最高价。一开盘卖方力量就特别大，价位一种下跌，但在低价位上遇到买方的支撑。后市可能会反弹。实体部分比影线长卖压比较大，一开盘，大幅度下压，在低点遇到买方抵抗，买方与卖方发生激战，影线部分较短，说明买方把价位上推不多，从总体上看，卖方占了比较大的优势。实体部分与影线同长表示卖方把价位下压后，买方的抵抗也在增加，但可以看出，卖方仍占优势。实体部分比影线短卖方把价位一路压低，在低价位上，遇到买方顽强抵抗并组织反击，逐渐把价位上推，最后虽以黑棒收盘，但可以看出卖方只占极少的优势。后市很可能买方会全力反攻，把小黑实体全部吃掉。

上升阻力这是一种带上影线的红实体。开盘价即最低价。一开盘买方强盛，价位一路上推，但在高价位遇卖方压力，使股价上升受阻。卖方与买方交战结果为买方略胜一筹。具体情况仍应观察实体与影线的长短。红实体比影线长，表示买方在高价位是遇到阻力，部分多头获利回吐。但买方仍是市场的主导力量，后市继续看涨。实体与影线同长，买方把价位上推，但卖方压力也在增加。二者交战结果，卖方把价位压回一半，买方虽占优势。但显然不如其优势大。实体比影线短。在高价位遇卖方的压力、卖方全面反击，买方受到严重考验。大多短线投资者纷纷获利回吐，在当日交战结束后，卖方已收回大部分失地。买方一块小小的堡垒（实体部分）将很快被消灭，这种K线如出现在高价区，则后市看跌。

先涨后跌型这是一种带上影线的黑实体。收盘价即是最低价。一开盘，买方与卖方进行交战。买方占上风，价格一路上升。但在高价位遇卖压阻力，卖方组织力量反攻，买方节节败退，最后在最低价收盘，卖方占优势，并充分发挥力量，使买方陷入“套牢”的困境。黑实体比影线长表示买方把价位上推不多，立即遇到卖方强有力的反击，把价位压破开盘价后乘胜追击，再把价位下推很大的一段。卖方力量特别强大，局势对卖方有利。黑实体与影线相等买方把价位上推；但卖方力量更强，占据主动地位。卖方具有优势。黑实体比影线短卖方虽将价格下压，但优势较少，明日入市，买方力量可能再次反攻，黑实体很可能被攻占。

反转试探型这是一种上下都带影线的红实体。开盘后价位下跌，遇买方支撑，双方争斗之后，买方增强，价格一路上推，临收盘前，部分买者获利回吐，在最高价之下收盘。这是一种反转信号。如在大涨之后出现，表示高档震荡，如成交量大增，后市可能会下跌。如在大跌后出现，后市可能会反弹。上影线长于下影线之红实体：又分为：影线部分长于红实体表示买方力量受挫折。红实体长于影线部分表示买方虽受挫折，但仍占优势。下影线长于上影线之红实体：亦可分为：红实体长于影线部分表示买方虽受挫折，仍居于主动地位。影线部分长于红实体表示买方尚需接受考验。

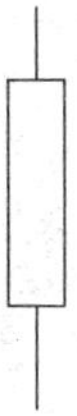

弹升试探型这是一种上下都带影线的黑实体，在交易过程中，股价在开盘后，有时会力争上游，随着卖方力量的增加，买方不

愿追逐高价，卖方渐居主动，股价逆转，在开盘价下交易，股价下跌。在低价位遇买方支撑，买气转强，不至于以最低价收盘。有时股价在上半场以低于开盘价成交，下半场买意增强，股价回至高于开盘价成交，临收盘前卖方又占优势，而以低于开盘价之价格收盘。这也是一种反转试探。如在大跌之后出现，表示低档承接，行情可能反弹。如大涨之后出现，后市可能下跌。

十字线型这是一种只有上下影线，没有实体的图形。开盘价即是收盘价，表示在交易中，股价出现高于或低于开盘价成交，但收盘价与开盘价相等。买方与卖方几乎势均力敌其中：上影线越长，表示卖压越重。下影线越长，表示买方旺盛。上下影线看似等长的十字线，可称为转机线，在高价位或低价位，意味着出现反转。

（六）股票投资常用 K 线图形解析

1. 舍子线。舍子线是指股票在下跌行情中，调控出现十字线，这暗示着筑底已经完成，为反弹之应兆。由此可从舍子线的图形上来判断股票的买卖时机。

卖出信号。从图 4 –4 可以看出：股价连续拉出几根阳线后，跳空上涨形成一条十字线，又跳空拉出一根阴线，表明买方力量已不能使股价继续上涨，股票行情即将暴跌，投资者应卖出股票。

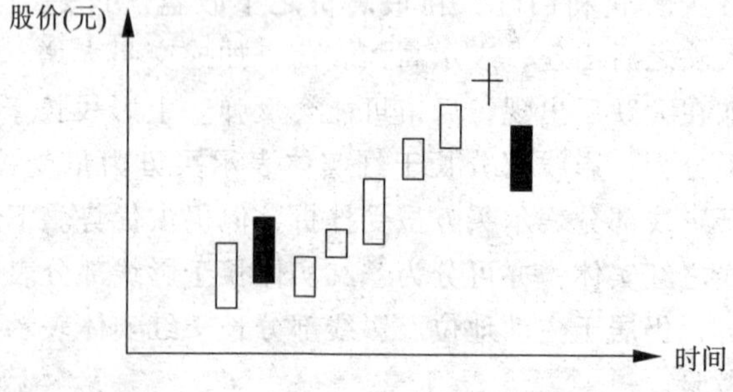

图 4 –4　舍子线 1

买进信号。从图 4 –5 可以看出：股市在下跌的行情中，跳空出现十字线，又跳空拉出一根大阳线，显示买方力量将使股价向上反弹，投资者应抓紧时机，买进股票。

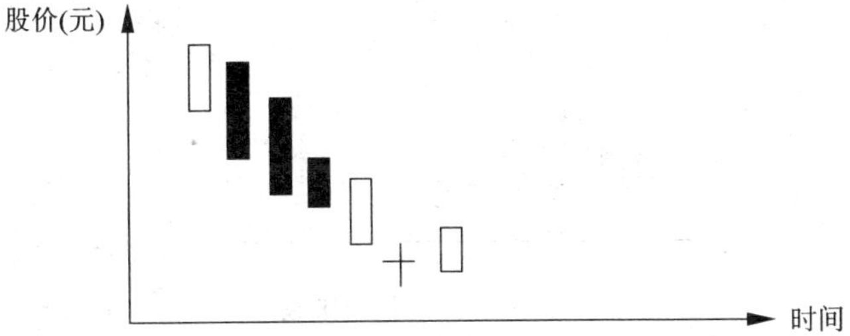

图 4－5　舍子线 2

2. 反弹线。反弹线是指在低价圈内，行情出现长长的下影时，往往即为买进时机，出现买进信号之后，投资人即可买进，或为了安全起见，可待行情反弹回升之后买进，此时若无重大利空出现，股价必定反弹。反弹线如图 4－6 所示。

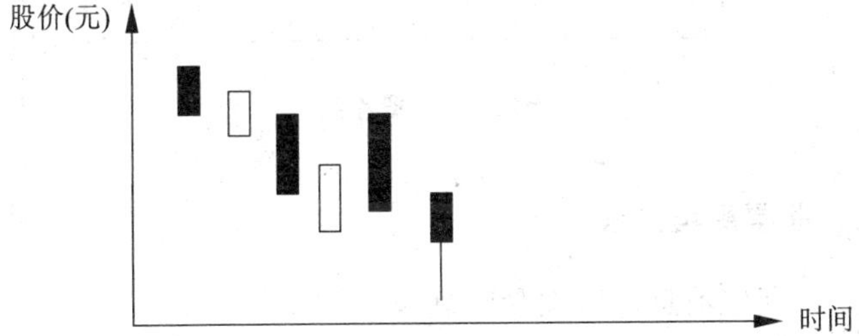

图 4－6　反弹线

3. 三根大阳线。三根大阳线的出现往往预示着股票的价格即将下跌，从图 4－7 可以看出股价连续拉出三根大阳线后，买方力量逐渐衰竭，在第四天拉出一根带有上影线的阴线，表明股票价格将持续下跌，投资者应尽快卖出该持有股票。

4. 覆盖线。覆盖线也是一种股票的卖出信号。从图 4－8 可以看出：股价连续数天上涨之后，出现跳空开盘的阴线，表明超买之后，卖方力量胜过买方力量，股价将下跌，投资者应卖出股票。

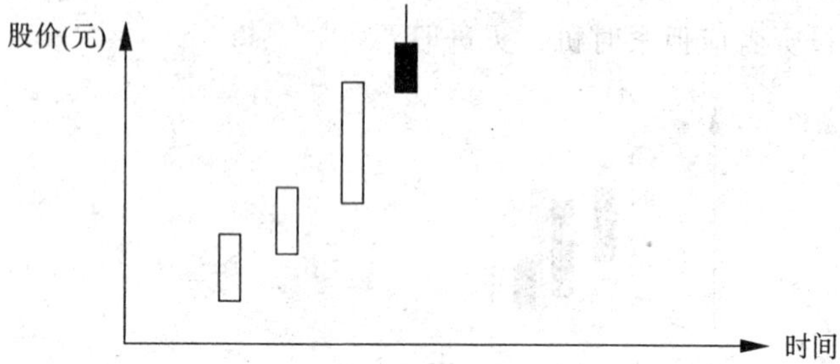

图 4－7　三根大阳线

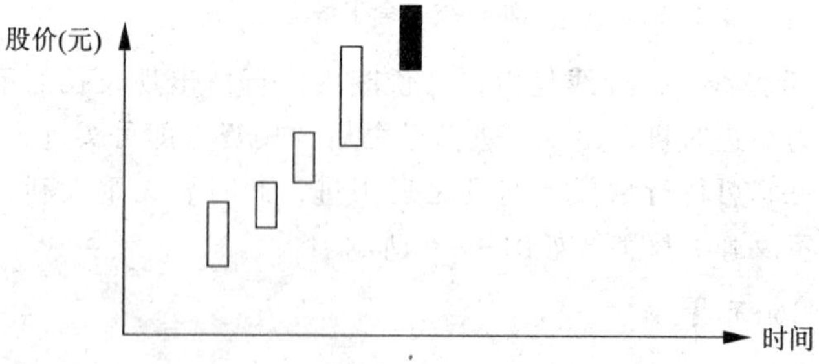

图 4－8　覆盖线

五、股票买卖技法

（一）利用消息面对大盘解盘

沪深股市一直处于消息面的影响下，每个阶段不论涨跌都明显地受到政策因素的影响，有关政策的动向都会成为大盘涨跌的最直接动力，每个阶段的政策导向是大主力行动的风向标，消息面的影响在大盘处于敏感期更为有效。另外，可能会有关于个股的消息，这只被影响的股票如果出现连续的涨跌板走势，特别是成分指数股，也会对大盘的短线走势起到方向性的引领。

（二）利用技术面对大盘解盘

1. 急跌急涨买入卖出战术。在股市中投资者往往会遇到自己所持的个股出现连续急跌的走势，这时如果操作失误，可能会在离场出局后，发现自己的股票卖了个地板价；而在决定持有等待时确在后市遭到更大的跌幅。

如个股中农产品（股票代码为000061）在2012年5月9日就出现了这种形态如图4-9所示，股价直接从12.67元降到6.98元，伴随着巨大的成交量，庄家已经将手中的股票抛出。

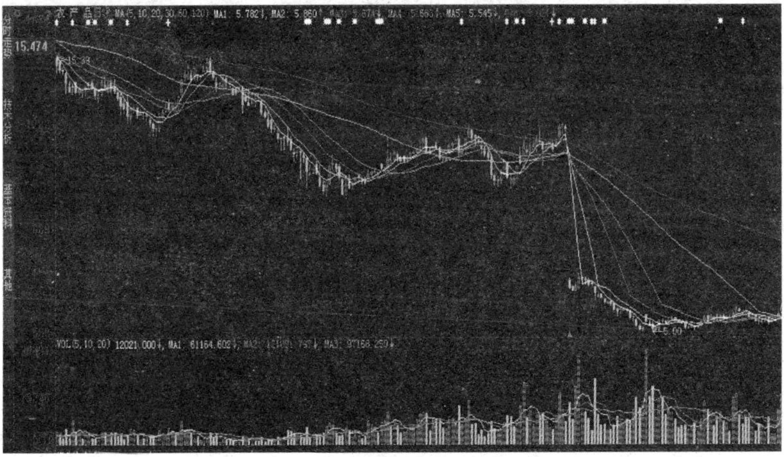

图4-9 农产品日K线图

如股票ST科龙（股票代码000921），在经过一段快速推高后吸货，为迷惑投资者，后期又出现了打压股价的过程，然后出现了快速的上涨。其趋势如图4-10所示。

市场走势正常，没有出现快速回调的迹象，而手中持有的某只股出现快速下跌的情况。这主要是个股的问题，表明持有个股出现重大利空，这时就要深入分析个股基本面情况，看是否是长期的发展出现了问题，如果确实是在基本面上有问题，则必须离场；否则可以继续持有该股，等待新一轮的上涨机会。

由于整个市场回调导致个股股价下跌。这也同样需要分析持有个股的性质，如果属于基本面良好的股票，出现急跌就应该是逢低继续买入的时候，逢高快速卖出的时候。所以每次的急跌或急涨都是研判的最佳时机。

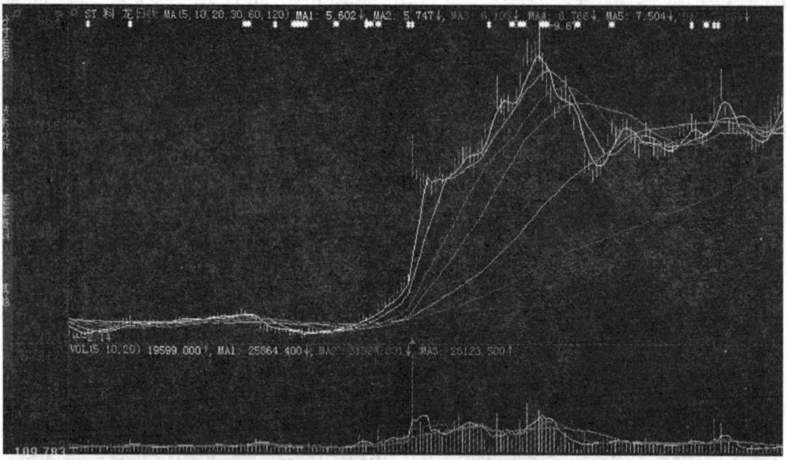

图 4－10 ST 科龙日 K 线图

对于那些基本面一般或较差，只是靠题材炒作起来的个股，则必须坚决卖出，只不过可以根据具体情况的不同，选择不同的卖出时机，即对于题材丰富同时有资金参与的品种，可以等待反弹后卖出，反之，则必须及早离场。

2. 龙头股买卖战术。龙头股指的是某一时期在股票市场的炒作中对同行业板块的其他股票具有影响和号召力的股票，它的涨跌往往对其他同行业板块股票的涨跌起引导和示范作用。龙头股并不是一成不变的，它的地位往往只能维持一段时间。如图 4－11 显示出来的形势表明宝钢就是钢铁类板块的龙头股。

具体操作方法是密切关注板块中的大部分个股的资金动向，当某一板块中的大部分个股有资金增仓现象时，要根据个股的品质特别留意有可能成为领头羊的品种，一旦某只个股率先放量启动时，确认向上有效突破后，不要去买其他跟风股，而是追涨这只领头羊，这叫“擒贼先擒王”。这种选股方法看上去是追涨已经高涨且风险很大的个股，实际上由于龙头股具有先板块启动而起，后板块回落而落的特性，所以，它的安全系数和可操作性均远高于跟风股，至于收益更是跟风股望尘莫及。

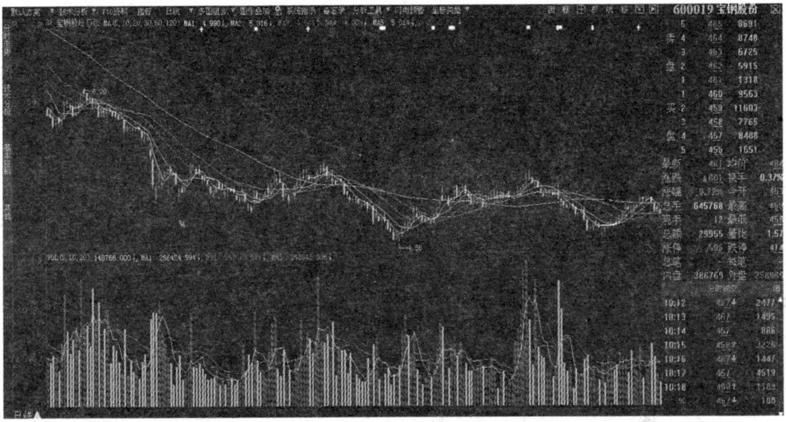

图 4-11　宝钢日 K 线图

如果，投资者错过了龙头股启动时的买入机会，或者投资者的研判能力弱，没能及时识别龙头股，则可以在其拉升阶段的第一个涨停板处追涨，通常龙头股的第一个涨停板比较安全，后市最起码有一个上冲过程，可以使投资者从容地全身而退。具体的追涨方法有两种：

在龙头股即将封涨停时追涨。如：中国联通在 2012 年 1 月 14 日上午开盘 45 分钟后封上涨停板，投资者可以有充足的时间，在它即将封涨停板时追涨买入。

在龙头股封涨停后打开涨停时追涨。如：中信证券在 2003 年 1 月 9 日开盘后不到 10 分钟，即涨停，使投资者来不及介入。但这种快速封涨停的个股，往往一时立足未稳。中信证券在封涨停板后不久，盘中曾经出现 5 分钟打开涨停的时间，投资者可以乘机买入。

即使最强劲的龙头股行情，中途也会有强势整理的阶段。这时，是投资者参与龙头股操作的最后阶段，投资者需要把握其休整的机遇，积极参与。但是，这种操作方式也存在一定风险，当市场整体趋势走弱，龙头股也可能会从强势整理演化为真的见顶回落。

六、股票投资的常见误区

1. 不要把鸡蛋放在同一个篮子里。“不要把鸡蛋放在同一个篮子里”告诉了我们要懂得分散投资，而实际上不少投资者过分曲解了其意思，他们以为要把每一颗鸡蛋放在每一个篮子里。因此，也就是有部分投资者认为持股个数越多组合风险就能降得越低。但实际上，一个持有30个股票的组合的风险不一定在风险上高于一个持有200个股票的组合。除此之外，有些基金经理经常自夸自己组合曾经持有过哪个黑马，白马，但他们基金的整体表现却不强人意。原因就是这些组合持仓集中度不够高从而攻击力不强，并且由于对持有的股票的研究不深或者信心不足从而不敢重仓压注。

2. 不加分析，盲目跟风。长远而言，内幕交易中的内含投资风险极大。事实也证明国际上很多伟大的投资家如巴菲特等纯靠研究公司及行业的公开信息就能作出非常准确的投资判断并获取优异回报。而且，对于媒体新闻及券商报告应谨慎对待并加以理性分析，因为有些报道往往有一定的滞后性，群体性和渲染性。投资者不能草率地依赖这些信息来做投资决策，因为记住当你想的和做的都与别人一样，那你的将取得的成绩与他们差不了多少。

3. 过早获利了结，过迟斩仓止损。心理上割肉止损永远是痛苦的。但是实际上在投资过程中及时止损的重要性大大超越择时获利。不少投资者曾经多次因为个别牛股短期涨幅太高而匆忙获利了结，但结果往往为了错失后面更大的行情而后悔。相反对一些自认研究颇深并持仓已久但是表现反复令人失望的个股，却耐心地等待反弹机会，最后因不能果断了结而损失惨重。所以要成为一个成功的投资者，投资者必须保持一个理性和果断的头脑。

4. 长期投资就是长期持有，直到老死。目前巴菲特的价值投资、长期投资的策略很流行，但也有人追随巴菲特的投资策略变了味。比如他们还模仿巴菲特投资中石油，40来元投资中石油A股，他们大概不知道巴菲特早年以平均价约1.7港元的价格购入的中石油H股，即在低谷时买入，而在股票投资价值合理的情况下，以

11 到 12 港元的价格减持了它。因此，长期投资也要考虑买入股票的价格，好公司也要选择投资的好时点，以 50 到 60 倍市盈率长期投资股票，其投资效果会大打折扣。

5. 瞎用各种投资分析方法。我们会常常发现，当一种估值方法或者分析手段流行时，跟风的人会立马多了起来，而实际上，所有的估值方法都有它们的局限性和误导性，只有适当地运用以及配合其他分析方法，它们才能成为良好的投资工具。

6. 过分注重技术分析，不进行基本面分析。有些技术派高手在市场调整中损失惨重，因其只依赖技术分析，从不考虑国家的宏观因素和微观因素，买一只股票时没能很好对其公司情况进行分析，盲目根据技术图进行决策。在投资重要将基本面分析与技术分析很好地结合在一起。

第五章　房地产投资理财

目前，房地产成为一种日益受到重视的投资工具，逐渐被更多的家庭纳入理财计划。个人房地产投资是投资人通过购买不动产后，一是通过房地产的转手买卖获得短期增值收益；另一种是以出租等方式获取房地产投资的长期增值收益。

房地产属于实业的范畴，一般认为通货膨胀对实业的影响较小，所以一旦通货膨胀到来，房地产的价值可以随物价上涨而“水涨船高”，有时还会超出通货膨胀几个百分点。而且房地产具有耐久性，所以房地产是投资很好的项目，是获利大、风险小的投资工具，它对抵抗通货膨胀、增加个人收益具有极大的作用和功效。

一、房地产投资主要术语

房地产产权：房地产权利人以房地产为标的物，对其直接进行支配并享受其利益的排他性权利。具体又包括房地产所有权、房地产占有权、房地产用益权和房地产处分权。其中：房地产所有权是房地产所有人在法律规定的范围内，独占性地支配其所有财产的权利。房地产所有人可以对其所拥有的房产行使占有、使用、收益、处分的权利，并可以排除他人对于其财产违背意愿的干涉，它是一种最充分、最完整的财产权或物权。房地产占有权是指依法对房地产进行实际支配和控制的权利。房地产占有可分为所有权人占有和非所有权人占有。房地产用益权包括以下五类：房地产使用权、房地产开发经营权、地上权、地役权和房地产典权。房地产处分权包括以下五类：房地产出售权、房地产租赁权、房地产继承权、房地产赠与权和房地产抵押权。

房地产登记：是指经申请人申请，由房地产登记机构将申请人的房地产权利和其他应当记载的事项在房地产登记簿予以记载的行为，是将房地产权利现状、权利变动情况以及其他相关事项记载在房地产登记簿上予以公示的行为，是一种不动产物权的公示方式。

房屋使用年限：在我国，城镇土地所有权属国家所有。一般说的使用年限 70 年就是指住宅用地的使用年限，这是土地出让过程中确定的（商业用地 40 年、综合用地 50 年、住宅用地 70 年、工业用地 50 年）。70 年后，国家有权收回土地移作他用，但必须对你的房屋进行补偿。当然你也可以通过补交土地出让金，继续享有土地使用权。

套内面积：也俗称“地砖面积”。指室内可实际使用的面积。也就是直接测量室内的面积。建筑面积：是指建筑物外墙外围围成空间的水平面积，包括内外墙体、柱、公用分摊部分等。

使用率：是指房屋的使用面积与建筑面积的比例，是衡量物业使用效率的重要标准，目前物业市场上出售的房屋大多以建筑面积表示，但对客户来说最具有实际使用意义的是使用面积。二者在数值上差距越大使用率越低。但是，使用率并不是越高越好。国家现行的政策对住房使用率有一个指导性规定，即要求高层建筑使用率不低于 70%，多层建筑使用率不得低于 75%。由此可见，国家并没有把住房使用率的起点定得很高。专业人士认为 70% 至 80% 的使用率都是比较合理的，使用率应该有个合理的限度，并不是越高越好。所以，购房者不应盲目追求使用率，当超过合理的限度时，一定要注意辨别是以牺牲居住品质为代价换来的，还是在设计上有所突破。

建筑容积率：是指一个小区的总建筑面积与用地面积的比率。对于发展商来说，容积率决定地价成本在房屋中占的比例，而对于住户来说，容积率直接涉及到居住的舒适度。一个良好的居住小区，高层住宅容积率应不超过5，多层住宅应不超过2，绿地率应不低于30%。但由于受土地成本的限制，并不是所有项目都能做得到。

建筑密度：是指建筑物的覆盖率，具体指项目用地范围内所有建筑的基底总面积与规划建设用地面积之比，它可以反映出一定用地范围内的空地率和建筑密集程度。

房价组成：由地价、税费、建筑成本、资本成本、开发利润等组成。

房产转让：是指合法拥有土地使用权及土地上建筑物、附着物所有权的自然人、法人和其他组织，通过买卖、交换、赠与将房地产转移给他人的法律行为。

二手房：指已经销售过的，再次转手出售的旧房。

二、房地产投资的特点

同一般投资相比，房地产投资具有主要特征如下：

1. 房地产投资对象的固定性和不可移动性。房地产投资对象是不动产，土地及其地上建筑物都具有固定性和不可移动性。不仅位置是固定的，而且土地上的建筑物及其某些附属物一旦形成，也不能移动。这一特点给房地产供给和需求带来重大影响，如果投资失误会给投资者和城市建设造成严重后果，所以投资决策对房地产投资更为重要。

2. 房地产投资的高投入和高成本性。房地产业是一个资金高度密集的行业，投资一宗房地产，少则几百万，多则上亿元的资金。这主要是由房地产本身的特点和经济运行过程决定的。房地产投资的高成本性主要源于以下几个原因：

一是土地开发的高成本性。由于土地的位置固定，资源相对稀缺程度较高以及其具有不可替代性，土地所有者在出售和出租土地时就要按照土地预期的生产能力和位置、面积、环境等特点，作为要价的依据，收取较高的报酬；同时作为自然资源的土地，不能被社会直接利用，必须投入一定的资本进行开发，所有这些因素都使土地开发的成本提高。

二是由于房屋建筑的高价值性。房屋的建筑安装成本，通常也高于一般产品的生产成本，这是由于房屋的建筑安装要耗费大量的建筑材料和物资，需要有大批技术熟练的劳动力、工程技术人员和施工管理人员，要使用许多大型施工机械。此外，由于建筑施工周期一般较长，占用资金量较大，需要支付大量的利息成本。再加上在房地产成交时，由于普遍采用分期付款、抵押付款的方式，使房地产的投入资金回收缓慢，因此，也增加了房屋建筑物的成本量。

三是房地产经济运作中交易费用高。一般而论，房地产开发周期长、环节多，涉及的管理部门及社会各方面的关系也多。这使得房地产开发在其运作过程中，包括广告费、促销费、公关费都比较高昂，从而也增大了房地产投资成本。

3. 房地产投资的回收期长和长周期性。整个房地产投资的实际操作，就是房地产整个开发过程。对每一个房地产投资项目而言，它的开发阶段一直会持续到项目结束，投入和使用的建设开发期是相当漫长的。房地产投资过程中间要经过许多环节，从土地所有权或使用权的获得、建筑物的建造，一直到建筑物的投入使用，最终收回全部投资资金需要相当长的时间。

4. 房地产投资的高风险性。由于房地产投资占用资金多，资金周转期又长，而市场是瞬息万变的，因此投资的风险因素也将增多。加上房地产资产的低流动性，不能轻易脱手，一旦投资失误，房屋空置，资金不能按期收回，企业就会陷于被动，甚至债息负担沉重，导致破产倒闭。

5. 房地产投资的强环境约束性。建筑物是一个城市的构成部分，又具有不可移动性。因此，在一个城市中客观上要求有一个统一的规划和布局。城市的功能分区，建筑物的密度和高度，城市的生态环境等等都构成外在的制约因素。房地产投资必须服从城市规划、土地规划、生态环境规划的要求，把微观经济效益和宏观经济效益、环境效益统一起来。只有这样，才能取得良好的投资效益。

三、房地产投资选择技巧

1. 首次置业。对于房地产市场来说，结婚生子带来的购房撑起了市场的半壁江山，因此迎合消费者“结婚”和“添丁”为置业目的的首置和首改产品，向来都是市场的明星产品。同时，首置和首改置业，均是有一定时间限定的购房需求，大部分购房者哪怕降低购房水平，也会在婚期来临或孩子需要自主空间之前完成置业。因而首次置业、首次改善产品在目前市场状况下降价空间不大，目前楼市部分项目“金九银十”的黄金销售预期未能实现，部分实力不足的开发商资金承受能力已接近极限，在此状态下，“降价、优惠”会通过各种不同的形式展现。但如果非要让开发商来个“放血大降价”，客观来讲是不现实，也是不符合市场规律的。且银根紧缩后开发商推盘量适度加大，此类优质产品加量推出，置业时机不可多得，相应比照各个项目情况后可果断出手。

2. 改善置业。生活品质改善置业或终极置业当适度超前。近期限购政策从家庭购房套数及多次置业的付款、贷款政策上进行了调控限定，且随着房产税全国推广“风声”的不断热炒，似乎消费者过多持有的房产成“烫手山芋”。在此情况下置业者的改善置业应酌情考虑适度超前：原本决定够买两室的可适当考虑三室产品、争取“一步到位”式置业，在经济承受能力和生活品质需求之间寻求一定平衡、压缩置业次数，从而降低再次购房难度和“房产税”的影响。同时建议将选择的视野放宽，如选择不限购区域进行置业，也可选择“卖一买一”的策略。

3. 投资类置业。首选写字楼、商铺等。住宅物业作为不动产投资产品来看，价格涨幅空间有限且受限购、限贷等相关政策的影响，投资价值相对较小。且新政对于住宅市场进行的一步步体系调整，确实让一部分的资产泡沫已经逐渐挤出，资金更多地流向商业地产并形成输入效益。除调控未对资金进入商业地产加以限制外，政府对资金进入商业地产领域有意无意的鼓励，也是商业地产投资价值不断攀升的主要因素。而作为城市经济发展“孵化空间”的写字楼、商铺等不动产，投资价值更显突出，因此投资类置业产品当优先选择商业地产。

4. 以租养租。在又一轮上涨后，北京、上海房产投资能接近4%左右收益率已是凤毛麟角。据统计，目前北京二手房租售比首次突破了1∶400，超过了国际警戒线，而上海二手房租售比应已接近1∶500。所谓租售比是指，以房屋月租金和房价之间的比值，换算出租金与房价是否合理的差距。一般而言，国际标准的“房产租售比”为1∶100到1∶200，但北京、上海的租售比从2004年以来一直高于这一数值。此轮房价上涨，投资者有预防通货膨胀的考虑，而租赁价格则完全受到当前经济走势影响。北京、上海房价呈现上涨，而房租却因经济环境依然严峻，租赁市场的价格反而出现下滑。在这种情况下，农民朋友应认识到，房价再出现大幅上涨将是小概率事件，应将眼光放到租售比上。众所周知，投资房产的收益来源于价差与租金，过去大部分人投资房产是靠赚“价差”来累积财富，但这些都只是一次性的收入，一旦遇到风暴来袭，就全垮。

四、房地产投资价值影响因素

房地产投资最讲究的是眼光，房子的好与坏决定着每位农民朋友的未来收益。一处房产的好坏需要综合地来看。准确的自我定位才是着手实施的基础。那如何从众多楼盘中发现精品，判断房子投资价值的要素有：

1. 地段。房地产行家有言：地段、地段、还是地段。什么样的地段盖什么样的房，才是这句话的真正含义。据统计，目前全国房地产市场中，升值最快的房子集中在市中心的边缘地带。这主要看该城市的未来发展方向，靠海的城市往内陆发展，内陆城市往交通便利的方向发展，靠山的城市指向开阔地，靠近水域的城市则往河流沿线延伸。这些都是最基本的发展规律，各个方向还以当前城市的计划为指针，灵活掌握。

2. 质量。对于期房而言，最重要的是从开发商的实力看质量。

有实力质量自然有保证，做出的承诺也能兑现。如果发展商自己资金少，总是指望着销售回款支撑工程进度，其质量也就可想而知。

3. 配套设施。以自住客户为主，建在城郊的普通住宅以大社区为好，大社区的配套比较可靠。配套设施的齐全与否，不仅能满足当代人的需求，而且决定着对后代人的满足，更直接决定着该地段房产的附加价值及升值潜力，同时也是决定着入住后居家生活方面舒适与否。而市区内的高档住宅则相反，套数少意味着更少的人分享健身、购物、餐饮等不对外开放的私人会所，意味着业主出租以求回报时竞争更少，意味着更精致、更珍贵。

4. 物业管理。物业管理的好坏直接取决于物业管理公司的专业程度。另外有些物业管理也有代业主出租的业务，因此买房时要注意，一个得力的销售部门也许会给以后的出租带来很多方便。

5. 房屋品质。随着科学技术的发展，住宅现代化被逐步提到日程。实际上，房产的品质是在不断改善的。这就要求在买房时，要特别注意房产的品质，对影响房产品质比较敏感的因素，要重点考虑其抗“落伍”性。如规划设计的理念是否超前，是否具有时代感，是否迎合物业发展的趋势。好的规划设计能够体现其自身的价值。一栋造型别致的建筑物，可以提高自身的附加值。

房产的内部空间布局也很重要，挑一个好的朝向、楼层、户型对出租很有好处，这就看您的眼力和爱好了。要提醒您的是，买房最好有朝南的房间。至于风水之类的当然也要讲，不过关键还是要房子本身条件好才行。

6. 环境因素。环境包括生态环境、人文环境、经济环境，任何环境条件的改善都会使房产升值。生态环境要看有无空气、水流等公害污染及污染程度等，如果小区内开辟大量的绿地或有园林，这样的小区就可因局部区域绿地的变化而使气候有所改善，小区内的植被会吸收噪声、阻断尘埃，可将受污染的空气渐渐净化。在购房时，要重视城市规划的指导功能，尽量避免选择坐落在工业区的房产。每一个社区都有自己的背景，特别是文化背景。在知识经济时代，居民文化层次越高的社区，房产越具有增值的潜力。

选房犹如选股，未来成长性是其重要的因素，不要在已被爆炒过的股票中找黑马。选择房地产也是如此，快速城市化的地区也许近期还有种种不利之处，但不要被短期内的一些不便所蒙蔽，而要关注其周边是否处在快速发展中，如是，则稳有增值前景。

五、房地产投资的基本流程

1. 准备阶段。在准备阶段要先做好自身购房能力的评估，不要因为买一套房严重影响自己的生活质量。一套房子，少则几十万，多则上百万，有些购房者初次置业时，常会造成预算一再超支，甚至形成“买得起住不起”的紧张局面。因此，在明确购房目的后，还需要制订一个详细的购房预算，从而正确估算自己的实际购买能力。需要注意的是，先考虑支付得起的房子，再考虑喜欢的房子。还要考虑购房预算可以帮助购房者准确把握自身的实力和购房方向，选择适宜的房价、房屋面积、户型等。

买房的时候，计算的通常都是房子多少钱一平方米和房子总价是多少，以为支付了要交的房款，房子就能属于自己了。事实上，除了买房款，购房者还要支付许多其他的费用，虽然大多数费用的数目都不大，但很多时候购房者会被这些收费名目搞得头昏脑涨，还要眼睁睁地看着兜里的钞票哗啦啦地往外流。所以，对房价之外还要准备多少钱，购房者要有一个全面的正确的认识。

购买在建新房的农民朋友在准备阶段还要看开发商的资质，正规的房地产企业都会到工商行政管理部门登记，您购房前务必查询该企业营业执照是否合法。

建设部将开发企业的资质分为三级，一级最好。主要是根据开发企业的实力划分。企业资质代表着开发企业的信誉和市场业绩。点击查询销售机构信用档案。

是否能按时入住，入住时是否能取得建筑工程竣工验收备案表、取得商品房面积实测技术报告书、住宅质量保证书、住宅使用说明书。

入住时水、电、电话、闭路监控系统是否能够正常使用，是否能保证煤气、有线电视、宽频网络入户的正常使用，以及小区内清洁、保洁、绿化、排污、照明、信报箱等私用或公用设施是否能正常使用。

小区总车位数，车位为地上还是地下，是否能保证每户一个车位。车位收费标准，是否可售。

2. 市场观察。分析楼市状况，对购房所在地的楼市进行全面了解，摸清大概的行情状况。可通过新闻媒体、其他媒体、展示会或交易会及其他方式获得信息。充分收集房源信息，在选定区域内收集楼盘信息，初步筛选出可选楼盘清单。最后就是实地考察看房，充分进行了解和比较。购房不怕不懂房，就怕房比房。首先是比价格，处于地段相同的商品房，开放建设成本也大体相同，但不能排除房产商减低成本，让利给投资者，所以实地考察时最好有内行陪同。

3. 具体实施。经过前期精心准备，锁定中意目标后，要与开发商或销售代表正式洽谈购房的细节。提醒：销售员的答复、承诺不能作为今后发生纠纷时的法律依据，一切以购房合同及补充协议为准，相关问题您可参考购房全攻略之合同签订篇。

4. 交易过户。签订预售合同，重视合同细节，最好有懂得法律的朋友在场。办理产权过户，正式办理房地产产权过户手续并缴纳各种税费。

六、房地产投资所涉及的税费

1. 印花税：个人购买商品房，买卖双方应按照房屋买卖合同所载交易金额的0.05%缴纳印花税；

2. 营业税：从2010年1月1日起，个人购买不足5年的住房对外销售的，按照售房收入全额缴纳营业税；个人将购买超过5年（含5年）的普通住房对外销售的，免征营业税；个人购买超过5年（含5年）的非普通住房对外销售的，按照其售房收入减去购买房屋的价款后的差额缴纳营业税，税率为5.55%；

3. 个人所得税：一般为（转让收入—房屋原值—转让住房过

程中缴纳的税金—合理费用）×20%；未能提供住房原值凭证，不能准确计算住房原值和应纳税额，按照其住房转让全部收入的1%核定征收个人所得税。

4. 土地增值税：凡能提供评估价格或者购房发票的，按照四级累进税率计征土地增值税；如纳税人不能提供评估价格或者购房发票的，按照住房转让全部收入的1%征收土地增值税。

5. 契税：个人购买商品住房以购房价格作为计税依据计算缴纳契税，二套房或者144平方米以上的税率为3%～4%；首套房为1.5%～2%。90平方米以下的普通住宅，税率为1%。

6. 转移登记费（房产证工本费）：80元。

7. 城市建设维护税、教育费附加、地方教育附加：计税金额为营业税的实际缴纳税额，税率分别为：7%（5%）、3%和1%。

8. 交易手续费：每平方米6元。

9. 产权证查档、房产证贴花费：50元左右。

七、房地产投资中的注意事项

房产投资与金融投资一样，只有把握科学的介入时机，才能获取较好收益。在房产投资前，投资者需要在以下几个方面引起足够的重视。

1. 注意国家的经济增长率。一个国家的经济增长水平反映了国家的发展速度和景气程度。经济增长率高且持续发展，必然会刺激房地产的快速发展，使房地产的建设和成交量十分活跃，新楼盘不断涌现，有效供给不断增加，使房地产一片繁荣，特别是国家把房地产业作为经济增长点和国民经济的支柱产业后，必然会在政策上予以支持，使商品房大量上市，给购房者以充分的选择余地，可以用相对较低的投入获得比较满意的住房。

2. 注意开发商的平均利润。房地产开发商牟取暴利的时代已经过去。房地产上市公司提供的数据表明，房地产开发企业的平均利润由1994年的32.4%，降低到1997年的12.45%，即使平均利润为10%，也是泡沫多多。随着房市愈加成熟和规范，未来市场的投机机会越来越少，投机成本越来越接近国际平均的利润率（即6% ~8%）。

3. 注意利率的变化。利率的变化给房地产投资者带来损失的可能性。利率的变化对房地产投资者主要有两方面的影响：一是对房地产实际价值的影响，如果采用高利率折现会影响房地产的净现值收益。二是对房地产债务资金成本的影响，如果贷款利率上升，会直接增加投资者的开发成本，加重其债务负担。

4. 注意房产的产权性质。在房产市场上，我们会看到各种各样的产权房屋。小产权房、乡产权房、经济适用房、限价房、回迁房、市政房和商品房等等让普通人看来一头雾水。而需要说明的是，“小产权房”不是法律概念，是人们在社会实践中形成的一种约定俗成的称谓。“小产权房”，也称“乡产权房”，是指由乡镇政府而不是国家颁发产权证的房产，即是一些村集体组织或者开发商打着新农村建设等名义出售的、建筑在集体土地上的房屋或是由农民自行组织建造的“商品房”。由于土地政策和物权法之间的调整还需要进一步的完善补充，所以我国已经全面叫停小产权房的建设，对于已经购买的消费者，需要等待国家进一步法律的出台。目前来说，小产权房是基本上不受法律保护的。另外，小产权房由于没有完善的上市手续，导致银行禁止为其放贷，所以如果消费者或者投资者有购买的意向，只能采用全款方式自行解决资金问题。

经济适用住房是指已经列入国家计划，由城市政府组织房地产开发企业或者集资建房单位建造，以微利价向城镇中低收入家庭出售的住房。它是具有社会保障性质的商品住宅。经济适用住房产权为有限产权，土地未办理有偿使用，不得出租、出借，5 年内不得上市交易。经济适用住房的房地产权属证书上应注记为“经济适用住房”。购买经济适用住房不满 5 年需退出的，由市住房保障管理部门利用廉租住房专项资金回购，回购价按原出售价格每年扣减1% 计算。购买经济适用住房 5 年内，因继承、赠与或离婚析产等原因需要变动房屋产权的，受让人应当符合经济适用住房申请购买条件，并经市住房保障管理部门批准，办理变更登记手续，原经济适用住房性质不变。

购买经济适用住房满 5 年经市住房保障管理部门核准，并办理以下手续，可上市交易：补缴土地收益等相关价款（包括土地收益价款、相关税费及房屋差价等）。土地收益等相关价款按照届时同地段普通商品住房与经济适用住房购房差价的 80% 计算；依法办理相关房地产权属登记手续，并在其房地产权属证书上注销原经济适用住房注记，取得房屋完全产权。

限价房，又称限房价、限地价的“两限”商品房。是一种限价格限套型（面积）的商品房，主要解决中低收入家庭的住房困难，是目前限制高房价的一种临时性举措，并不是经济适用房。限价商品房按照“以房价定地价”的思路，采用政府组织监管、市场化运作的模式。与一般商品房不同的是，限价房在土地挂牌出让时就已被限定房屋价格、建设标准和销售对象，政府对开发商的开发成本和合理利润进行测算后，设定土地出让的价格范围，从源头上对房价进行调控。

回迁房就是发展商征收土地时，赔给回迁民的房子；商品房就是由发展商自己出售的房子。每一个楼盘基本都有回迁房，一般回迁房的售价都普遍低于商品房的售价。回迁房，商品房都出房产证了，那交易都一样。没出房产证的，回迁民手持的是合同，就有一定的风险。回迁房都比商品房要便宜，敢于承担风险，那就买回迁房比较划算。

所以在购买经济适用房、限价房和回迁房时，我们一定要注意对政策进行解读。需要谨慎行事。

商品房在中国兴起于 20 世纪 80 年代，是由具有经营资格的房地产开发公司（包括外商投资企业）通过出让方式取得土地使用权后经营的住宅项目。商品房均按市场价出售。其价格由成本、税金、利润、代收费用以及地段、层次、朝向、质量、材料差价等组成。另外，从法律角度来分析，商品房是指按法律、法规及有关规定可在市场上自由交易，不受政府政策限制的各类商品房屋，包括新建商品房、二手房（存量房）。

5. 注意房地产市场中的风险。房地产投资过程中，投资风险种类繁多并且复杂，其中主要有以下几种：

市场竞争风险是指由于房地产市场上同类楼盘供给过多，市场营销竞争激烈，最终给房地产投资者带来的推广成本的提高或楼盘滞销的风险。市场风险的出现主要是由于开发者对市场调查分析不足所引起的，是对市场把握能力的不足。销售风险是市场竞争能力的主要风险。

购买力风险是指由于物价总水平的上升使得人们的购买力下降。在收入水平一定及购买力水平普遍下降的情况下，人们会降低对房地产商品的消费需求，这样导致房地产投资者的出售或出租收入减少，从而使其遭受一定的损失。

流动性和变现性风险。首先，由于房地产是固定在土地上的，其交易的完成只能是所有权或是使用权的转移，而其实体是不能移动的。其次，由于房地产价值量大、占用资金多，决定了房地产交易的完成需要一个相当长的过程。这些都影响了房地产的流动性和变现性，即房地产投资者在急需现金的时候却无法将手中的房地产尽快脱手，即使脱手也难达到合理的价格，从而大大影响其投资收益，所以给房地产投资者带来了变现收益上的风险。

经营性风险是指由于经营上的不善或失误所造成的实际经营结果与期望值背离的可能性。产生经营性风险主要有 3 种情况：一是由于投资者得不到准确充分的市场信息而可能导致经营决策的失误；二是由于投资者对房地产的交易所涉及的法律条文、城市规划条例及税负规定等不甚了解造成的投资或交易失败；三是因企业管理水平低、效益差而引起的未能在最有利的市场时机将手中的物业脱手，以至使其空置率过高，经营费用增加，利润低于期望值等。

财务风险是指由于房地产投资主体财务状况恶化而使房地产投资者面临着不能按期或无法收回其投资报酬的可能性。产生财务风险的主要原因有：一是购房者因种种原因未能在约定的期限内支付购房款；二是投资者运用财务杠杆，大量使用贷款，实施负债经营，这种方式虽然拓展了融资渠道，但是增大了投资的不确定性，加大了收不抵支、抵债的可能性。

社会风险是指由于国家的政治、经济因素的变动，引起的房地产需求及价格的涨跌而造成的风险。当国家政治形势稳定经济发展处于高潮时期时，房地产价格上涨；当各种政治风波出现和经济处于衰退期时，房地产需求下降和房地产价格下跌。

自然风险是指由于人们对自然力失去控制或自然本身发生异常变化，如地震、火灾、滑坡等，给投资者带来损失的可能性。这些灾害因素往往又被称为不可抗拒的因素，其一旦发生，就必然会对房地产业造成巨大破坏，从而对投资者带来很大的损失。

第六章　保险投资理财

现代保险最早的形式是海上保险，起源于14世纪中叶以后的意大利。我国保险是在1949年10月20日，中国人民保险公司正式挂牌开业，标志着中国现代保险事业的创立。截止到2012年，全国共有保险机构120多家，其中，保险集团和控股公司8家，财产保险公司47家，人身保险公司56家，再保险公司9家。其中十大财产保险公司有人民财险、平安财险、太平洋财险、中华联合、大地财险、人寿财险、阳光财险、出口信用、天安财险和安邦财险。十大人寿保险公司有中国人寿、平安人寿、新华人寿、太平洋人寿、泰康人寿、人保寿险、太平人寿、生命人寿、阳光人寿和人保健康。在进入前十名的中国保险公司中，十大保险公司排名前三名——中国人寿、平安、人保——不仅在中国被列为前三，而且他们也跻身亚洲前150家保险公司的前十名。这显示了中国保险公司在亚洲的强大竞争力。另外，中小保险公司的力量也不可忽略，其保费收入取得较快增长，同时在追赶大牌保险公司的过程中，不断推出自己的特色产品，逐步扩大了自己的影响力。

随着保险业的不断发展，截至2011年底，我国保险密度为1062元/人，较上年提高100元。各家保险公司竞争激烈，不断推出各种保险产品。如中国人寿推出健康保险国寿康宁、定期寿险国寿祥福定期寿险和理财型保险国寿福禄鑫尊两全保险；中国平安推出分红型保险平安人寿金裕人生两全保险和平安吉星送宝少儿两全保险、万能型保险平安智胜人生终身寿险和平安人寿逸享人生养老年金保险；人保推出交通工具意外险、e－出行无忧保险、监护人责任险和家养宠物责任险等等。

正所谓“天有不测风云，人有旦夕祸福”，人生面临很多的风险，未雨绸缪总是明智的。保险理财是个人和家庭理财中不可或缺的组成部分。当今社会中，科技日益发达，生活节奏加快，你对未来的把握有多少呢？面对随时可能发生的意外，怎么才能让生活变得更稳妥呢？保险，这项古老的风险管理方法就成了我们的必然选择。

一、保险的主要特征与主要品种

在现实生活中，个人和家庭通常会面临很多自然灾害和意外事故，如火灾、洪水以及家庭成员的生老病死等等。在事故发生后，个人和家庭都急需外来经济的补偿，而人身保险和家庭保险就有针对这方面的个人和家庭的保险产品，从而能起到很好的保障作用，有利于我们生活与工作的稳定。

（一）保险的主要特征

1．法律性。从法律角度看，保险双方是种合同行为，是一方同意补偿另一方损失的合同安排，同意提供损失赔偿的一方是保险人，接受损失赔偿的一方是投保人或被保险人。

2．互助性。保险具有“一人为众，众为一人”的互助特性。保险在一定条件下，分担了单位和个人所不能承担的风险，从而形成了一种经济互助关系。这种经济互助关系通过保险人用多数投保人交纳的保险费建立的保险基金对少数遭受损失的被保险人提供补偿或给付而得以体现。

3．经济性。保险是通过保险补偿或给付而实现的一种经济保障活动。其保障对象财产和人身都直接或间接属于社会再生产中的生产资料和劳动力两大经济要素；其实现保障的手段，大多最终都必须采取支付倾向的形式进行补偿或给付；其保障的根本目的，无论从宏观的角度，还是微观的角度，都是与社会经济发展相关的。

4. 商品性。保险体现了一种对价交换的经济关系，也就是商品经济关系。这种商品经济关系直接表现为个别保险人与个别人之间交换关系；间接表现为在一定时期内全部保险人与全部投保人之间的交换关系，即保险人销售保险产品，投保人购买保险产品的关系；具体表现为，保险人提供保险的补偿或给付，保障社会生产的正常进行和人们生活的安定。

5. 科学性。保险是处理风险的科学措施。现保险经营以概率论和大数法则等科学的数理理论为基础，保险费率的厘定、保险准备金的提存等都是以科学的数理计算为依据的。

（二）保险的投资品种

1. 人身保险。人身保险是以人的寿命和身体为保险标的的保险。当人们遭受不幸事故或因疾病、年老以致丧失工作能力、伤残、死亡或年老退休时，根据保险合同的约定，保险人对被保险人或受益人给付保险金或年金，以解决其因病、残、老、死所造成的经济困难。人身保险具有如下四个方面的特点：

（1）定额给付性质的保险合同。大多数财产保险是补偿性合同，当财产遭受损失时，保险人在保险金额内按其实际损失进行补偿。大多数人身保险不是补偿性合同，而是定额给付性质的合同，只能按事先约定金额给付保险金。健康保险中有一部分是补偿性质，如医疗保险。在财产保险方面，大多数财产可参考其当时市价或重置价、折旧来确定保险金额，而在人身保险方面，生命价值就难有客观标准。保险公司在审核人身保险的保险金额时，大致上是根据投保人自报的金额，并参照投保人的经济情况、工作地位、生活标准、缴付保险费的能力和需要等因素来加以确定。

（2）长期性保险合同。人身保险的特点之一就是其保险期限长。个别人身保险险种期限较短，有几天，甚至几分钟的，如旅客意外伤害保险和高空滑车保险，则另当别论。投保人身保险的人不愿将保险期限定得过短的一个原因是，人们对人身保险保障的需求具有长期性；另一个原因是，人身保险所需要的保险金额较高，一般要在长期内以分期缴付保险费方式才能取得。

（3）储蓄性保险。人身保险不仅能提供经济保障，而且大多数人身保险还兼有储蓄性质。作为长期的人身保险，其纯保险费中大部是用来提存准备金，这种准备金是保险人的负债，可用于投资取得利息收入，以其用于将来的保险金给付。正因为大多数人身保险含有储蓄性质，所以投保人或被保险人享有保单质押贷款、退保和选择保险金给付方式等权利。财产保险的被保险人没有这些权利。

（4）不存在超额投保、重复保险和代位求偿权问题。由于人身保险的保险利益难以用货币衡量，所以人身保险一般不存在超额投保和重复保险问题。但保险公司可以根据被保险人的需要和收入水平加以控制，使保险金额不高的过分。同样代位求偿权原则也不适用于人身保险。如果被保险人的伤害是由第三者造成的、被保险人或其受益人既能从保险公司取得保险金，又能向肇事方提出损害赔偿要求，保险公司不能行使代位求偿权。

2. 人寿保险。人寿保险是人身保险的一种。和所有保险业务一样，被保险人将风险转嫁给保险人，接受保险人的条款并支付保险费。与其他保险不同的是，人寿保险转嫁的是被保险人的生存或者死亡的风险。人寿保险主要有以下几种品种：

（1）定期人寿保险是被保险人在保单规定的期间发生死亡，身故受益人有权领取保险金，如果在保险期间内被保险人未死亡，保险人无须支付保险金也不返还保险费，简称“定期寿险”。该保险大都是对被保险人在短期内从事较危险的工作提供保障。定期寿险的保险期限一般比较固定，一般为 5 年、10 年、50 年和 60 年。保险费用不退还，如果约定期限满后，被保险人仍然健在，保险合同自然终止，不退回保险费。保险费低是定期寿险的最大优点，小支出大保障。

（2）终身寿险是终身提供死亡或全残保障的保险，一般到生命表的终极年龄 100 岁为止。如果被保险人在 100 岁之前死亡，保险公司将给付相应的保险金。如果被保险人生存至 100 岁，则向其本人给付保险金。终身寿险没有确定的保险期。从投保生效起，到被保险人死亡为止，具有储蓄性质。

（3）生死两全保险又称“混合保险”或“储蓄保险”，以被保险人在保险期限内死亡或期满生存为条件，都可获得保险金的一种保险。投保人或被保险人交付保险费后，如果被保险人在保险有效期内死亡，向其受益人给付保险金；如果被保险人在保险期满仍生存，保险人也将向其本人给付保险金，保险人给付全数保险金后，保险合同即告终止，死亡后未到期的保险费也不再续交。两全保险是人身保险中最受欢迎的一个品种，可以作为储蓄的一种手段，也可为养老提供一种保障，还可以用于为特殊的目的积累一笔资金。现在国内广泛流行的各种长期寿险保单都是在标准生死两全保单基础上的变通。

生死两全保险实行给付性与返还性。两全保险中，无论被保险人在保险期间身故，还是保险期满依然生存，保险公司均要返还一笔保险金。

（4）养老金保险是被保险人生存期间，保险人按照保险合同所约定的金额、给付方式等在保险合同期限内，有规律地定期向被保险人给付保险金的保险。养老金保险中被保险人在领取保险年金前，必须缴清所有保险费，是个人和家庭养老金储蓄的重要途径。

（5）万能保险是指包含保险保障功能并至少在一个投资账户拥有一定资产价值的人身保险产品。万能保险除了同传统寿险一样给予保户生命保障外，还可以让客户直接参与由保险公司为投保人建立的投资账户内资金的投资活动，将保单的价值与保险公司独立运作的投保人投资账户资金的业绩联系起来。大部分保费用来购买由保险公司设立的投资账户单位，由投资专家负责账户内资金的调动和投资决策，将保户的资金投入到各种投资工具上。对投资账户中的资产价值进行核算，并确保投保人在享有账户余额的本金和一定利息保障前提下，借助专家理财进行投资运作的一种理财方式。万能保险具有保底的利息收入，有独立的投资账户并且保险金额可以调整。

（6）健康保险是以被保险人的身体为保险标的，使被保险人在疾病或意外事故所致伤害时发生的费用或损失获得补偿的一种保险。健康保险还可细分为医疗保险、疾病保险以及收入保障保险。

(7) 医疗保险是指以约定的医疗费用为给付保险金条件的保险，即提供医疗费用保障的保险，它是健康保险的主要内容之一。医疗费用是病人为了治病而发生的各种费用，它不仅包括医生的医疗费和手术费用，还包括住院、护理、医院设备等的费用。医疗保险的主要类型有普通医疗保险、住院保险、手术保险、综合医疗保险。医疗保险的常用条款有：免赔额条款，一是单一赔款免赔额，针对每次赔款的数额；二是全年免赔额，按全年赔款总计，超过一定数额后才赔付；三是集体免赔额，针对团体投保而言。比例给付条款或称共保比例条款。在大多数健康保险合同中，对于保险人医疗保险金的支出均有比例给付的规定，即对超过免赔额以上的医疗费用部分采用保险人和被保险人共同分摊的比例给付办法。比例给付，既可以按某一固定比例给付，也可按累进比例给付。给付限额条款，一般对保险人医疗保险金的最高给付均有限额规定，以控制总支出水平。

(8) 疾病保险指以疾病为给付保险金条件的保险。通常这种保单的保险金额比较大，给付方式一般是在确诊为特种疾病后，立即一次性支付保险金额。疾病保险的基本特点：个人可以任意选择投保疾病保险，作为一种独立的险种，它不必附加于其他某个险种之上。疾病保险条款一般都规定了一个等待期或观察期，观察期结束后保险单才正式生效。为被保险人提供切实的疾病保障，且程度较高。保险期限较长。保险费可以分期交付，也可以一次交清。重大疾病保险保障的疾病一般有心肌梗塞、冠状动脉绕道手术、癌症、脑中风、尿毒症、严重烧伤、暴发性肝炎、瘫痪和重要器官移植手术、主动脉手术等。

(9) 收入保障保险指以因意外伤害、疾病导致收入中断或减少为给付保险金条件的保险，具体是指当被保险人由于疾病或意外伤害导致残疾，丧失劳动能力不能工作以致失去收入或减少收入时，由保险人在一定期限内分期给付保险金的一种健康保险。收入保障保险一般可分为两种，一种是补偿因伤害而致残废的收入损失，另一种是补偿因疾病造成的残废而致的收入损失。

收入保障保险的给付一般是按月或按周进行补偿，每月或每周可提供金额相一致的收入补偿。残疾收入保险金应与被保险人伤残前的收入水平有一定的联系。在确定最高限额时，保险公司需要考虑投保人的收入情况。收入保障保险除了在被保险人全残时给付保险金外，还可以提供其他利益，包括残余或部分伤残保险金给付、未来增加保额给付、生活费用调整给付、残疾免缴保费条款，以及移植手术保险给付、非失能性伤害给付、意外死亡给付。

收入保障保险给付期限为收入保障保单支付保险金最长的时间，可以是短期或长期的，因此有短期失能及长期失能两种形态。短期补偿是为了补偿在身体恢复前不能工作的收入损失，而长期补偿则规定较长的给付期限，这种一般是补偿全部残废而不能恢复工作的被保险人的收入。

收入保障保险的免责期间又称等待期间或推迟期。是指在残疾失能开始后无保险金可领取的一段时间，即残废后的前一段时间，类似于医疗费用保险中的免责期或自负额，在这期间不给付任何补偿。

(10) 人身意外伤害保险是指被保险人在保险有效期内，因遭受非本意的，外来的，突然发生的意外事故，致使身体蒙受伤害而残废或死亡时，保险公司按照保险合同的规定给付保险金的保险。人身意外险的特点有：短期性，意外伤害保险是短期险，通常以一年期为多，也有几个月或更短的。如各种旅客意外伤害保险，保险期限为一次旅程；出差人员的平安保险，保险期限为一个周期；游泳者平安保险期限更短，其保险期限只有一个场次。灵活性，人身意外伤害保险中，很多是经当事人双方签订协议书，保险金额亦是经双方协商议定的（不超过最高限额），保险责任范围也相对灵活。投保手续也十分简便，当场付费签名即生效，无须被保险人参加体检，只要有付费能力，一般的人均可参加。保费低廉，一般不具备储蓄功能，在保险期终止后，即使没有发生保险事故，保险公司也不退还保险费。所以一般保费较低，保障较高。

3. 财产保险。财产保险是指投保人根据合同约定，向保险人交付保险费，保险人按保险合同的约定对所承保的财产及其有关利益因自然灾害或意外事故造成的损失承担赔偿责任的保险。财产保险，包括家庭财产保险、机动车辆保险以及家庭责任保险。

（1）家庭财产保险是个人和家庭投保的最主要险种。凡存放、坐落在保险单列明的地址，属于被保险人自有的家庭财产，都可以向保险人投保家庭财产保险。家庭财产保险又可分为普通家庭财产保险、到期还本型家庭财产保险和利率联动型家庭财产保险。

普通家庭财产保险是采取交纳保险费的方式，保险期限为一年，从保险人签发保单零时起，到保险期满24小时止。没有特殊原因，中途不得退保。险期满后，所交纳的保险费不退还，继续保险需要重新办理保险手续。保险费用低廉。

到期还本型家庭财产保险，它的承保范围和保险责任与普通家财险相同。到期还本型家庭财产保险具有灾害补偿和储蓄的双重性质。投保时，投保人交纳固定的保险储金，储金的利息转作保费，保险期满时，无论在保险期内是否发生赔付，保险储金均返还投保人。

利率联动型家庭财产保险，随着物价指数的上涨和央行不断升息，人们对保险保障提出了更高的要求。利率联动型家庭财产保险应运而生。投保此类险种除拥有相应的保障责任外，如遇银行利率调整，随一年期银行存款利率同步、同幅调整，分段计息，无论是否发生保险赔偿，期满均可获得本金和收益。

（2）机动车辆保险是以机动车辆本身及其第三者责任为保险标的的一种保险。机动车辆保险包括车辆损失保险、第三者责任保险和附加保险。在机动车辆保险中，车辆损失保险与第三者责任保险构成了其主干险种，并在若干附加险的配合下，共同为保险客户提供多方面的危险保障服务。车辆损失险的保险标的，是各种机动车辆的车身及其零部件、设备等。当保险车辆遭受保险责任范围的自然灾害或意外事故，造成保险车辆本身损失时，保险人应当依照保险合同的规定给予赔偿。车辆损失保险的保险责任，包括碰撞责任、倾覆责任与非碰撞责任，其中碰撞是指被保险车辆与外界物体的意外接触，如车辆与车辆、车辆与建筑物、车辆与电线杆或树木、车辆与行人、车辆与动物等碰撞，均属于碰撞责任范围之列；倾覆责任指保险车辆由于自然灾害或意外事故，造成本车翻倒，车体触地，使其失去正常状态和行驶能力，不经施救不能恢复行驶。

机动车辆第三者责任险，是承保被保险人或其允许的合格驾驶人员在使用被保险车辆时、因发生意外事故而导致的第三者的损害索赔危险的一种保险。由于第三者责任保险的主要目的在于维护公众的安全与利益，因此，在实践中通常作为法定保险并强制实施。机动车辆第三者责任保险的保险责任，即是被保险人或其允许的合格驾驶员在使用被保险车辆过程中发生意外事故、而致使第三者人身或财产受到直接损毁时被保险人依法应当支付的赔偿金额。

机动车辆的附加险是机动车辆保险的重要组成部分。从中国现行的机动车辆保险条款看，主要有附加盗窃险、附加自燃损失险、附加涉水行驶损失险、附加新增加设备损失险、附加不计免赔特约险、附加驾驶员意外伤害险、附加指定专修险等，保险客户可根据自己的需要选择加保。

（3）家庭责任保险主要涉及家庭房屋相关的保险产品，主要包括高空坠物责任保障、出租人责任保障、家政人员责任保险和宠物责任保险。

二、保险投资理财技巧

（一）为最重要的人购买保险

保险应该为家里最重要的人买，这个人应是家庭的主要经济支柱。应考虑到如果家庭中的主要经济支柱遭遇意外和疾病，如何保障家庭的生活，缓解由此带来的家庭生活危机。道理很明显，既然是家庭收入的主要来源者，是家庭的经济支柱，一旦发生风险对家庭的打击最大，所以作为家庭的经济支柱其实是最需要保护的。当这个经济支柱发生意外或者重大疾病的风险时，家庭的主要收入来源就会中断，就会降低生活品质甚至导致家庭经济崩溃。

如：高先生在北京做着医疗器械推销的生意，年收入在 50 万元以上，妻子原在一小学教书，有一个 8 岁的女儿，一家人过着其乐融融的日子。后来妻子因为孩子的家教总不太如意就干脆辞职在家做了个全职太太，自己抓起了女儿的教育问题。

在与保险代理人接触了多次后，高先生决定给家庭买几份保险。但是他把代理人给他自己设计的一份 100 万的寿险计划放到了一边，说："我现在有保障，我老婆孩子现在最需要保障，你给我老婆孩子设计一份方案吧。"就这样，王先生最终给妻子上了一份重大疾病险和一份养老险，给孩子上了一份教育险，年交保费 3 万多元。而自己没有分文的商业保险。

一年后的一天，高先生开车回家途中，汽车方向失灵，当场死亡，在得知噩耗后，妻子哭得昏死了过去。高先生的突然离去，给家庭造成了沉重的打击，高太太一下子从衣食无忧变成流离失所，生活的困苦更不用说了，而一年多以前丈夫给自己和孩子买的 10 年交的保险，已经成了一个巨大的经济负担，她不得不将其保单退掉。

对于一个家庭来说，保一家之经济支柱就是在保一个家庭，这个案例给我们的教训太深刻了。因为经济支柱对一个家庭的意义太重要，而寿险就是给家人最好的一道生活安全屏障。如果把这个顺序弄反了，你给所谓"最需要保的人"所上的那些保险，在支柱出现风险后不仅没有任何作用，还会成为家人沉重的负担。

（二）先给大人买保险

与此相对的一个观点就是"先给孩子买保险"，有这种想法并且这样去做的人大有人在，大多数家庭都给孩子买了保险，但是这些家庭中孩子的父母没有买保险的占大多数。父母往往这样想，孩子没有保护力，大人可以保护自己，所以给孩子上个保险；还有很多父母很感性，他们很爱自己的孩子，以致于有什么好东西就先给孩子，当听说保险好时，也先给孩子买，认为这也像是好吃的、好喝的、好玩的，先给孩子买保险，真是大错特错！这些父母爱孩子的心可以理解，却忽略了最重要的一点：父母是孩子的保险！

如：李某是北京的一个生意人，有一个当银行职员的妻子和一个5岁的女儿，李某的生意做得很顺，家庭条件很优越，这是一个非常幸福的家庭。2010年，在一位保险业务员多次的拜访下，他终于答应从这位业务员这里买保险，他给自己的女儿买了一份教育险，尽管这个业务员一再对他说要先给他自己买一份保险，可他总是说，给孩子买了就行了。这样，他自己整天在外面却没有任何保险。

2012年的春天，李某和妻子开车在高速公路上行驶时被一辆车从后面超车时撞上了，造成几车连撞两人当场死亡，留下了一个年仅7岁的女儿。而成了孤儿的女儿这时的保费也没有来源了，不仅没有了父母，她的教育险和养老险也中断了，再没人给交了，她的亲人也就剩下爷爷奶奶了。

当孩子突然之间失去了父母，她失去了所有的保障，因为在任何时候父母就是她的保障，作为孩子的父母，应该想到在两人在的时候你能照顾好你的孩子，而当父母都不在的时候呢？所以给大人先上充足的寿险，是给家庭，给孩子的一份坚实的保障。一定要先给大人买保险（寿险），因为大人是孩子的保险！

（三）先买意外险、健康险

买保险一般应按下面的顺序优先选择：意外（寿险）→健康险（含重大疾病、医疗险）→教育险→养老险→投资型保险（分红、投连、万能）。

人生三大风险：意外、疾病和养老，最难预知和控制的就是意外和疾病，而保险的保障意义，在很大程度上就体现在这两类保险上。但是很多人感觉这两种保险的保费很多时候是一去不返，或者回来得很少，算不上是投资，或者说“很不划算”，所以最具保障意义的保险一直以来没有受到足够的重视。于是当真正的风险来临时，很多保险却“不管用”，导致一些人对于保险的认识越来越陷入误区，其实是对保险理解的误区。

一个城市家庭，根据家庭主要收入者所负担的责任和日常生活开销，保额在50万元左右寿险较为合适。在寿险之外，家庭还应考虑意外、健康、医疗等险种，保额在10万～20万元比较合适。总体而言，寿险及意外、健康、医疗等的总保额能满足5年的日常生活开支及偿债即可。

如：小张是位28岁的年轻白领，刚刚参加工作5年，在大学学的金融专业，毕业后在证券公司工作，手上有一些积蓄。由于有金融的底子，小张对于投资理财相当感兴趣，很关注一些金融理财产品。2010年，他的一位大学同学进入保险公司作业务了，不久就找到小张，并向小张推荐了其所在公司的两种热卖保险产品，一种健康险和一种分红险，小张的关注点放在了那款分红险上了，他听了同学所在营业部的经理对这款分红险的分析并与同类产品作了对比，发现很不错，于是花了四五千元买了一份分红险，而没有买健康险。

2011年的夏天，小张一段时间感到腹部很不舒服，去医院检查被告知肾上有一块阴影，后被确诊为肾癌。这对年轻的他及他并不宽裕的家庭是个巨大的打击！这时他想起了曾买的一份保险，可是一翻起保单他后悔不迭：买的是分红险而不是重大疾病险。家里东拼西凑总算凑够了手术的钱，而这时他的分红型保险一点作用都不起，他还为来年的保费在担忧。当时小张的想法很简单：我还年轻，身体好的很；那款分红险确实不错。可是这对他的教训太大了，他年轻的生命今生将与保险无缘，因为得了重大疾病后再不能买保险了。

我们现在时兴讲理财，理财实际上分三步，第一步就是做好风险的转移，即保险保障，这是一个根基。做好了保险保障之后才去做其他的消费安排和投资理财，没有保险保障的投资如同空中楼阁，经不起风吹雨打。

（四）先买保险再买房

“我现在要攒钱买房，等我买了房、车以后再买保险。”这是很多30岁左右还没有房的一族对保险代理人常说的一句话，类似的说法还有“我现在没有闲钱买保险”，在他们看来，保险是一种奢侈的消费品，现在并不紧急，或者说保险是有钱人消费的。

而实际上，这种观念是非常不正确的，保险是生活的必需品，并不是要等到你的生活达到小康甚至更好以后才需要的，保险是转移风险的一种很好的手段，而风险并不是在你生活好了以后才出现。

三、保险投资理财操作流程

（一）明确保险需求

在考虑保障的需求大小时，你首先应明确自己的角色—您在家庭中的地位、责任、作用以及经济贡献如何，然后估算出你面临的各种风险可能产生的最大的费用需求。

表 6－1　人生阶段与险种选择

人生阶段	险种
单身期	意外险、大病
结婚时	定期险、意外保险、健康保险
三口之家	意外险、健康保险和小孩的教育基金
购买住房	一份与房贷相当金额的人寿保险
40 岁以后	意外险、养老保险
50 岁以后	意外险、一份追加的养老保险

（二）选择保险公司和保险代理人

随着中国金融业的发展，各种保险公司如雨后春笋般现身市场，其中既有国有保险公司，又有股份制保险公司和外资保险公司，使得投保人有了很大的选择余地，但同时也面临着更多的困惑，那到底应该怎样选择保险公司和保险代理人呢？农民朋友不妨从以下几方面来衡量：

1. 资产结构好。在保险业，能否上市或者能否整体上市是评价一家保险公司整体资产是否优良的标志之一。所谓“整体上市”是指以公司的全部资产为基础上市，如果某家保险公司实现了整体上市，就证明该公司整体结构良好。目前，内地不少保险公司已经上市或者具备了上市条件。

2. 偿付能力强。保险公司的偿付能力对保险消费者来说至关重要。

3. 信用等级优。国际上有不少专门对银行、保险公司等金融机构信用等级进行评估的机构，如美国的穆迪公司、标准普尔公司等，它们对保险公司的评级可以作为评价保险公司信用等级的一个参考。

4. 管理效率高。保险公司管理效率的高与低，决定着该公司的兴衰存亡。管理效率可从公司产品创新能力、市场竞争能力、市场号召能力、公司盈利能力、公司决策能力、公司应变能力、公司凝聚能力等方面衡量。

5. 服务质量好。保险与其他商品不同，不是一次性消费，保险合同生效的几十年间，保户经常就多方面的事情需要保险公司提供服务，如缴费、生存金领取、地址变更、理赔等。保险客户能否成为保险公司的上帝，享受上帝待遇，开开心心接受保险的关怀，保险公司的服务质量是关键。

6. 选择好的保险代理人。在选好保险公司后，保险代理人是否合格对我们也是非常重要的。在整个购买保险过程中，代理人的选择至关重要。一个好的代理人往往能决定你购买保险的成败。目前，国内保险产品千篇一律，很多保险纠纷多源于代理人的误导。通常，代理人在介绍保险产品时较热情，目的就是为了让消费者购买他们公司的产品。其实，作为一名合格的代理人，必须主动与投保人进行沟通，在清楚了解其需求的基础上介绍保险产品，并设计符合要求的保障计划，而不是急于推销产品。

（三）完善手续，及时付费

审视保险合同，详细了解相关的条款内容，签订保险合同，选择缴费方式，并开始交保险费。填写的资料必须真实、准确，不得瞒报和虚报，否则保险公司有权解除保险合同，投保以死亡为保险责任的保险必须征得被保险人同意并在保单上签字。投保人与被保险人必须具有保险利益关系。及时支付保险费用，以免发生不必要的麻烦。在缴费方式选择上，需结合家庭当前和未来的现金流，如果家庭现金充足或收入高，可一次缴清，否则选择分期缴纳比较好，可减轻家庭的负担。

四、保险投资理财注意事项

（一）保单的现金价值

所谓保单现金价值又称“解约退还金”或“退保价值”，是指带有储蓄性质的人身保险单所具有的价值。保险人为履行合同责任通常提存责任准备金，如果您中途退保，即以该保单的责任准备金作为给付解约的退还金。被保险人要求解约或退保时，寿险公司应该发还的金额。在长期寿险契约中，保险人为履行契约责任，通常需要提存一定数额的责任准备金。当被保险人于保险有效期内因故要求解约或退保时，保险人按规定，将提存的责任准备金减去解约扣除后的余额退还给被保险人，这部分余额即解约金，亦即退保时保单所具有的现金价值。

虽然退保不仅不能让投保人继续享受保障，而且在金钱上往往有所损失，但退保的事还是常有发生，究其原因大部分是投保人无法继续支付保费。其实，在了解保单具有现金价值后，你还应充分了解在这一基础上衍生而来的三大功能：自动垫付、减额缴清和展期定期，一旦发生无力承担保费的状况，就可以稍加应对。

自动垫付就是当保费支付中断时，保险公司会自动根据保单原有的约定，利用保单已有的现金价值支付未来若干年的保费，直到已有的现金价值用完。这样的结果是虽然保障额度不会减少，但保单的现金价值会减少，除非投保人把自动垫付的保费补足，该保单的现金价值才会回升到原有水平。而当投保人不愿意继续缴纳保险费时，投保人可书面申请将当时保单已生成的现金价值作为趸缴用的保险费，向保险公司申请同类保险的“减额缴清”。顾名思义，如此一来保障的额度将会减少，而之后所需的所有保费也已一次性缴清，保险期间与其他保险内容都不做变更。当然，减额后的保单所具有的现金价值也将同时减少。

展期定期保险，即申请在不改变原有死亡保险金额的情况下，用保单已经生成的现金价值缴纳保险费，使保单持续到相应时间。不管哪种方式，其实都比草率退保强一点，因为这两种方式好歹还能让你之前买的保险还能继续给你提供或多或少的保障。同样因为寿险保单具有现金价值，投保人在需要紧急用钱时，还可以想到用具有现金价值的保单作为质押来向保险公司申请借款。但如此质押贷款是有条件的。不少长期的人身保险条款规定，投保人缴付保险费满两年以上，且保险期已满两年的，投保人才可凭保险单申请质押贷款。另外，贷款的金额不能超过保单当时现金价值的一定比例，这个比例各个保险公司有不同的规定，一般是90%左右。

（二）有了社保还需要买商业保险

社会保险从保障基本生活，安定社会出发，着重于长期的基本生活保障。保障水平的确定，既要考虑劳动者原有生产水平，社会平均消费水平以及国家财政的承受能力，还要随着社会平均工资的提高和物价指数的变动而调整。商业人身保险则着重于一次性补偿，给付水平的确定只考虑被保险人投保额的多少，不考虑其他因素，多投多保。社会保险与商业保险作为整个社会保障体系最重要的两大支柱，发挥着非常重要的作用，两者各有侧重，分工不同，因此两者不可相互替代，就如同义务教育和高等教育的关系一样。正确认识社会保险与商业保险的关系，有利于投保人在选择商业保险时树立一个正确的投保观念。

社会保险是法定的保险，它是国家管理部门以法律为依据，以行政手段进行实施和管理的保险。凡是参加工作或自谋职业的成年人都必须参加的保险。它可以为参保人员提供基本医疗保险、基本养老保险、工伤保险、失业保险和生育保险范围内的经济保障。社会保险带有强制性的特点。雇主（或机构）在雇用雇员时应该签定劳动合同，雇主（或机构）应该为雇员办理社会保险，这是雇主的责任和义务。

商业保险：是集社会（参保人员）力量为少部分被保险人在遇

到某些（如：重大疾病、意外伤害、医疗健康等……）人身风险时提供应有经济保障的保险。购买商业保险是一种商业行为，它应该根据个人的需要和个人的经济支付能力来购买的保险，既然是商业保险，它就带有强烈的商业色彩，它是社会保险的补充。商业保险强调的是个人公平（根据自己的需要和经济能力买多买少），它的定位应该是：社会保险的补充。购买原则是：自愿原则。

虽然要肯定拥有社会保险比没有保障强许多，但是有一点不容忽略，无论国家还是企业，都没有能力也不可能给每个人提供足够的保障，所以社保有许多无可奈何的不足。对于普通工薪阶层，这种保障的不足之处越发明显。

（三）保额并非越高越好

生命是无价的。但是，当你为自己购买人寿保险以防范突然死亡带来的经济风险时，却必须为自己的生命“估价”。如何估价？其中大有讲究。很多人在购买保险产品特别是寿险时，投保多少常常是由保险业务员说了算，自己很少过问。实际上，购买寿险并不是保额越高越好。多数人购买寿险的目的，是通过死亡保险金的给付，使那些在经济上依赖他的人在他死后可以保持与以前大致的生活水平。因此，“生命价值法”可以成为人们确定寿险保额的基本原则。

“生命价值法则”是以一个人的生命价值作为依据，来考虑应购买多少保额的寿险。该法则可分为3步：估计被保险人以后的年均收入，确定退休年龄；从年收入中扣除各种税收、保费、生活费等支出后剩余的钱。据此计算，可得出被保险人的生命价值。

如：张先生今年30岁，假设其60岁退休，退休前年平均收入是12万元，平均年收入的1/3自己花掉，粗略计算他的生命价值是：（60－30岁）×（12万－4万）＝240万元。那么这240万元即可以作为考虑现阶段购买多少寿险保额的参考值之一。

“家庭需求法则”计算方式是，将至亲所需生活费、教育费、供养费、对外负债等费用相加，扣除既有资产所得缺额作为保额的粗略估算依据。另外被保险人可以从企业、自己之前购买的人寿保险处获得的一定的保险保障也要扣除。

仍以张先生为例再从家庭需求的角度考虑寿险保额。假设其家庭目前年平均收入 15 万元左右，每年最大支出就是大约 5 万元的房贷，加上其他开支，总支出 8 万元左右。家庭现有价值 100 万元的房屋。考虑到李先生家最大的开支房贷要还 20 年，他还需要以保险补偿家庭未来 30 年的开支，那么确定他的家庭需求为：8 万元 ×20 年 +（8 万元 −5 万元）×10 年 −100 万元 =90 万元。

综合以上两种法则，李先生合适的寿险保额在 90 万元 ~240 万元之间。当然随着生活条件和收入水平的改变，保额也应随之调整。

（四）看清免责条款

每份保险都有一定的保险责任，即什么情况可以得到保障，什么情况无法得到保障。投保人在购买保险前，千万不可忽略保险的免责条款，看看自己所需要的保障是否被归到了免责条款中，从而根据自己的需求来挑选保险产品。

如：赵先生在看一档医学节目时了解到，切除阑尾可以防止急性阑尾炎，他当时便想反正投保了寿险可以理赔，于是他便去医院做了阑尾切除手术。但是没有想到的是，当他去保险公司理赔的时候却被保险公司拒赔了，理由是预防阑尾切除是预防性手术，属于保险合同中的免责范围。“我是知道预防性手术被免责，但是没想到阑尾切除也属于这个范围。”赵先生表示，他拿出保险合同仔细查看才发现，免责条款里明确写着：预防性手术，比如预防阑尾切除不赔。

一些生活中经常耳闻目睹的伤害，在投保人看来理应赔偿，但却不一定包含在保险责任中，投保人应该认真了解保险的免责条款。

附件

国寿康宁终身重大疾病保险（2012版）

一、产品特色

1. 一份投入　多重保障：客户一份投入，可以获得重大疾病保险金、特定疾病保险金、身体高度残疾保险金以及身故保险金多重保障；

2. 健康保障　全面呵护：国寿康宁终身重大疾病保险（2012版）［以下简称为康宁终身（2012版）］不仅对40种重大疾病提供保障，还对10种特定疾病进行提前给付；

3. 重疾范围　行业领先：康宁终身（2012版）全面承保中国保险行业协会制定的25种重大疾病、其他15种重大疾病以及10种特定疾病，保障范围广泛，行业领先；

4. 特定疾病　提前给付：针对10种特定疾病，康宁终身（2012版）提供提前给付基本保险金额20%的特定疾病保障，但给付以一次为限，且以人民币10万元为上限；

5. 高残意外　尽显关爱：公司给付身体高度残疾保险金或身故保险金时，不扣除被保险人已经领取或本公司应给付的特定疾病保险金，尽显人性关爱。

二、保障范围

保障范围内的40种重大疾病：

1. 恶性肿瘤——不包括部分早期恶性肿瘤

2. 急性心肌梗塞

3. 脑中风后遗症——永久性的功能障碍

4. 重大器官移植术或造血干细胞移植术——须异体移植手术

5. 冠状动脉搭桥术（或称冠状动脉旁路移植术）——须开胸手术

6. 终末期肾病（或称慢性肾功能衰竭尿毒症期）——须透析治疗或肾脏移植手术

7. 多个肢体缺失——完全性断离

8. 急性或亚急性重症肝炎

9. 良性脑肿瘤——须开颅手术或放射治疗

10. 慢性肝功能衰竭失代偿期——不包括酗酒或药物滥用所致

11. 脑炎后遗症或脑膜炎后遗症——永久性的功能障碍

12. 深度昏迷——不包括酗酒或药物滥用所致

13. 特定年龄双耳失聪——永久不可逆、被保险人年满 3 周岁

14. 特定年龄双目失明——永久不可逆、被保险人年满 3 周岁

15. 瘫痪——永久完全

16. 心脏瓣膜手术——须开胸手术

17. 严重阿尔茨海默病——自主生活能力完全丧失

18. 严重脑损伤——永久性的功能障碍

19. 严重帕金森病——自主生活能力完全丧失

20. 严重Ⅲ度烧伤——至少达体表面积的 20%

21. 严重原发性肺动脉高压——有心力衰竭表现

22. 严重运动神经元病——自主生活能力完全丧失

23. 语言能力丧失——完全丧失且经积极治疗至少 12 个月

24. 重型再生障碍性贫血

25. 主动脉手术——须开胸或开腹手术

26. 严重心肌病

27. 严重重症肌无力

28. 严重多发性硬化症

29. 严重脊髓灰质炎

30. 严重类风湿性关节炎

31. 严重系统性红斑狼疮性肾病

32. 末期肺病

33. 严重克隆病

34. 严重溃疡性结肠炎

35. 持续植物人状态

36. 严重胰岛素依赖型糖尿病

37. 重冠心病

38. 急性坏死性胰腺炎开腹手术

39. 经输血导致的人类免疫缺陷病毒感染

40. 非阿尔茨海默病所致严重痴呆

保障范围内的10种特定疾病：

1. 特定恶性病变或恶性肿瘤

2. 不典型的急性心肌梗塞

3. 冠状动脉介入手术

4. 特定脑中风后遗症

5. 心脏瓣膜介入手术

6. 特定面积Ⅲ度烧伤

7. 主动脉介入手术

8. 严重脑垂体瘤、脑囊肿、脑动脉瘤及脑血管瘤

9. 特定年龄视力受损

10. 严重头部外伤

三、责任免除

因下列任何情形之一导致被保险人发生合同所指重大疾病、特定疾病、身体高度残疾或身故，本公司不承担给付保险金的责任：

1. 投保人对被保险人的故意杀害、故意伤害；

2. 被保险人故意自伤、故意犯罪或抗拒依法采取的刑事强制措施；

3. 被保险人在合同成立或合同效力最后恢复之日起二年内自杀，但被保险人自杀时为无民事行为能力人的除外；

4. 被保险人服用、吸食或注射毒品；

5. 被保险人酒后驾驶、无合法有效驾驶证驾驶或驾驶无有效行驶证的机动车；

6. 战争、军事冲突、暴乱或武装叛乱；

7. 核爆炸、核辐射或核污染；

8. 遗传性疾病，先天性畸形、变形或染色体异常。

无论上述何种情形发生，导致被保险人发生合同所指重大疾病、特定疾病、身体高度残疾或身故的，合同终止，本公司向投保人退还合同的现金价值。投保人对被保险人故意杀害或伤害造成被保险人身故的，本公司退还合同的现金价值，作为被保险人遗产处理，但法律另有规定的除外；投保人对被保险人故意杀害或伤害造成被保险人发生合同所指重大疾病、特定疾病、身体高度残疾的，本公司向被保险人退还合同的现金价值。

四、投保范围

凡出生二十八日以上、六十周岁以下，身体健康者均可作为被保险人，由本人或对其具有保险利益的人作为投保人向本公司投保本保险。

五、保险期间

保险期间为合同生效之日起至合同终止日止。

六、基本保险金额

合同的基本保险金额是指保险单上载明的保险金额。

七、保险费

保险费交付方式分为一次性交付和分期交付两种。交付方式为分期交付的，交费期间分为十年和二十年两种，交付方式分为年交和月交两种，由投保人在投保时选择。

八、投保示例

王先生，30 岁，投保基本保险金额 30 万元的国寿康宁终身重大疾病保险（2012 版），选择 10 年交费，年交保费 16350 元，可获得如下利益：

1. 重大疾病保险金。王先生于合同生效（或最后复效）之日起一百八十日内，因首次发生并经确诊的疾病导致王先生初次发生并经专科医生明确诊断患合同所指的重大疾病（无论一种或多种），合同终止，本公司按照合同所交保险费（不计利息）给付重大疾病保险金；王先生于合同生效（或最后复效）之日起一百八十日后，因首次发生并经确诊的疾病导致王先生初次发生并经专科医生明确诊断患合同所指的重大疾病（无论一种或多种），合同终止，本公司给付 30 万元重大疾病保险金。

王先生已经领取或本公司应给付特定疾病保险金的，本公司按合同基本保险金额扣除王先生已经领取或本公司应给付的特定疾病保险金后的余额给付重大疾病保险金。若因意外伤害导致上述情形，不受一百八十日的限制。

2. 特定疾病保险金。王先生于合同生效（或最后复效）之日起一百八十日内，因首次发生并经确诊的疾病导致王先生初次发生并经专科医生明确诊断患合同所指的特定疾病（无论一种或多种），本公司不承担给付保险金的责任，合同继续有效；王先生于合同生效（或最后复效）之日起一百八十日后，因首次发生并经确诊的疾病导致王先生初次发生并经专科医生明确诊断患合同所指的特定疾病，本公司给付 6 万元特定疾病保险金，但给付以一次为限，合同继续有效。若因意外伤害导致上述情形，不受一百八十日的限制。

3. 身体高度残疾保险金。王先生于合同生效（或最后复效）之日起一百八十日内因疾病导致身体高度残疾，合同终止，本公司按合同所交保险费（不计利息）给付身体高度残疾保险金；王先生因前述以外情形导致身体高度残疾，合同终止，本公司给付 30 万元身体高度残疾保险金。

4. 身故保险金。王先生于合同生效（或最后复效）之日起一百八十日内因疾病身故，合同终止，本公司按合同所交保险费（不计利息）给付身故保险金；王先生因前述以外情形身故，合同终止，本公司给付 30 万元身故保险金。

合同的重大疾病保险金、身体高度残疾保险金和身故保险金本公司仅给付一项，并以一次为限。

第七章　基金投资理财

1868年英国创立了世界上第一个基金机构，即“海外和殖民地政府信托组织”。1924年美国第一个共同基金，即“马萨诸塞投资信托基金”在波士顿设立。目前，全球约有30万亿美元的基金资产，而我国证券投资基金业务产生于20世纪80年代后期。1987年，中国银行和中国国际信托投资公司等涉足投资基金业务。1991年武汉证券公司设立了“武汉证券投资基金”，接着“淄博乡镇企业投资基金”成立；之后，我国出现了投资基金热潮，沈阳、大连、上海、广东等27个省市、自治区、直辖市和计划单列市设立了多种不同类型的基金。1992年10月国内首家专业性基金管理公司——深圳投资基金管理公司成立。到1995年初，全国有10家基金在深圳证券交易所挂牌交易，有15家基金在上海证券交易所挂牌交易，还有一部分基金在全国各地的证券交易中心进行交易；截至1997年年底，全国共审批了75只基金，实际发行了73只，共募集约50亿元。这一时期设立的基金，我们通称为“老基金”，这些“老基金”主要是以封闭型基金为主，以契约型基金为主，以投资对象全能型为主，以基金规模较小型为主。

1997年10月7日，国务院原则通过了《证券投资基金管理暂行办法》，该办法对基金的设立、管理、运作和交易按照国际惯例进行了全面的规定，成为我国基金管理重要的法律规范，标志着我国证券投资基金发展进入了一个新的时期。从1998年4月开始的一年时间里，中国证监会批准了10只证券投资基金，按《证券投资基金管理暂行办法》设立的基金我们通称为“新基金”，10家“新基金”均为契约型基金，发行规模为20亿元。随着我国证券市场的进一步发展，新的证券投资基金不断增加，基金规模扩张非常明显，其发展进入快速通道。受经济运行及其资本市场的拖累，虽然2010年股票型基金全年出现355.31亿元的亏损，但混合型基金则实现238.61亿元的利润，封闭式基金也有37.46亿元的利润。而受益于整体向上的债市行情，债券型基金在2010年收入颇丰，全年盈利58.77亿元，比2009年同期增长了42.99%。统计显示，2011年为基金史上新基金发行密度最高的一年，共计211只。证券投资基金作为我国证券市场上重要的机构投资者，在促进证券市场持续稳定与健康发展方面发挥越来越大的作用。

一、基金投资的主要特点分析

1. 比起人们熟悉的银行存款，基金的风险水平和预期收益率有很大不同。总结起来有几点：第一，除保本基金承诺在保本期满时保证本金安全外，其他类别基金不承诺保证本金安全；第二，基金一般不承诺收益率，因为风险水平与预期收益率像一对连体儿，随基金类别的风险增大，它的收益率及其波动幅度也明显增大。例如：风险收益最低的货币市场基金，预期收益率也较低：大约是一年定期税后利率，上下波动幅度较小；而相对风险收益最高的股票型基金，从美国市场几十年的实证看，长期平均年回报率大约在10%左右，但上下波动幅度较大；就任何一年的实际收益率来说，可能超出平均水平很多，也可能是亏损。第三，投资时间长短与需要匹配的风险程度、变现能力密切相关。一般来说，资金投资的时间越短，风险承受能力越低，流动性要求越高。例如：对于一笔三个月后有确定支出计划的资金，用来投资基金时，最好选择本金稳妥性和流动性很高的货币市场基金或超短债基金；又如：如果9个月后有确定的支出计划，那么与这笔资金匹配的，最好还是低风险资金，但可适当搭配更适合长期投资的低风险基金：债券基金。相反，如果这两笔投资都选择股票基金，由于风险较高，取用时就比较容易遇上阶段性下跌或本金亏损，给变现带来较大风险。

储蓄存款是人们最基本的、已延续几十年的理财方式。居民储蓄存款中三分之二是定期储蓄。但是，近些年来存款利率持续下调并多年徘徊于历史低谷。这种利率水平，不仅很难超越通货膨胀的长期平均水平，很难帮助居民抵御长期贬值风险，而且由于其间几年，一年期定存利率甚至低于当年消费价格指数，使得居民通过存款不仅没有获得实际的保值增值，反而贬值。发达市场的发展经验告诉我们，存款更多的作用是家庭支出的防护垫，难以为资产增值做出重要贡献。

对于普通老百姓来说，投资理财是个与自己息息相关的话题，却又总是有种雾里看花终隔一层之感。股票、股票基金等产品对于大多数风险规避型投资者来说是不敢涉足的雷区，很多人仍然选择将资金存入银行以求安稳，但是，越来越低的存款利息早已今非昔比。同时，央行首次放开了存款利率上限，不少储户为了多增加一点利息收入，“货比三家”后将存款转移到利率更高的银行。对此，理财专家认为，频繁转存往往得不偿失，没必要对银行储蓄“忠贞不渝”，不妨考虑选择货币基金作为家庭理财替代品。相较银行定期存款，投资货币基金不仅可以获取不错的收益，同时还能获得更高流动性和更多便捷性。对此，理财专家认为，不妨考虑选择货币基金作为家庭理财替代品。相较银行定期存款，投资货币基金不仅可以获取不错的收益，同时还能获得更高流动性和更多便捷性。储户们最关心的是安全性问题，而通常被视为无风险或低风险投资工具的货币市场基金在这方面有充分保障。一般来说，货币基金的风险极低，正常情况下不会发生亏损。这是由于货币市场基金主要投资于银行定期存款、大额存单以及一些短期债券，货币市场工具的到期日通常很短，货币市场基金投资组合的平均期限也仅为 4 ~ 6 个月，因此风险较低，其收益通常只受市场利率波动的影响。

在保障资金安全的同时，货币基金相对银行存款的优势很明显。因为银行定存是以丧失资金流动性为前提的，一旦提前支取，其利率将按照活期计算。而货币基金目前年化收益足以与定期存款一较高下，而且每日计息按月结转收益，不用担心提前赎回时蒙受类似定存的损失。例如汇添富货币基金A，截至9月3日其7日年化收益率高达4.047%，是同期银行活期存款基准利率（0.35%）的十多倍，也高于一年期定期存款基准利率（3.0%）。在流动性上，货币基金与活期存款相差很小（货币基金赎回便利，最快T+1日，一般T+2日即可到账），大大优于定存。

货币基金在兼具低风险、高流动性的同时具有较好收益。2011年投资市场表现疲弱，而货币基金却一枝独秀，据统计，当年77只货币型基金的平均收益高达3.56%，超过同期一年期定期存款利率。而进入2012年以来，货币基金业绩表现依然抢眼。据统计，自2004年至2011年9月30日，货币基金的累计收益为21.29%，同期活期存款利率、七天通知存款利率、一年期定期存款利率的累计收益分别为4.78%、12.92%、22.29%。从过往业绩看，货币基金的收益明显高于活期和通知存款，而相对于定存收益可说旗鼓相当，但其流动性无疑具有相当优势。

与银行理财产品动辄5万元起的高门槛不同，千元起就能购买的货币基金产品可轻易"飞入寻常百姓家"。货币基金无任何购买赎回费用，且赎回方便、变现快捷，非常适合大众投资者。此外，货币基金在投资理财上还有一大特殊优势就是基金转换。因而兼顾流动性与收益性的货币基金已然是一种比银行储蓄更具收益潜力的投资理财产品。从构建稳健的资产组合角度出发，配置货币基金不失为普通投资者有效打理闲置资金、寻求资金安全的蓄水池与避风港。

2. 小资金投资目前存在一定的劣势，如难以做组合投资，无法分散风险，缺乏研究资源，信息不对称，投资决策盲目，应变能力差、谈判地位弱；而基金集结各路小额盈余资金，通过专业理财，能在很大程度上克服这些不足。其次，与其他投资工具相比，基金是最大众化的。因为：第一，基金整体风险相对较低。例如：股票对应的单个存续风险较大，而小额资金投资个股，尽管可能取得高于基金的收益率，但风险会较大。基金的投资组合分散风险，专业理财及时调整投资，是基金走得稳、走得远的重要原因。另外，尽管基金的长期升值潜力可能明显小于收藏品、或期货，但也没有赝品带来的本金折损，或杠杆下的加倍风险。第二，基金操作不难。比较古玩、字画、红木家具等收藏品，或比较期货等复杂的衍生工具，基金不需要精深的专业知识，只需了解基本的理财要领，几乎人人都可以参与。第三，基金变现容易。开放式基金每个工作日都可以按基金净值赎回，任一工作日都可交易。比较房地产、收藏品等其他投资品，基金的变现能力可能是最快捷、便利、确定的。同时，开放式基金随时按净值变现的特点，也进一步降低了投资风险。第四，基金门槛低，随时可以投资。基金一般只需1000 元就可以开始投资（基金的定期定额投资起点更低，一般每月只需几百元）。这是投资房地产、收藏品、衍生工具难以比拟的。第五，基金品种丰富，可以通过组合搭配，形成不同程度、多样化的风险收益特征，满足各种个性化需求，在很大程度上解决众口难调的问题。

3. 基金将众多投资者的资金集中起来，委托基金管理人进行共同投资，表现出一种集合理财的特点。通过汇集众多投资者的资金，积少成多，有利于发挥资金的规模优势，降低投资成本。基金由基金管理人进行投资管理和运作，基金管理人一般拥有大量的专业投资研究人员和强大的信息网络，能够更好地对证券市场进行全方位的动态跟踪与分析，把资金交给基金管理人管理，使中小投资者也能享受到专业化的投资管理服务。基金管理人经过中国证监会的严格考试遴选，在专业知识、信息、经验等方面拥有优势。他们一般根据随时了解到的最新的有关经济形势、国内外市场的发展动态、上市公司的经营状况等信息，经过认真分析和对金融市场走势进行预测后，按组合投资的原理做出投资决策，因而能为投资者带来较高的回报。

4. 证券投资基金的管理人为了减少风险进行组合投资，以使投资者在承担较小风险的前提下获取最大的投资收益。为降低投资风险，一些国家的法律通常规定基金必须以组合投资的方式进行基金的投资运作，从而使“组合投资、分散风险”成为基金的一大特色。中小投资者由于资金量小，一般无法通过购买不同的股票分散投资风险。基金通常会购买几十种甚至上百种股票，投资者购买基金就相当于用很少的资金买了一揽子股票，某些股票下跌造成的损失可以用其他股票上涨的盈利来弥补，因此可以充分享受到组合投资、分散风险的好处。对普通投资者而言，时间和资金规模有限，不可能关注和投资尽可能多的理财工具，从而产生组合效应和分散投资风险。而基金资金多、规模大、实力强，由专业人员构筑投资组合，能更有效地降低风险，保障投资者的利益。证券投资基金实行“利益共享、风险共担”的原则。基金投资者是基金的所有者。基金投资收益在扣除由基金承担的费用后的盈余全部归基金投资者所有，并依据各投资者所持有的基金份额比例进行分配。为基金提供服务的基金托管人、基金管理人只能按规定收取一定的托管费、管理费，并不参与基金收益的分配。

5. 为切实保护投资者的利益，增强投资者对基金投资的信心，各国基金监管机构都对基金业实行严格的监管，对各种有损投资者利益的行为进行严厉的打击，并强制基金进行较为充分的信息披露。在这种情况下，严格监管与信息透明也就成为基金的一个显著特点。与此同时，基金管理人负责基金的投资操作，本身并不经手基金财产的保管。基金财产的保管由独立于基金管理人的基金托管人负责。这种相互制约、相互监督的制衡机制对投资者的利益提供了重要的保护。大多数国家都规定，证券投资基金的经营机构由基金管理公司和基金托管公司组成。基金必须委托基金管理公司作为基金管理人管理基金资产和进行投资动作，委托银行作为托管人托管基金资产。基金资产独立于基金托管人和基金管理人的资产，基金托管人与基金管理人在行政上和财务上彼此独立，双方的高级管理人员不得在对方兼任任何职务。此外，还规定了每个基金投资于股票和债券的比例，一个基金持有一家上市公司股票占基金资产净值的最高比例，同一基金管理人管理的全部基金持有一家公司证券占该公司发行证券总数的最高比例，一个基金投资国家债券的最低比例等。基金管理和运作的法制化有利于保护投资者的利益。

二、基金投资的主要品种及其组织结构

（一）基金投资的主要品种

证券投资基金是一种利益共享、风险共担的集合投资方式，通过向社会公开发行一种凭证筹集资金，集中投资者的资金由基金托管人托管，并由基金管理人管理和运用资金，从事股票、债券、外汇、货币等金融工具投资，以获得投资收益和资本增值。所述“向社会公开发行的凭证”称为证券投资基金受益凭证，也称基金份额或基金单位。它是证券投资基金管理公司签发给投资者，以确认其投资份额的证书。基金受益凭证是一种无面额有价证券。谁持有这种凭证，谁就依据购买的基金单位份额分享资产所有权、本金的受偿权、收益分配权、剩余财产处置权及参与受益人大会的表决权，并承担相应义务。

证券投资基金之所以作为一种投资理财工具，在于证券投资基金的基本功能是代理投资机构集众多不特定的投资者的零散资金，交由专门的投资机构作为共同财产进行投资，由基金托管人托管，专业的基金管理公司管理和运用。也就是将投资者的小钱集成大钱，由专业的人员管理，根据设定的投资目标，将分散的资金投资于特定的资产组合，投资收益归原投资者所有。投资者与证券投资基金共同分享投资收益、分担投资风险。

证券投资基金主要的投资对象有资本市场上的上市股票与债券，货币市场上的短期票据与银行同业拆借，以及金融期货、黄金、期权交易、不动产等。根据基金单位是否可增加或赎回，可分为开放型基金和封闭型基金。

1. 开放型基金也称为追加型证券投资基金，是指基金投资公司在设立基金时，不固定基金发行份额的总量，也不限定本次基金发行的数量，而是根据经营策略及市场状况持续地发行。投资者可按基金的报价在基金管理人指定的营业场所申购或随时赎回的基

金。也就是上市型开放式基金发行结束后，投资者既可以在指定网点申购与赎回基金份额，也可以在交易所买卖该基金。不过投资者如果是在指定网点申购的基金份额，想要上网抛出，须办理一定的转托管手续；同样，如果是在交易所网上买进的基金份额，想要在指定网点赎回，也要办理一定的转托管手续。

开放型基金的主要特点一是发行额可变，基金份额（单位）总数可随时增减，基金规模不固定。该类基金在发行时，其总额虽然可以变动，但仍须设定发行总额和发行期限。到期如未能达到设定总额的50%，那么基金不能成立，已收取的认购款应退给投资人。基金的资本总额和份额总数可随时依市场需求而变化，例如通过追加投资或红利转增形式增加，或基金所投资的有价证券增值，或因投资人赎回而减少。二是投资者可以在首次发行结束一段时间后，随时向基金管理人或中介机构提出购买或赎回申请。这就要求基金公司应保留一定比例的现金以便赎回。因此，开放型基金的投资决策者不能将全部基金资产用于投资，尤其是长线投资，而要保留一部分现金以及可以随时出手的金融商品，以应付随时出现的赎回。

2. 封闭型基金也称为固定型证券投资基金或公开交易共同基金。是指基金管理公司在设立基金时确定了基金的发行总额，在完成发行计划后，基金即告成立并进行封闭，在封闭期内基金份额（单位）总数不变，发行结束后基金在证券交易所上市流通，投资者可通过证券公司买卖或转让基金单位。待基金存续期限到期之后，投资者才可以向基金管理公司赎回基金。由于封闭型基金在证券交易所的交易采取竞价的方式，因此交易价格受到市场供求关系的影响而并不必然反映基金的净资产值，即相对其净资产值，封闭型基金的交易价格有溢价、折价现象。国外封闭型基金的实践显示其交易价格往往存在先溢价后折价的价格波动规律。从我国封闭型基金的运行情况看，无论基本面状况如何变化，我国封闭型基金的交易价格走势也始终未能脱离先溢价、后折价的价格波动规律。

封闭型基金有固定的规模和封闭期限。该基金在招募说明书中列明其基金规模，在封闭期限内未经法定程序认可不能再增加发行。封闭型基金持有的基金单位只有在该基金到期才能赎回，在该基金未到期时，只能卖给第三者或在证券交易所挂牌出售。因此，封闭型基金的投资决策者可以将全部基金资产用于投资，也可进行长期投资。封闭型基金相对于开放型证券投资基金而言，具有开放度较低、规模较小、资金周转较慢的特点。封闭型证券投资基金与开放型证券投资基金可以相互转化。

开放型基金与封闭型基金的区别：（1）基金规模的可变性不同。封闭型基金均有明确的存续期限（我国规定不得少于5年），在此期限内已发行的基金单位不能被赎回。虽然特殊情况下此类基金可进行扩募，但扩募应具备严格的法定条件。因此，在正常情况下，基金规模是固定不变的。而开放型基金所发行的基金单位是可赎回的，而且投资者在基金的存续期间内也可随意申购基金单位，导致基金的资金总额每日均不断地变化。换言之，它始终处于“开放”的状态。这是封闭型基金与开放型基金的根本差别。（2）基金单位的买卖方式不同。封闭型基金发起设立时，投资者可以向基金管理公司或销售机构认购；当封闭型基金上市交易时，投资者又可委托券商在证券交易所按市价买卖。而投资者投资于开放型基金时，他们则可以随时向基金管理公司或销售机构申购或赎回。（3）基金单位的买卖价格形成方式不同。封闭型基金因在交易所上市，其买卖价格受市场供求关系影响较大。当市场供小于求时，基金单位买卖价格可能高于每份基金单位资产净值，这时投资者拥有的基金资产就会增加；当市场供大于求时，基金价格则可能低于每份基金单位资产净值。而开放型基金的买卖价格是以基金单位的资产净值为基础计算的，可直接反映基金单位资产净值的高低。在基金的买卖费用方面，投资者在买卖封闭型基金时与买卖上市股票一样，也要在价格之外付出一定比例的证券交易税和手续费；而开放型基金的投资者需缴纳的相关费用（如首次认购费、赎回费）则包含于基金价格之中。一般而言，买卖封闭型基金的费用要高于开放型基金。（4）基金的投资策略不同。由于封闭型基金不能随时被赎回，其募集得到的资金可全部用于投资，这样基金管理公司便可据以制定长期的投资策略，取得长期经营绩效。而开放式基金则必须保留一部分现金，以便投资者随时赎回，而不能尽数地用于长期投资，且一般投资于变现能力强的资产。

按照基金投资的主要品种及其与之适宜财务需求的匹配来分类，基金投资品种可以分为货币市场基金和超短债基金、债券基金、股票基金。

1. 货币市场基金和超短债基金。属于短期、低风险投资，适合随时取用，能替代活期储蓄。货币市场基金和超短债基金主要投资信用等级高、期限短的货币市场工具，因而本金比较稳妥，适合随时取用。货币市场基金的特点是以近似活期储蓄的便利，力争超过一年定期储蓄税后的收益，超短债基金通过“货币增强”的投资策略，力争略高一些的收益。货币市场基金和超短债基金都适合管理手边的钱：长期理财：用于防护网、随时变现的现金类资产；投资股票：等待投资时机，或落袋为安时的资金；私人企业主：业务周转中的资金；工薪族：趴在卡上睡觉的很多工资；退休人士：不能承受风险，又嫌储蓄利息低的养老钱。比较起来，货币市场基金，稳定性稍高；超短债基金，收益略高，适合匹配放置时间稍长一点儿的资金。债券基金：长期、低风险投资，稳定增值，能替代定期储蓄或国债。国内外债券市场的大部分交易都是在机构间进行的，因而债券基金是大众小额闲置资金参与债券投资的较好载体。

2. 债券基金。债券基金能利用灵活的策略，在较广泛的范围内选择各类高信用等级的固定收益投资工具，还可以利用新股申购及可转债等低风险方式分享股市高收益，并通过适当资产配置、战术性套利等手段，力争持续获得高于相应利息的收益。债券基金风险水平和预期收益率高于货币市场基金和超短债基金而低于股票基金；长期低风险投资能替代定期储蓄或国债，与货币市场基金和超短债基金搭配，能在控制低风险的基础上增强收益；与股票基金搭配，能有效分散风险，增强变现安全性和分红能力。

3. 股票基金。属于长期、较高风险投资，追求长期增值的工具，能部分替代定期储蓄。股票基金是追求长期增值的良好工具。随着股市机构博弈特征的发展，股票基金具有的专家理财、分散风险等优势也更明显。股票基金主要投资股票，可分主动型投资和完全跟踪指数的被动型投资两类。一般来说，主动型股票基金的风险水平低于个股，因为组合投资可以分散风险；但预期收益率也可能低于市场平均水平，因为开放式股票基金须保留一部分现金资产应付赎回，或投资部分债券。但主动型股票基金可以利用股市结构化矛盾或资产配置，力争高于市场的回报，甚至在熊市时仍可能取得良好收益。由于投资管理水平、产品投资风格、市场变化阶段等方面存在不同，主动型股票基金间业绩分化较大，因而适合：优选品牌基金公司；优选品牌基金经理；适当关注不同投资风格的配置。如：大盘与中小盘风格，成长与价值风格等，指数型股票基金完全跟踪指数，投资组合中的股票应与指数成分股及其权重吻合，特点是：透明度高，复制指数的风险水平和预期收益率，易于投资人结合对市场的判断，适合：牛市，尤其是在短期急升阶段，市场代表强的指数型股票基金常常可以取得明显领先于主动型股票基金的业绩；熊市里，由于跟随市场下跌，当跌幅较深时，可能具备较大投资价值；对于长期投资，可适当搭配指数型与主动型股票基金，以优化股票基金组合；对于投资经验丰富、专业性强的少数投资人，可利用指数基金做波段操作，但对于普通居民的基金理财来说，并不提倡。

（二）证券投资基金的组织结构

1. 基金契约。基金契约就是一份“委托理财协议”。是基金管理人、基金托管人、基金投资者为设立基金而订立的用以明确基金当事人各方权利和义务关系的书面法律文件。基金契约规范基金各方当事人的地位与责任。基金管理人对基金财产具有经营管理权；基金托管人对基金财产具有保管权；投资者则对基金运营收益享有收益权，并承担投资风险。基金契约的主要内容包括：基金的持有人、管理人、托管人的权利与义务；基金的发行、购买、赎回与转让等；基金的投资目标、范围、政策和限制；基金资产的估值方法；基金的信息披露；基金的费用；收益分配与税收；基金终止与清算。投资者一旦认购了基金，就意味着你默许了基金契约，愿意委托该基金管理人“代你理财”。

2. 基金管理人。基金管理人是指具有专业的投资知识与经验，根据法律、法规及基金章程或基金契约的规定，经营管理基金资产，谋求基金资产的不断增值，以使基金持有人收益最大化的机构。在我国，按照暂行办法的规定，基金管理人由基金管理公司担任。基金管理公司通常由证券公司、信托投资公司发起成立，具有独立法人地位。

3. 基金托管人。基金托管人是投资人权益的代表，是基金资产的名义持有人或管理机构。为了保证基金资产的安全，按照资产管理和资产保管分开的原则运作基金，基金设有专门的基金托管人保管基金资产。

4. 基金持有人大会。基金持有人大会是由全体基金单位持有人或委托代表参加。主要讨论有关基金持有人利益的重大事项，如修改基金契约，终止基金，更换基金托管人，更换基金管理人，延长基金期限，变更基金类型，以及召集人认为要提交基金持有人大会讨论的其他事项。

5. 基金托管协议。基金托管协议是基金管理人与基金托管人（一般为商业银行）就基金资产托管一事达成的协议书。协议书以合同的形式明确委托人和托管人的责任和权利、义务关系。

三、基金收益计算

基金时期一般分为认购期、运作期（封闭期）、申购期三个阶段。认购期一般是半个月左右，在这半个月里你只能购买不能赎回（卖出），买入价一般是1元。然后进入运作期（封闭期），在这段时间里基金公司拿你的钱去建仓，也可以说是一个准备期，一般不超过三个月，打开之后大部分基金会有所涨幅，也有部分会回落变成0.9或者更低，这个时候不要以为你赔了，因为你的投资才刚刚开始。接下来进入申购期，此时你已经可以自由买卖了。

1. 计算开放式基金的申购费用及申购份额。

申购费用 = 申购金额 × 申购费率

申购份额 =（申购金额 − 申购费用）÷ T 日基金单位净值

假如投资者投资 50000 元认购某开放式基金，假设申购费率为 2%，当日的基金单位净值为 1.1688 元，其得到的份额为：

申购费用 = 50000 × 2.0% = 1000（元）

申购份额 =（50000 − 1000）÷ 1.1688 = 41923.34（份）

2. 计算开放式基金的赎回费用及赎回金额。

赎回费用 = 赎回份额 × T 日基金单位净值 × 赎回费率

赎回金额 = 赎回份额 × T 日基金单位净值 − 赎回费用

假如投资者赎回 50000 份基金单位，假设赎回费率为 0.5%，当日的基金单位资产净值为 1.1688 元，其得到的赎回金额为：

赎回费用 = 50000 × 1.1688 × 0.5% = 292.2（元）

赎回金额 = 50000 × 1.1688 − 292.2 = 58147.80（元）

3. 计算基金单位净值。

基金资产净值是指在某一基金估值时点上，按照公允价格计算的基金资产的总市值扣除负债后的余额，该余额是基金单位持有人的权益。按照公允价格计算基金资产的过程就是基金的估值。

单位基金资产净值，即每一基金单位代表的基金资产的净值。单位基金资产净值计算的公式为：

单位基金资产净值 =（总资产 − 总负债）/基金单位总数

其中，总资产是指基金拥有的所有资产（包括股票、债券、银行存款和其他有价证券等）按照公允价格计算的资产总额。总负债是指基金运作及融资时所形成的负债，包括应付给他人的各项费用，应付资金利息等。基金单位总数是指当时发行在外的基金单位的总量。

基金估值是计算单位基金资产净值的关键。基金往往分散投资于证券市场的各种投资工具，如股票、债券等，由于这些资产的市场价格是不断变动的，因此，只有每日对单位基金资产净值重新计算，才能及时反映基金的投资价值。基金资产的估值原则如下：

(1) 上市股票和债券按照计算日的收市价计算，该日无交易的，按照最近一个交易日的收市价计算；(2) 未上市的股票以其成本价计算；(3) 未上市国债及未到期定期存款，以本金加计至估值日的应计利息额计算；(4) 如遇特殊情况而无法或不宜以上述规定确定资产价值时，基金管理人依照国家有关规定办理。

四、基金投资主要影响因素

1. 基金投资者的投资行为与基金自身特性的相关性。投资者在挑选基金产品时，会重点关注基金在过去一段时间的表现。在过去一段时间内基金的业绩越好，越能吸引更多投资资金的涌入；但基金收取的管理费用是否对投资者的买卖决策产生影响，实证结果却是不一致的。基金管理者之所以要收取高的管理费，是因为基金的管理者花费了更多的时间与精力去获取市场中的有用信息。因此，相对于那些收取较低管理费用的基金，收取高额管理费用的基金，其业绩与投资者资金流入的正相关性更强。实证分析结果表明，投资者资金的流入与基金的前端申购费、经纪人收取佣金的大小显著地负相关，但与基金管理费用的高低无关。

2. 基金运作时间的长短，会影响到投资者的选择。运作时间越长的基金，越能给投资者提供更多了解其管理者、过去的业绩以及与其他基金对比的机会，从而判断其优劣。基金的规模亦会对投资者的投资决策产生影响。一方面，基金规模的大小会影响到基金的业绩，进而影响到投资者的收益；另一方面，基金规模的大小亦会影响到投资者对基金的认可程度以及投资者买卖基金的容易程度。通常，规模越大的基金，越能主动或被动地获得公众和媒体的更多关注，因而与其相关的信息亦越丰富；另外，基金规模越大，其营销网点亦会越多，投资者买卖基金越容易。

3. 投资者、特别是个体投资者的投资行为极易受外部因素的影响。在一段时间内，若一只基金有大量的资金流入，表明投资者看好该基金未来的业绩。这一信息，会影响到市场中潜在投资者的买卖行为，促使更多投资资金的流入；相反，在一段时间内若一只基金有大量的资金流出，表明基金现有的投资者看低该基金未来的业绩。这一信息，一方面会阻止新的投资资金的进入，另一方面会带动更多的投资资金的流出。因此，投资者在挑选基金时，会关注前一期基金的申购和赎回信息。

4. 基金自身的规模会影响到投资者的买卖行为，基金所在的资产管理公司规模的大小，亦同样会影响到投资者的投资行为。通常，资产管理公司的规模越大，其营销或代销网点亦就越多，投资者买卖基金亦越便利、且越能主动或被动地吸引公众和媒体的更多关注，从而对投资者的申购或赎回行为产生影响。

5. 基金的申购与赎回费率的高低，直接影响到投资者的收益，进而影响到投资者的买卖行为。基金的申购费率越高，投资者的投资成本亦越大；基金的赎回费率越大，投资者的投资收益就会越小。

我国证券市场中基金投资者买卖行为的影响因素则更多表明自有的特点：一方面，基金的业绩、特别是当期基金单位累计净值的增量和单位分红，对投资者的申购行为有显著的正面影响，对投资者赎回行为的影响亦为正，但不显著；另一方面，投资者在选择申购或赎回基金的份额时，会重点关注前一段时间基金业绩波动幅度（即投资风险）的大小，前一段时间其他投资者的买、卖行为。在一段时间内，基金业绩的波动幅度越大，投资者买入（潜在的获利机会亦越大）、卖出（投资者通常是风险厌恶的）基金的份额亦越多，前一期其他投资者买入（卖出）基金的份额越多，当期投资者申购（赎回）基金的份额亦越多。同时，基金的申购与赎回费率的高低、基金收取的管理费用的大小对投资者的申购与赎回行为亦有显示的负面影响。基金上市时间的长短与基金的申购、赎回份额负相关，表明投资者在选择基金时间具有“喜新、厌旧”的特性，但在考虑赎回基金的份额时，却体现出完全相反的特性。

五、基金投资理财的运作

（一）证券投资基金的发行和认购

发行是指证券投资基金推销基金份额或受益凭证。从发行价格看，证券投资基金的发行通常有平价发行、溢价发行和折价发行。平价发行是指基金按等于每单位基金的净资产值的票面价格发行。目前国内绝大多数封闭型基金和开放型基金都是按此发行价格发行的；溢价发行是指基金按高于基金面额所代表的净资产值的价格发行，形成溢价收入，成为基金公司的创业利润；基金的折价发行是指基金以低于基金面额代表的净资产值的价格发行。这种情形不常见，但是如果一些基金管理人想开拓新的市场，如进入新的投资领域，采用折价发行不失为一种策略。

证券投资基金的发行一般采用定向发行和公开发行两种方式。定向发行是针对具体的客户，特别是一些机构大户，发行范围较小。公开发行面向全社会大众，发行范围较大。除此之外，依据基金发行的不同渠道主要有两种方式：一是基金管理公司直接面向投资者销售。这是最简单的发行方式。在这种销售方式中，证券投资基金的股份按净资产价值出售，出价与报价相同，即所谓的不收费基金。二是通过承销机构代发行。主要发行方式如下：

1. 证券网络营销基金形式：基金管理公司通过证券交易所和证券公司的网络的方式销售或赎回基金。目前，我国的封闭式契约型基金的发行和买卖均是通过这种方式进行。银河、华夏、国泰等证券公司几乎代销所有品种的基金，像个“基金超市”，无须另外开设专门账户。

2. 银行网点营销基金形式：银行具有众多营业网点，并且划转款项迅捷，因此通过银行的分支网点代理销售基金是基金管理公司广泛采用的渠道。

3. 投资顾问公司营销形式：投资顾问公司是基金营销的中介机构，它作为介于投资者和基金管理公司之间的第三者，站在公正的角度竭力为客户提供投资咨询服务，从专家的角度对市场上各种基金进行客观评价，同时对投资者的投资组合给予合理的建议。

4. 基金管理公司营销形式：基金管理公司设立对客户直接的基金营销部门，客户在基金管理公司的基金销售部门认购基金。

5. 网上基金营销形式：随着信息技术的发展，在网上进行基金营销已成现实。基金公司网上直销费率优惠，多数申购费可以打4折，且24小时可操作，还可进行基金转换。首先需要携带身份证件到基金公司所要求的银行申请银行卡。大多数开通网上基金交易的基金公司会使用指定银行的银行卡账号开户。使用基金公司指定银行的银行卡交易认购申购基金，一般不需要支付转账费用，但通过兴业银行卡认购申购基金则需要支付一定的转账费用。

证券投资基金认购。购买首次发行的基金称为认购。它是投资人按照证券投资基金所发布的公告或规定，向基金管理公司或基金信托投资公司购买已发行的基金或受益凭证。证券投资基金的认购手续很简单。就开放型基金而言，投资人只要携带身份证、印鉴和价款到各基金管理公司或该基金指定的承销公司，填写申请认购书和印鉴卡，并缴付价款，几天后即可凭缴款单到缴款单位领取基金。封闭型基金的认购过程与此相似，不同之处在于两者的定价方式不同，而且认购封闭型基金只能在基金的发行期内认购，在发行期以外则只能通过证券公司在二级市场上竞价交易；开放型基金没有发行期的限制，在任何营业日里投资人都可以自由认购。

（二）证券投资基金的上市和交易

证券投资基金的上市是指基金份额或受益凭证获准在证券交易所或证券交易中心（场外交易柜台）内挂牌买卖。它包括封闭型和开放型证券投资基金的上市。

认购以后的证券投资基金买卖称之为申购和赎回，开放型基金申购和赎回的手续十分简便。申购时投资者只须将有关申请表格填妥，连同款项交给基金销售机构，基金销售机构在收到申请书及款项后交给基金托管人核收，经复核无误后，基金托管人便在持有人名册上增加投资者的记录，并出具所持有单位的收据给投资者，投资者便正式成为基金的持有人。将所持有的证券投资基金赎回，可向承办原基金的银行办理。投资者按指定程序向基金销售机构发出赎回申请，即填写赎回单，在单上载明预赎回的基金及单位。经基金托管人核准及注销有关记录后，便将赎回的基金单位数转换为现金汇回投资人的指定账户。

证券投资基金券或受益凭证的持有人（投资人）可以按照一定的基金交易规则在规定的基金交易市场上赎回、出让或买卖。按照惯例，我国基金在发行的3个月后须安排交易。对开放型基金，可在基金管理机构自设的或委托证券公司开设的内部柜台进行赎回与转让。除非特殊情况，基金管理公司在每一个交易日都有责任以每一基金单位资产净值的价格赎回投资者卖出的基金单位。但持有人（受益人）不得自申购基金份额或受益凭证之日起3个营业日内申请买回。另外，按照有关规定，基金当日流动资产比率低于规定标准，基金经理人有权宣布暂停计算买回价，并延续给付买回价款。请求部分买回的，保管人除给付买回价款外，应在买回价款给付期限的第一天起7日内，换发受益凭证。

对于封闭型基金，按照国际惯例，基金管理人、公司不负责基金单位的赎回。对未上市的基金可在指定的证券公司处进行柜台交易，随行就市。当然，投资人可以通过顾问公司买卖证券投资基金，这在买卖海外证券投资基金时尤为重要。

基金交易开盘价的确定原则同A股一样，实行集合竞价。基金交易同股票交易一样实行“T+1”交收。除上市首日外，基金交易同样适用10%涨跌幅限制。基金交易的最小单位为100份基金单位，超过100份的，则必须是100的整数倍。基金买卖申报价格以1份基金单位面值为计价单位，最小买卖申报价格以1份基金单位面值为计价单位，最小变动价位为0.01元。

（三）基金投资理财准备

基金是一种让投资者能够分享经济成长并战胜通货膨胀的投资产品。事实证明，基金是所有投资产品中战胜通货膨胀的最佳品种之一。入市前，投资人要明确投资目标、想取得什么样的收益、可投入资金及可承受的风险。如果是保守的投资人，可选稳定收益的货币型、债券型基金。如果追求高收益高风险，可考虑股票型基金。如果只有短期资金，建议投资于低风险的存款或债券，中长期的资金才比较适合于基金。无论如何，请务必留出一定的生活应急费用后再做投资。

在购买基金时，不宜把资金一次性全部投进去，每个月定期、定额地投入一定数量的资金，既不要因为市场上涨就增加投资金额，也不要因为市场下跌就减少投资金额，始终保持固定的投资速度和金额。市场总有起伏，定期定额投入可以有效降低市场波动产生的风险。一般情况下，基金理财不是一夜暴富。对于绝大部分人来说，应更着眼于长期增值，抵御生活风险，保护和改善未来的生活水平，达成多年后养老、子女教育等长期财务目标，所以要保持平常心。投资基金前，应留出足够的现金资产，作为应急准备，一般至少能应付四至六个月家庭的必要支出，还可以做必要的保险。

1. 挑选基金投资品种。在可选择的基金投资品种中，货币市场基金由于流动性强、安全性高、收益稳定和低运作成本等特性，是一种货真价实的现实管理工具和储蓄替代品。选择货币市场基金时，可关注基金的规模和交易的便利性。选择债券型基金时，要关注其投资品种和获得方式。债券型基金投资的债券品种不同。有主要投资于规模最大、流动性最佳、债信评等高、波动较小但配息收益也较低的政府债基金的；有的主要投资于债券评等差但是配息收益极高的公司债券。

由于债券型基金投资获利方式不同，目前国内的债券型基金有两种。一种为以获取资本利得为主的积极型债券型基金，在其资产配置上以买卖新债券为主，所以，基金的绩效多与市场利率水准息息相关，在市场利率下跌时，债券价格会升高，基金报酬率也就因此提升，故基金净值的表现波动较大；另一种则以利息收入为主之收益型债券基金，除少部分投资于公债、公司债之买新卖新交易外，大多主要投资于一年期的短期货币市场工具，如商业本票、定期存单、债券附买回、国库券等流动性与安全性较高的投资标的，以维持稳定成长之报酬。

选择股票型基金时，要分析基金投资的对象，即股票型基金是投资于优先股基金还是普通股基金。优先股基金较普通股基金获取的收益稳定，风险较小，收益分配主要是股利；普通股基金以追求资本利得和长期资本增值为目的，风险较优先股基金大。同时，分析基金投资分散化程度也很重要。一般普通股基金将基金资产分散投资于各类普通股票上，而专门化基金其资产投资于某些特殊行业股票上，风险较大，但可能具有较好的潜在收益。

从另一个角度看，追求资本快速增长，投资于能够带来资本增值的股票的增值型基金风险和收益相对较高；投资于具有成长潜力并能带来收入的普通股票的成长型基金具有一定的风险；投资于具有稳定发展前景的股票、追求稳定的股利分配和资本利得的收入型基金风险小，但收入也不高。

投资者需要根据年龄、收支、家庭负担、性格等因素来估计自己的风险承受能力和变现需求。一般随着年龄增长，人们风险承受能力逐步降低，需调整激进型理财工具（如股票基金）和稳健型理财工具（如债券基金、超短债基金、货币市场基金）的投资比例。对于55岁以内的工薪族来说，100减自己的年龄，是投资股票基金的参考比例，其余资金可投资货币基金，或债券基金；对于55岁以上、接近或已经退休的年长人士，不妨以货币基金、债券基金为主进行投资，投资股票基金的比例最好不要长期超过20%。

投资者根据风险承受能力和变现需求，挑选适当基金类型，并同时搭配各类型基金的投资比例。个人可根据收支、家庭负担、性格等具体情况，对自己的基金组合比例做些调整，如：短期支出较多的；家庭负担重的；或性格非常谨慎、难以承受压力的；可适当增大债券基金、超短债基金、货币市场基金投资比例，以降低风险，增强变现安全性；反之，赢余资金持有时间长的；或收入高的、或家庭负担轻的，可适当增大股票基金投资比例，以增强长期增值。

在各类型基金中，精选长期业绩稳定良好的基金。在各类别内挑选基金时，一是优选品牌基金公司，因为一般来说，这类投研团队人员充足，经过长期磨合、经验丰富，比较忠诚稳定、并有严谨的流程保证，有利于创造长期稳定良好的业绩；二是优选品牌基金经理，因为过往基金的长期良好业绩记录，常能体现出稳定优良的投资运作能力；三是选择适当的细分产品，例如选择股票基金时，可适当搭配指数型股票基金；如果利用定期定额长期投资指数型股票基金，均摊成本的效果也更明显。

对于基金品种的选择，通过下面的案件进一步说明：钱女士属于工薪家庭，每月需还住房贷款 1300 元，每年还需交保险费 1.42 万元，由于工作忙，每年年初一次性在银行存足约 3 万元，银行及保险公司按期扣款。专业理财师了解钱女士情况后，又进一步了解和分析了钱女士的投资目标和偏好等，提出以下建议：每年年初存在银行的约 3 万元只有活期利息，收益不高，如果通过国债或人民币理财产品替代储蓄，可能找不到到期日正好符合交款日要求的产品。由于钱女士工作忙，偏于保守，是追求低风险、稳定收益的投资者，建议通过网上银行购买货币市场基金，在每个还款日前的 3 天卖出适当金额的基金，这样既可以不必前往银行，而且又能如期还款，同时也可享受到高于同期活期存款利息的收益。买入这只货币市场基金，7 天年化平均收益率是活期的 5 倍多（按当时活期储蓄税后收益计算），并免缴申购赎回的手续费和利息税。案例说明，专业理财师很好地利用了货币市场基金收益较高、流动性较强和买卖方便的优势，为该家庭的情况提供了很好的解决方案。购买的这只货币市场基金的 7 日年化收益率普遍保持在 3% 左右，较其他低风险的投资产品，比如定期储蓄、一年期国债或人民币理财产品，其投资收益率更高一些。同时，货币市场基金的申购与赎回不需要支付任何费用，并且其取得的收入也是不加税的。这样既提高了钱女士的收益，同时也兼顾了她没有时间理财的问题，符合她的投资目标和偏好。

2. 学会看招募说明书。投资者和新基金的第一次亲密接触就是阅读招募说明书，重点要看的是管理团队、投资策略、交易费用等信息。如果不是自己熟悉的公司，投资者可以从公司股权构成和高层经历的介绍中，初步了解该公司的实力和背景。最主要的是了解该基金的基金经理，说明书中会包括他的简介和投资经历，有助于我们进行基本的判断。其次是分析投资特点。基金公司会阐述自身的投资理念、投资策略以及资产配置策略。投资部分的叙述最能显示其基金的独创性和个性化。当然，招募说明书中的投资策略说明可以让投资者了解该基金的投资偏好。资产配置策略的内容则是告诉投资者资金的分配情况，按照规定，各种类型的基金都有投资比例的上下限，在基金招募说明书中，该基金会对自己的投资比例和上下限作出详细说明，投资者通过数字可以分析该产品的风险和收益前景，从而更加明确该产品是否适合自己，是否符合自己的风险承受力和收益预期。对于开放式基金来说，主要涉及认购、申购和赎回的费用。提前计算好费用和成本，可以帮助你更好地选择和判断未来的收益情况。

3. 弄清楚基金投资流程。投资人购买基金前，需要认真阅读有关基金的招募说明书、基金契约及开户程序、交易规则等文件，仔细了解有关基金的投资方向、投资策略、投资目标及基金管理人业绩及开户条件、具体交易规则等重要信息，对准备购买基金的风险、收益水平有一个总体评估，并据此作出投资决定。按照规定，各基金销售网点应备有上述文件，以备投资人随时查阅。

其次是开立基金账户。投资人买卖开放式基金首先要开立基金账户。按照规定，有关销售文件中对基金账户的开立条件、具体程序需予以明确。上述文件将放置于基金销售网点供投资人开立基金账户时查阅。

第三是购买基金。投资人在开放式基金募集期间、基金尚未成立时购买基金单位的过程称为认购。通常认购价为基金单位面值（1元）加上一定的销售费用。投资人认购基金应在基金销售点填写认购申请书，交付认购款项，在注册登记机构办理有关手续并确认认购。在基金成立之后，投资人通过销售机构申请向基金管理公司购买基金单位的过程称为申购。投资人申购基金时通常应填写申购申请书，交付申购款项。款额一经交付，申购申请即为有效。具体申购程序会在有关基金销售文件中详细说明。申购资金单位的数量是以申购日的基金单位资产净值为基础计算的。具体计算方法须符合监管部门有关规定的要求，并在基金销售文件中载明。

第四是卖出基金。与购买基金相反，投资人卖出基金是把手中持有的基金单位按一定价格卖给基金管理人并收回现金，这一过程称为赎回。其赎回金额是以当日的单位基金资产净值为基础计算的。投资人赎回基金通常应在基金销售点填写赎回申请书。按照《开放式证券投资基金试点办法》的规定，基金管理人应当于收到基金投资人赎回申请之日起3个工作日内，对该交易的有效性进行确认，并应当自接受基金投资人有效赎回申请之日起7个工作日内，支付赎回款项。此外，对于开放式基金来说，投资人除了可以买卖基金单位外，还可以申请基金转换、非交易过户、红利再投资。

第五是申请基金转换。基金转换，是指当一家基金管理公司同时管理多只开放式基金时，基金投资人可以将持有的一只基金转换为另一只基金。即，投资人卖出一只基金的同时，买入该基金管理公司管理的另一只基金。通常，基金转换费用非常低，甚至不收。

第六是非交易过户。基金的非交易过户是指在继承、赠与、破产支付等非交易原因情况下发生的基金单位所有权转移的行为。非交易过户也需到基金的销售机构办理。

第七是红利再投资。红利再投资是指基金进行现金分红时，基金持有人将分红所得的现金直接用于购买该基金，将分红转为持有基金单位。对基金管理人来说，红利再投资没有发生现金流出，因此，红利再投资通常是不收申购费用的。

4. 学会看权威机构对基金的评级。权威机构对基金的评级也是投资者可以参考的重要指标，他们每年、每半年、每季度、每月甚至每周都有基金排名表，并对大部分基金进行了星级评定。在参看评级的时候要注意：第一，星号较多的基金并不一定就是低风险基金，有可能是高报酬同时也是高风险的基金。因此建议投资人，除了观察星号多寡之外，也要注意该基金的波动风险是否过大，是否适合自己承受风险的能力。第二，基金评级是以过去绩效作基础。基金评鉴机构的评级，由于采用的数据是基金过去的表现，因此只能反映基金过去的绩效，并不是未来获利的保证。第三，决定基金报酬率最大的成分还是在于市场行情。基金选股的差异虽然会造成不同的绩效表现，但大盘涨跌毕竟还是基金成败的关键。评级由于是同类型的基金在比较，如果遇到该类型基金投资的市场状况不佳，常常五颗星的基金也只是“亏得比较少”的基金。第四，基金星号是针对同类型基金的比较，不同类型的基金不能单纯用星号来比较孰优孰劣。比方说，一只三颗星的债券基金就不一定比一只四颗星的某地区基金差。

5. 基金管理团队的了解。在选择基金时，投资者需要利用各种报纸、销售网点公告或基金管理公司的信息，了解基金公司如下重要信息资料：

基金公司业绩。基金公司不仅要规模大、形象佳、资历老，更重要的是能力强、业绩好。判断一只基金的业绩要从以下几方面考察：基金的回报水平是否有吸引力，它的过往表现是否一贯，基金投资中数据变动是否为市场行情波动。

基金管理公司。基金是由基金管理公司管理的，基金管理公司的管理水平直接影响到基金的表现，因此选择信誉卓著的基金管理公司管理的基金进行投资，建议依照下列的步骤来考察基金管理公司：基金管理公司是否值得信赖；基金管理公司的背景：投资人应选择信誉良好、无违法违规记录、内部管理及控制完善的基金管理公司；管理的资产规模及业绩表现：投资人可以通过基金管理公司管理的基金的总体表现来评估其管理能力。投资人应选择管理资产规模较大，管理的基金在多数时间相对同业及大盘有较好表现的基金管理公司；投资程序及经验：投资人应选择投资经验丰富，投资程序科学先进的基金管理公司；研究团队的阵容：基金管理公司的研究人员应具有丰富的行业及公司研究经验、较好的证券分析素养和较高的职业操守；客户服务：投资人应选择能提供较完善客户服务的基金管理公司。

基金管理人。一只基金好不好，基金管理人的角色至关重要。挑选基金管理人必须考虑几点：基金管理人的信誉，对管理基金是否具有足够的专业知识和投资经验，对于基金公司的整体投资方向要有独到的见解，基金管理人的背景。

6. 基金投资持有阶段分析。基金是长期投资，需要投资者的耐心和长期投资的信心。投资者提供了本金和时间，基金公司或其他投资机构只是去选择投资标的，加在一起才能成就一个较好的长期回报率。投资基金需要长期持有才能获得持续稳定的收益。利用基金做波段并不是一个好的选择。首先，基民们自己无法判断行情的低点或高点，买高卖低的事情时有发生。其次，若股市将长期走牛，赎回得到现金还是要重新投入基金，这一来一回，仅手续费就是一项不可避免的开支。

随着证券市场的持续上涨行情，基金净值普遍上升，提高了持有人的收益，但很多基民也为净值过高而是否要赎回而苦恼。高净值基金代表了其配置资产的短期活跃度，预示着近一段时期内还将有一定的上涨空间。在证券市场持续性上涨行情中，投资者应当采取的投资策略是持有基金净值待涨，而不是盲目地选择赎回，否则只能迫使基金管理人忍痛割爱，不得不放弃配置资产的收益，而被动性的进行持仓品种的调整。要从高净值基金的净值增长率上判断基金的持续盈利能力。只要高净值基金持续保持高净值增长率，就应当认定为是值得继续持有的基金品种。同样，较低的基金净值，其净值增长一般，也是应当进行积极回避的。

关注分红状况。基金通过分红的方式向投资人分配投资收益。基金的分红一般有两种方式，即红利再投资和现金分红。红利再投资是指将投资人分得的收益再投资于这只基金，并折算成相应数量的基金单位继续持有。红利再投资折算成基金单位是不需收取手续费的，所以对于看好后市想追加投资的客户，或者平时没有时间关注投资而想将这笔资金做长期投资的客户，选择红利再投资就是明智之选。而对于想落袋为安的谨慎保守型投资人，选择现金红利则可以保证前一段时期的投资收益。投资者只要带自己的资金卡（银行卡或证券公司股东资金卡）和有效证件，在证券交易所的交易时间内，去银行、券商营业部等基金销售网点就能修改分红方式。目前，多数基金的分红方式还可通过电话银行或网站修改。而投资人对于早已选中基金，只是因为净值高而没有介入的投资人，不妨选择在基金分红后购买，因为基金分红会相对降低基金的单位净值，这样就给投资人提供了一个不错的购买时机。由于未来基金走势存在不确定性，红利转化为基金再投资后，可能为投资者带来更多收益，也可能由于股市或债市等波动而带来了更多的投资风险。

关注基金管理人变化。基金经理是基金资产的管理人，如果基金经理离职了，投资人应观察一段时间后再决定是否继续持有该只基金。如果新的基金经理投资策略变了，使得该基金不再适应你的投资目标，你就有足够的理由卖出这只基金。如果基金经理宣称将保持原有的投资策略不变，投资者也应频繁地观察基金，应密切观察基金投资组合和业绩的情况。基金的投资风格变化和换手率都是考察的重要工具。由于基金的换手率能衡量基金投资组合变化的频率及基金经理持有股票或债券的时间长短，通过基金的换手率可以判断基金经理的投资是否有大的改变。

六、基金投资理财的风险及其规避

与一般的理财产品不同，证券投资基金本身就是一种利益共享、风险共担的证券投资方式，通过将低风险投资、中风险投资和高风险投资进行组合，来降低仅仅投资于高风险证券可能面临的投资损失，或者在预期某种证券的风险增大、某种证券的风险降低时，及时调整投资的组合格局。

由于其资金绝大部分投资于股票和债券，因此，基金虽然能通过组合投资，在一定程度上分散对个别行业和公司产生影响的非系统性风险，却不能完全规避对整个证券市场都可能产生影响的系统性风险。而基金净值的波动来自于市场的波动，投资者在购买基金的同时，也承担了未来不可预测的投资风险。因此，理解风险对于每一个基金投资者来说都是至关重要的。但是客观的来说，基金投资是一项长期投资，不像炒股，赚钱赔钱都很容易。证券投资基金投资存在的风险主要有：

1. 市场风险。基金主要投资于证券市场，证券市场价格会因经济因素、政治因素、投资心理和交易制度等各种因素的影响而产生波动，导致基金收益水平和净值发生变化，从而给基金投资者带来风险。主要包括：第一，政策风险。因国家宏观政策（如货币政策、财政政策、行业政策、地区发展政策等）发生变化，导致市场价格波动而产生风险。第二，经济周期风险。随经济运行的周期性变化，证券市场的收益水平也呈周期性变化。基金投资于国债与上市公司的股票，收益水平也会随之变化，从而产生风险。第三，利率风险。金融市场对利率的波动会导致证券市场价格和收益率的变动。利率直接影响着国债的价格和收益率，影响着企业的融资成本和利润。基金投资于国债和股票，其收益水平会受到利率变化的影响。第四，上市公司经营风险。上市公司的经营状况受多种因素影响，如管理能力、财务状况、市场前景、行业竞争、人员素质等，这些都会导致企业的盈利发生变化。如果基金所投资的上市公司经营不善，其股票价格可能下跌，或者能够用于分配的利润减少，使基金投资收益下降。虽然基金可以通过投资多样化来分散这种非系统风险，但不能完全规避。第五，购买力风险。基金的利润将主要通过现金形式来分配，而现金可能因为通货膨胀的影响而导致购买力下降，从而使基金的实际收益下降。

2. 管理风险。在基金管理运作过程中，基金管理人的知识、经验、判断、决策、技能等，会影响其对信息的占有和对经济形势、证券价格走势的判断，从而影响基金收益水平。因此，本基金的收益水平与基金管理人的管理水平、管理手段和管理技术等相关性较大，本基金可能因为基金管理人的判断而影响基金收益水平。

3. 流动性风险。本基金属于开放式基金，在基金的所有开放日，基金管理人都有义务接受投资者的申购和赎回。由于开放式基金在国内发展历史不长，应对基金赎回的经验不足，加之中国股票市场波动性较大，在市场下跌时经常出现交易量急剧减少的情况，如果在这时出现较大数额的基金赎回申请，则使基金资产变现困难，基金面临流动性风险。本基金属于股票基金，将维持较高的股票持仓比例。如果股票市场出现整体下跌，本基金的净值表现将受到影响。基金虽然采用防御型和增长型股票配置的组合构建策略，但并不能完全抵御下跌的风险，在股市大幅上涨时也不能完全保证基金净值能够完全跟随或超越大盘走势。

4. 基金公司选择不当风险。对基金公司而言，品牌是最重要的资产，因为资产管理业务是信托行为，是用金钱产生金钱的活动，由此对基金公司的品牌提出了更高要求。基金公司必须诚信为先，恪尽信托义务，善尽理财义务。尽管同时是专家理财的性质，但各基金公司间存在水平差异，因此，即使是同样的投资思路，由于研究能力和操作能力的不同，对于买什么、买多少、在哪个价格买，不同基金公司有不同的处理，所获得的收益也必然不同。可以说，基金经理人和研究团队的投资经验和操作水平，将在很大程度上决定基金的业绩。如果选择不当，投资收益的差别也是非常大的。

5. 基金理财产品选择不当风险。不同的投资人的风险承受能力和理财计划都是不同的。例如对于风险偏好较为保守、50 岁以上的中老年人而言，考虑到收入减少以及养老的需要，投资于收益稳定、流动性强的货币型基金将是明智的选择，但如果购买了风险收益较高的股票型基金，可能会在投资出现亏损时寝食难安。

6. 技术风险。当计算机、通讯系统、交易网络等技术保障系统或信息网络支持出现异常情况时，可能导致基金日常的申购或赎回无法按正常时限完成、注册登记系统瘫痪、核算系统无法按正常时限显示产生净值、基金的投资交易指令无法及时传输等风险。

7. 巨额赎回风险。这是开放式基金所特有的风险。若因市场剧烈波动或其他原因而连续出现巨额赎回，并导致基金管理人出现现金支付困难，基金投资者在赎回基金单位时，可能会遇到部分顺延赎回或暂停赎回等风险。

8. 其他风险。因技术因素而产生的风险，如电脑系统不可靠产生的风险；因基金业务快速发展，在制度建设、人员配备、内控制度建立等方面的不完善产生的风险；因人为因素而产生的风险，如内幕交易、欺诈行为等产生的风险；对主要业务人员如基金经理的依赖而可能产生的风险；因业务竞争压力可能产生的风险；战争、自然灾害等不可抗力可能导致基金财产的损失，影响基金收益水平，从而带来风险；其他意外导致的风险。

股票市场的火爆，让基金也为投资者带来了高额的回报。只有投资者对投资基金的风险有了充分认识和了解，最大限度的规避资金风险，从而避免盲目投机和非理性的投资行为，投资市场才能健康发展，也是广大投资者获得丰厚收益的前提。

1. 通过获取信息来分析风险。基金是由专业的基金经理或者专家团队来运作和管理的。他们掌握了大量的财经、市场和交易信息，信息来源渠道广泛和畅通，每天有大量的信息源源不断输送到他们的办公桌面，提供管理层决策、投向和使用，他们具有更专业的知识、更多的资源。另外个人也可通过阅读每日/周的市场的报价和基金的招募说明书，仔细分析要购买基金的长期业绩和短期表现，结合自己的风险偏好和财务目标，关注和评价购买基金的风险和回报。

2. 通过过往业绩来比较风险。对投资人来说，你可以用一只基金的过往业绩与市场上表现接近的基金进行比较或是一个同样的投资金额、同样类型的基金进行比较。许多财经、银行、基金网站和报纸、煤体都会跟踪和报道基金业绩表现和评级排列情况。例如：晨星基金评级、晨星基金回报排名、每日/周的财经、基金市场报价信息以及每月、季、年的基金业绩报告等，都会得到关于投资基金更加完整和详细的相关信息。有些网站还提供复杂的工具来对开放式基金进行显示和排序来帮助投资者进行决策。你可以利用基金的历史数据来客观地、有根据地对一只基金的风险和收益进行估算和评估。

3. 通过多个投资来分散风险。相对于一个独立投资者来说，基金可以将有限的资金投资到更多的基金渠道。针对风险承受能力的不同，投资者可以购买几只基金管理公司的开放式基金，通过基金的投资组合持有15～30个行业的不少于50只的股票，这样一个小投资者就可以达到投资多样化的目标：同时投资多个投资品种、多个投资类型和多个基金公司。根据多样化的基金投资原则，多个投资决策和实践的好处是显而易见的，分散投资可以减少风险而无须牺牲预期收益。投资者只要针对自己的类型，总能找到与自己风险承受能力相匹配的基金品种。

4. 通过长期持有来降低风险。长期投资就是时间分散，持有一只基金10年的风险要比持有1年小的多。其中的原因在于10年中总会有一些好的年份和坏的年份，好的年份的收益可以抵消坏年份的损失，因此，收益率会以较小的波动按你期望的回报率增长。国内、国外的许多经验和研究表明，在一个长期视角下的投资中，投资者实际承受的风险远远低于短期投资行为承受的风险水平。中国股票市场的表现也反映了这点，股票型基金从2001年到2006年的6年时间里，整体上为投资者带来了21%的年复合收益率。

5. 通过资产配置来减少风险。资产配置就是将投资者的资产在混合基金、股票基金、债券基金和货币市场基金之间进行有效分配，达到投资组合的最优化和价值的最大化。比如：可以利用10000元投资于3个或5个开放式基金，一只货币市场基金、一只债券基金、一只混合基金和两只股票基金和专业基金等。由于混合基金、股票基金、债券基金和货币市场基金投资种类不是高度相关的，分析表明投资组合可以实现资产的低度相关性。如果我们把货币型基金、国债、股票型基金构建一个投资组合，根据自己的风险承受能力确定合适的投资比例，风险就会大大降低。

6. 通过基金定投降低风险。当前各大银行都推出了基金定投业务。也就是定期定额，每隔一段固定时间（例如每月25日）以固定的金额（例如500元）投资于同一只开放式基金。它的最大好处是平均投资成本，避免选时的风险。定期投资，积少成多。聚沙成塔，不知不觉中积攒一笔不小的财富。手续简便，自动扣款。一般定投都是通过基金代销机构签约，办理一次手续，以后每期均会自动进行扣款申购。平均投资，分散风险。资金是分时段分期投入的，投资的成本比较平均，最大限度地分散了风险。

附件：

华夏优势增长股票（000021）

基金全称：华夏优势增长股票型证券投资基金
净值日期：2012－09－20
净值：1.007
涨跌幅：－2.04%
累计净值：2.177
成立时间：2006－11－24
基金类型：股票型
申购状态：暂停
赎回状态：开放
定投状态：开放

一、基础资料

1. 基金概况

基金名称	华夏优势增长股票	基金全称	华夏优势增长股票型证券投资基金
基金代码	000021	基金类别	股票型
基金经理	罗伊 龚智超	成立时间	2006－11－24
托管银行	中国建设银行股份有限公司	首次募集规模	14102025101.39份
最新基金规模	13344155956.96（2012－06－30）		
投资目标	追求在有效控制风险的前提下实现基金资产的稳健、持续增长。		
投资策略	本基金主要采取“自下而上”的个股金精选策略，以GARP模型为基础，结合严谨、深入的基本面分析和全面、细致的估值分析和市场面分析，精选具有清晰、可持续的业绩增长潜力且被市场相对低估、价格处于合理区间的股票进行投资。同时，考虑到我国股票市		

续表

投资策略	场的波动性，基金将主动进行资产配置，即根据对宏观经济、政策形势和证券市场走势的综合分析，调整基金在股票、债券等资产类别上的投资比例，以降低投资风险，提高累积收益。本基金债券投资将以优化流动性管理、分散投资风险为主要目标，同时根据需要进行积极操作，以提高基金收益。
业绩比较标准	本基金股票投资的业绩比较基准为富时中国 A600 指数，债券投资的业绩比较基准为新华巴克莱资本中国全债指数。基准收益率 = 富时中国 A600 指数收益率 ×80% + 新华巴克莱资本中国全债指数收益率 ×20%
风险收益特征	本基金是股票基金，风险高于货币市场基金、债券基金和混合基金，属于较高风险、较高收益的品种。

2. 基金经理

华夏优势增加股票基金经理　罗伊

姓名	证券从业年限	说明
罗伊	11 年	经济学硕士。曾任大成基金管理有限公司研究部研究员。2004 年加入华夏基金管理有限公司，历任研究员、基金经理助理、兴华证券投资基金基金经理（2005 年 4 月至 2007 年 2 月期间）、兴安证券投资基金基金经理（2007 年 2 月至 2007 年 11 月期间）、华夏回报二号证券投资基金基金经理助理（2006 年 8 月起任职）

罗伊管理的当前基金：华夏优势增长股票

罗伊历任情况及业绩

起始期	截止期	基金名称	基金类型	任职期间（天）	任期回报 %
2012 - 01 - 20		华夏优质增长股票	股票型		- 2.61
2007 - 11 - 22	2012 - 01 - 20	华夏行业股票（LOF）	股票型	1520	- 20.43
2005 - 04 - 12	2007 - 02 - 14	华夏兴华封闭	封闭式	673	131.47

3. 销售网点

直销机构

（1）北京东中街投资理财中心

地址：北京市东城区东中街29号东环广场B座一层（100027）

电话：010－64185181/82/83　传真：010－64185180

（2）北京科学院南路投资理财中心

地址：北京市海淀区中关村科学院南路9号（新科祥园小区大门口一层）（100190）

电话：010－82523197/98/99　传真：010－82523196

（3）北京崇文投资理财中心

地址：北京市崇文区广渠门内大街幸福家园4号楼一层（100062）

电话：010－67146300/400　传真：010－67133146

（4）北京世纪城投资理财中心

地址：北京市海淀区蓝靛厂时雨园甲2－4号（100097）

电话：010－88892832/33/35　传真：010－88892830

（5）北京西三环投资理财中心

地址：北京市海淀区紫竹园路88号紫竹花园一期B座01号（100089）

电话：010－52723105/06/07　传真：010－52723103

（6）北京亚运村投资理财中心

地址：北京市朝阳区惠忠里103号洛克时代广场A座一层（100101）

电话：010－84871036/37/38/39　传真：010－84871035

（7）北京望京投资理财中心

地址：北京市朝阳区望京南湖东园122楼博泰国际商业广场一层F－36号（100102）

电话：010－64743055/2505/0335/5375　传真：010－64746885

（8）深圳分公司

地址：深圳市福田区民田路新华保险大厦108室（518026）

电话：0755－82033033/88264716/88264710

传真：0755－ 82031949

（9）南京分公司

地址：南京市长江路69号江苏保险大厦一楼（210005）

电话：025－84733916/3917/3918　传真：025－84733928

（10）广州分公司

地址：广州市天河区珠江新城华穗路180号（君悦公馆）A座首层（510623）

电话：020－38067290/7291　传真：020－38067232

（11）北京海淀投资理财中心

地址：北京市海淀区中关村南大街11号光大国信大厦一层（100081）

电话：010－68458998/68458698/68458718

传真：010－68458598

（12）北京朝阳投资理财中心

地址：北京市朝阳区东三环中路24号双井乐成中心B座1层102（100022）

电话：010－67718442/49　传真：010－67718470

（13）上海分公司

地址：上海市浦东新区长柳路115号（200135）

电话：021－68547366/7586/7566　传真：010－88087225

（14）北京分公司

地址：北京市西城区金融大街33号通泰大厦B座1层（100033）

电话：010－88087226/27/28　传真：010－88087225

（15）广州天河投资理财中心

地址：广州市天河区天河北路579－B号协和新世界一层（510630）

电话：020－38460001/1058/1152　传真：020－38461077

（16）杭州分公司

地址：杭州市西湖区杭大路15号嘉华国际商务中心105室（310007）

电话：0571－89716606/6607/6608/6609

传真：0571－89716611

（17）网上交易

投资者可以通过本公司网上交易系统办理本基金的开户、申购及赎回等业务，具体交易细则请参考本公司网站公告。

网上交易网址：www.ChinaAMC.com

代销机构

银行：中国工商银行、中国农业银行、中国银行、中国建设银行、交通银行、招商银行、中信银行、浦发银行、深圳发展银行、兴业银行、中国光大银行、民生银行、中国邮政储蓄银行、北京银行、华夏银行、广发银行、平安银行、宁波银行、上海农村商业银行、北京农村商业银行、青岛银行、徽商银行、浙商银行、东莞银行、杭州银行、南京银行、临商银行、温州银行、汉口银行、江苏银行、洛阳银行、乌鲁木齐市商业银行、河北银行

证券公司：天相投顾、国泰君安证券、中信建投证券、国信证券、招商证券、广发证券、中信证券、中国银河证券、海通证券、申银万国证券、兴业证券、长江证券、安信证券、西南证券、中信证券（浙江）、湘财证券、万联证券、国元证券、渤海证券、华泰证券、山西证券、中信万通证券、东兴证券、东吴证券、信达证券、东方证券、方正证券、长城证券、光大证券、广州证券、东北证券、南京证券、上海证券、新时代证券、大同证券、国联证券、浙商证券、平安证券、华安证券、国海证券、财富证券、东莞证券、中原证券、国都证券、东海证券、中银国际证券、恒泰证券、国盛证券、华西证券、宏源证券、齐鲁证券、世纪证券、第一创业证券、金元证券、中航证券、华林证券、德邦证券、西部证券、华福证券、华龙证券、中金公司、财通证券、华鑫证券、瑞银证券、中投证券、中山证券、西藏同信证券、日信证券、江海证券、民族证券、华宝证券、厦门证券、爱建证券、华融证券、天风证券。

二、基金业绩

1. 净值走势

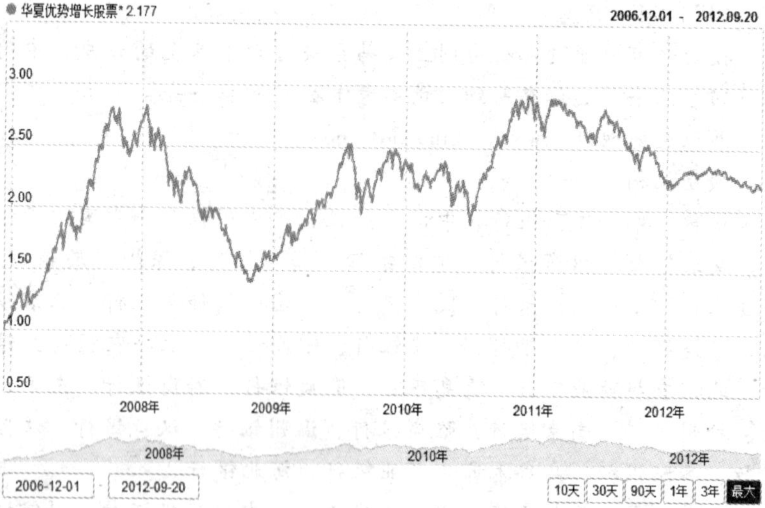

2. 历史净值

华夏优势增长股票历史净值列表

截止时间	份额净值	份额累计净值
2012-09-20	1.007	2.177
2012-09-19	1.028	2.198
2012-09-18	1.020	2.190
2012-09-17	1.023	2.193
2012-09-14	1.047	2.217
2012-09-13	1.047	2.217
2012-09-12	1.059	2.229
2012-09-11	1.056	2.226
2012-09-10	1.062	2.232

续表

截止时间	份额净值	份额累计净值
2012－09－07	1.056	2.226
2012－09－06	1.023	2.193
2012－09－05	1.013	2.183
2012－09－04	1.009	2.179
2012－09－03	1.018	2.188

3. 历史分红

华夏优势增长股票（000021）历史分红

权益登记日	红利发放日	每份分红
2011－12－28	2011－12－29	0.3500
2010－09－13	2010－09－14	0.7000
2007－03－13	2007－03－15	0.0900
2007－01－23	2007－01－25	0.0300
		合计：1.1700

4. 业绩表现

华夏优势增长股票历史回报 截止日期：2012－09－14

项　　目	净值增长率（%）
今年以来	－3.86
过去一周	－0.85
过去一月	－0.87
过去一季	－9.35
过去半年	－9.43
过去一年	－18.75
过去两年	－18.66
过去三年	－5.01
过去四年	31.96
过去五年	－23.20
成立以来	115.40

来源：中国银河证券基金研究中心

三、资产组合分析

1. 重仓持股

华夏优势增长股票2012年前10大重仓股持股明细

报告日期：2012－06－30

序号	股票代码	股票名称	数量（股）	公允价值（元）	占净资产比例（%）
1	600036	招商银行	53199621	580939861.32	3.91
2	601166	兴业银行	36959764	479737736.72	3.23
3	600383	金地集团	51999849	336959021.52	2.27
4	600000	浦发银行	41314857	335889787.41	2.26
5	6000266	北京城建	21826447	331543729.93	2.23
6	600141	兴发集团	15999730	331034413.70	2.23
7	002415	海康威视	12132862	330013846.40	2.22
8	000581	威孚高科	9381079	257041564.60	1.73
9	000776	广发证券	8572691	253323372.53	1.71
10	600388	龙净环保	10106200	250027388.00	1.68

2. 持股变动

累计买入金额前二十名的股票明细

截止日期：2012－06－30

序号	股票代码	股票名称	本期累计买入金额（元）	占期初基金资产净值比例（%）
1	600036	招商银行	723848690.93	4.99
2	600000	浦发银行	701821271.90	4.84
3	601166	兴业银行	542722665.28	3.74
4	000858	五粮液	480823895.59	3.31
5	601328	交通银行	385571841.44	2.66
6	600141	兴发银行	368345291.30	2.54

续表

序号	股票代码	股票名称	本期累计 买入金额（元）	占期初基金资产 净值比例（%）
7	600519	贵州茅台	344072105.98	2.37
8	600016	民生银行	339409450.76	2.34
9	600383	金地集团	320605509.36	2.21
10	000568	泸州老窖	296181356.82	2.04
11	000039	中集集团	285131211.20	1.97
12	600388	龙净环保	264312321.89	1.82
13	600153	建发股份	257034485.51	1.77
14	000562	宏源证券	239374280.56	1.65
15	000157	中联重科	222522066.63	1.53
16	600266	北京城建	212908461.81	1.47
17	600886	国投电力	200406501.91	1.38
18	600739	辽宁成大	196831650.15	1.36
19	601088	中国神华	189020789.88	1.30
20	000968	煤气化	188959300.58	1.30

累计卖出金额前二十名的股票明细

截止日期：2012－06－30

序号	股票代码	股票名称	本期累计 卖出金额（元）	占期初基金资产 净值比例（%）
1	600519	贵州茅台	1200805345.46	8.28
2	002304	洋河股份	1000691123.83	6.90
3	000858	五粮液	953239602.53	6.57
4	000009	中国宝安	588466331.48	4.06
5	601117	中国化学	558542073.80	3.85
6	600770	综艺股份	436927209.75	3.01
7	000559	万向钱潮	402567385.93	2.77
8	601328	交通银行	376925267.38	2.60

续表

序号	股票代码	股票名称	本期累计 卖出金额（元）	占期初基金资产 净值比例（%）
9	600498	烽火通信	316651807.55	2.18
10	600000	浦发银行	312530239.73	2.15
11	000568	泸州老窖	302932910.91	2.15
12	600366	宁波韵升	311958629.24	2.09
13	002236	大华股份	270673720.36	1.87
14	600208	新湖中宝	254776496.88	1.76
15	002091	江苏国泰	237686980.76	1.64
16	600795	国电电力	226533824.01	1.56
17	600880	博瑞传播	213133939.23	1.47
18	000562	宏源证券	212088310.09	1.46
19	002013	中航精机	198764077.69	1.37
20	601208	东材科技	195156834.79	1.35

3. 持债明细

华夏优势增长股票2012年持债明细

报告日期：2012-06-30

序号	债券代码	债券名称	数量（张）	公允价值（元）	占基金资产 净值比例（%）
1	110242	11国开42	4700000	470282000.00	3.17
2	120405	12农发05	1500000	150750000.00	1.01
3	020212	02国开12	1000000	100250000.00	0.67
4	110303	11进出03	500000	50280000.00	0.34
5	110011	歌华转债	38100	3665982.00	0.02

4. 券种组合

华夏优势增长股票券种组合 报告日期：2012－06－03

序号	债券品种	公允价值（元）	占基金资产净值比例（%）
1	国家债券	－	－
2	央行票据	－	－
3	金融债券	771517000.00	5.19
	其中：政策性金融债	771517000.00	5.19
4	企业债券	－	－
5	企业短期融资券	－	－
6	中期票据	－	－
7	可转债	5563138.80	0.04
8	其他	－	－
9	合计	777080138.80	5.23

5. 行业投资

华夏优势增长股票投资行业 报告日期：2012－06－30

代码	行业类别	公允价值（元）	占基金资产净值比例（%）
A	农、林、牧、渔业	－	－
B	采掘业	338832540.49	2.28
C	制造业	5599746543.75	37.70
C0	食品、饮料	104128514.10	0.70
C1	针织、服装、皮毛	105126928.09	0.71
C2	木材、家具	－	－
C3	造纸、印刷	54053381.82	0.36
C4	石油、化学、塑胶、塑料	913400887.18	6.15
C5	电子	753615501.62	5.07
C6	金属、非金属	1223331193.76	8.24
C7	机械、设备、仪表	2105789214.83	14.18
C8	医药、生物制品	336103868.83	2.26
…			

续表

代码	行业类别	公允价值（元）	占基金资产净值比例（%）
C99	其他制造业	4197053.52	0.03
D	电力、燃气及水的生产和供应业	634636647.05	4.27
E	建筑业	351681282.54	2.37
F	交通运输、仓储业	419660762.82	2.83
G	信息技术业	631700953.72	4.25
H	批发和零售贸易	1165157417.79	7.84
I	金融、保险	2447086936.55	16.47
J	房地产业	1338993463.52	9.01
K	社会服务业	263233893.99	1.77
L	传播与文化产业	-	-
M	综合类	3220921.25	0.02
	合计	13193951363.92	88.82

6. 资产重置

华夏优势增长股票资产配置 报告日期：2010-06-30

代码	项　　目	金额（元）	占基金总资产的比例（%）
1	权益投资	13193951363.92	88.24
	其中：股票	13193951363.92	88.24
2	固定收益投资	777080138.80	5.20
	其中：债券	777080138.80	5.20
	资产支持证券	-	-
3	金融衍生品投资	-	-
4	买入返售金融资产	-	-
	其中：买断式回购买入返售金融资产	-	-
5	银行存款和结算备付金合计	795187884.89	5.32
6	其他各项资产	186246412.65	1.25
7	合计	14952465800.26	100.00

7. 持有人统计

华夏优势增长股票持有人统计列表

持有人户数（户）	户均持有的基金份额	持有人结构			
		机构投资者		个人投资者	
		持有份额	占总份额比例（%）	持有份额	占总份额比例（%）
877955	15199.13	125287775.07	0.94	13218868181.89	99.06

四、财务报表

1. 财务指标

华夏优势增长股票2012主要财务指标

报告日期：2012－06－30

项　　目	数　　值
本期已实现收益	－714092566.27
本期利润	341236648.87
加权平均基金份额本期利润	0.0254
本期加权平均净值利润表	2.26%
本期基金份额净值增长率	2.20%
期末可供分配利润	－732300302.98
期末可供分配基金份额利润	－0.0549
期末基金资产净值	14854390351.34
期末基金份额净值	1.113
基金份额累积净值增长率	128.97%

2. 资产负债表

华夏优势增长股票2012资产负债

报告日期：2012－06－30

资产：	数　值（元）
银行存款	754970705.71
结算预备金	40217179.18
存出保证金	10579461.86

续表

资产：	数　值（元）
交易性金融资产	13971031502.72
其中：股票投资	13193951363.92
基金投资	
债券投资	777080138.80
资产支持证券投资	
衍生金融资产	
买入反售金融资产	
应收证券清算款	140417485.29
应收利息	23469261.52
应收股利	3566228.85
应收申购款	8213975.13
递延所得税资产	
其他资产	
资产总计	14952465800.26
负债：	数值（元）
短期借款	
交易性金融负债	
衍生金融负债	
卖出回购金融资产款	
应付证券清算款	
应付赎回款	12586937.28
应付管理人报酬	18754457.59
应付托管费	3125742.94
应付销售服务费	
应付交易费用	62347392.93
应交税费	
应付利息	

续表

负债：	数值（元）
应付利润	
递延所得税负债	
其他负债	1260918.18
负债合计	98075448.92
所有者权益：	
实收基金	13344155956.96
未分配利润	1510234394.38
所有者权益合计	14854390351.34
负债和所有者权益总计	14952465800.26

3. 利润表

华夏优势增长股票利润表

本报告期：2012 年 01 月 01 日至 2012 年 06 月 30 日

项　目	数　值（元）
一、收入	517066787.99
1. 利息收入	24622921.05
其中：存款利息收入	5683712.64
债券利息收入	17550586.85
资产支持证券利息收入	-
买入返售金融资产收入	1388621.56
其他利息收入	-
2. 投资收益（损失以“-”填列）	-564332871.16
其中：股票投资收益	-684046312.69
基金投资收益	-
债券投资收益	-1512902.66
资产支持证券投资收益	-
衍生工具收益	-
股利收益	121226344.19

续表

项　　目	数　值（元）
3. 公允价值变动收益（损失以“－”填列）	1055329215.14
4. 汇兑收益（损失以“－”填列）	－
5. 其他收入（损失以“－”填列）	1447522.96
减：二、费用	175830139.12
1. 管理人报酬	112384263.25
2. 托管费	18730710.53
3. 销售服务费	－
4. 交易费用	44199329.85
5. 利息支出	381115.01
其中：卖出回购金融资产支出	381115.01
6. 其他费用	134720.48
三、利润总额（损失以“－”填列）	341236648.87
减：所得税费用	－
四、净利润（损失以“－”填列）	341236648.87